EDIÇÕES BESTBOLSO

Viajando com Charley

John Steinbeck (1902-1968) construiu um lugar significativo na literatura norte-americana como um escritor compromissado com as questões de seu país. Trabalhadores, pessoas comuns e os dramas sociais que os cercam sempre foram o tema de suas obras. O autor escreveu sobre a consciência americana e tornou-se célebre por seus textos de teor social e pela delicadeza com que tratou assuntos difíceis, como a pobreza durante a depressão dos anos 1930. Sendo um dos grandes escritores do século XX, destacou-se com dois cobiçados prêmios literários conhecidos em todo o mundo: Pulitzer e Nobel. Também de autoria de Steinbeck, além de *Viajando com Charley*, a BestBolso publicou *As vinhas da ira*, *A pérola* e *A rua das ilusões perdidas*.

EDIÇÕES BESTBOLSO

Viajando com Charley

John Steinbeck (1902-1968) construiu um lugar significativo na literatura norte-americana como um escritor comprometido com as questões de seu país. Trabalhadores, pessoas comuns e os dramas sociais que os cercam sempre foram o tema de suas obras. O autor escreveu sobre a consciência americana e tornou-se célebre por seus textos de teor social e pela delicadeza com que tratou assuntos difíceis como a pobreza durante a depressão dos anos 1930. Sendo um dos grandes escritores do século XX, destacou-se com dois cobiçados prêmios literários conhecidos em todo o mundo: Pulitzer e Nobel. Também de autoria de Steinbeck, além de Viajando com Charley, a BestBolso publicou As vinhas da ira, A pérola e A rua das ilusões perdidas.

JOHN STEINBECK

Viajando com Charley

Tradução de
A.B. PINHEIRO DE LEMOS

1ª edição

EDIÇÕES
BestBolso
RIO DE JANEIRO – 2018

CIP-BRASIL. CATALOGAÇÃO NA PUBLICAÇÃO
SINDICATO NACIONAL DOS EDITORES DE LIVROS, RJ

Steinbeck, John, 1902-1968
S834v   Viajando com Charley / John Steinbeck; tradução
A. B. Pinheiro de Lemos. – 1ª ed. – Rio de Janeiro: BestBolso, 2018.
12 × 18 cm.

Tradução de: Travels with Charley
ISBN 978-85-7799-241-6

1. Não ficção americana. I. Lemos, A. B. Pinheiro de
(Alfredo Barcellos Pinheiro de), 1938-2008. II. Título.

CDD: 813
14-14607   CDU: 821.111(73)-3

Viajando com Charley, de autoria de John Steinbeck.
Título número 405 das Edições BestBolso.
Primeira edição impressa em janeiro de 2018.
Texto revisado conforme o Acordo Ortográfico da Língua Portuguesa.

Título original norte-americano:
TRAVELS WITH CHARLEY

Copyright © 1961, 1962 by The Curtis Publishing Co., Inc.
Copyright © 1962 by John Steinbeck.
Copyright da tradução © by Distribuidora Record de Serviços de Imprensa S.A.
Direitos de reprodução da tradução cedidos para Edições BestBolso, um selo da
Editora Best Seller Ltda. Distribuidora Record de Serviços de Imprensa S. A. e
Editora Best Seller Ltda são empresas do Grupo Editorial Record.

www.edicoesbestbolso.com.br

Design de capa: Sérgio Campante com imagens Shutterstock (cão) e National
Steinbeck Center (picape), Califórnia.

Todos os direitos reservados. Proibida a reprodução, no todo ou em parte,
sem autorização prévia por escrito da editora, sejam quais forem os meios
empregados.

Direitos exclusivos de publicação em língua portuguesa para o Brasil em formato
bolso adquiridos pelas Edições BestBolso um selo da Editora Best Seller Ltda. Rua
Argentina, 171 – 20921-380 – Rio de Janeiro, RJ – Tel.: (21) 2585-2000.

Impresso no Brasil

ISBN 978-85-7799-241-6

Este livro é dedicado a Harold Guinzburg,
com o respeito nascido de uma amizade
e um afeto que apenas cresceram.

JOHN STEINBECK

Parte I

Parte 1

Quando eu era muito jovem e tinha o impulso intenso de estar em algum outro lugar, as pessoas mais velhas asseguravam-me de que a maturidade curaria este anseio. Quando, com o passar dos anos, pude ser classificado como um homem maduro, o remédio prescrito foi a meia-idade. Na meia-idade, afirmaram-me que, com mais alguns anos nas costas, minha febre se abrandaria. Agora estou com 58 anos, e talvez a senilidade possa dar um jeito. Nada funcionou. Os quatro apitos roucos da chaminé de um navio ainda deixam os cabelos da minha nuca arrepiados e fazem meus pés começarem a dar batidinhas nervosas no chão. O ruído de um jato, de motor esquentando e até mesmo o barulho de cascos de cavalos trazem de volta o antigo estremecimento, deixam-me de boca seca, com os olhos perdidos no espaço, as palmas das mãos suadas, o estômago se revolvendo. Em outras palavras: não melhorei nem um pouco. Em mais outras palavras: uma vez vagabundo, sempre vagabundo. Receio que a doença seja incurável. E não escrevo sobre o assunto para que os outros aprendam alguma lição, mas sim para informar a mim mesmo.

Quando o vírus da inquietação começa a se apossar de um homem impulsivo, quando a estrada que parte do Aqui parece larga e reta, com mil promessas deslumbrantes, a vítima deve, antes de tudo, buscar dentro de si mesma uma razão aceitável e suficiente para seguir adiante. Para o vagabundo irrecuperável, isso não apresenta a menor dificuldade: ele possui um vasto jardim de boas razões para colher. Em seguida, o indivíduo deve planejar a viagem no tempo e no espaço, escolher uma direção e um destino. E, por fim, deve complementar todos os detalhes dela. Como ir, o que levar, por quanto tempo ficar. Essa parte do processo é invariável e eterna. Descrevo-a aqui apenas para que os recém-chegados à trilha da vagabundagem, como os adolescentes dominados por uma sensação de pecado recém-surgido, não pensem que estão inventando alguma coisa.

Assim que a jornada é projetada, apresentada e iniciada, surge um novo fator, que assume o comando. Uma viagem, um safári e uma exploração são entidades singulares, diferentes de todas as outras jornadas. Ela é como uma pessoa: não existem duas iguais. E todos os planos, precauções, prudência e coerção são inúteis. Descobrimos, depois de muitos anos de luta, que não assumimos uma viagem. Dá-se o contrário: a viagem é que nos assume. Roteiros, programações, reservas, o certo e inevitável, tudo se confunde e desmorona por completo diante da personalidade da viagem. Pois cada uma delas possui personalidade própria, temperamento, individualidade. Apenas depois de reconhecer isto é que o andarilho, aturdido, pode relaxar e seguir em frente, aceitando tudo. Só então é que as frustrações deixam de existir. Nisso, a viagem é como o casamento. A maneira infalível de se estar errado é pensar que tem o controle da situação. Sinto-me melhor agora, depois de explicar isso, embora tenha certeza de que apenas aqueles que já tiveram essa experiência é que poderão compreender o que eu disse.

Creio que o meu plano era claro, definido e razoável. Durante muitos anos, viajei por diversas partes do mundo. Na América, vivi em Nova York, passando algum tempo em Chicago e São Francisco. Mas Nova York não é a América, assim como Paris não é a França, nem Londres, a Inglaterra. Dessa forma, descobri que não conhecia meu próprio país. Eu, um escritor norte-americano, que escrevia sobre os Estados Unidos, estava trabalhando exclusivamente de memória, um reservatório falho e traiçoeiro, na melhor das hipóteses. Há muito que não ouvia a voz da América, não cheirava sua relva, suas árvores, seus esgotos, não via as colinas e as águas, a cor, a intensidade da luz. Sabia das mudanças apenas pelos livros e jornais. Mais do que isso, porém: não sentia o país havia 25 anos. Em suma, estava escrevendo a respeito de uma coisa que não conhecia. E me parece que, para alguém que se intitula escritor, essa atitude é criminosa. Minhas recordações estavam desfiguradas por um intervalo de 25 anos.

Outrora viajei pelo país em um velho furgão de padaria que chacoalhava bastante, com sua porta traseira dupla e um colchão no chão. Eu parava onde as pessoas paravam ou se reuniam, eu ouvia, olhava, sentia. No processo, obtive uma imagem do meu país, cuja precisão era prejudicada apenas por minhas próprias deficiências.

Assim, eu estava decidido a olhar outra vez, a tentar redescobrir esta imensa terra. De outra forma, ao escrever, não poderia revelar as pequenas verdades, que integram e constituem as bases da verdade maior. Havia uma imensa dificuldade. No intervalo de 25 anos, meu nome se tornara razoavelmente bem conhecido. E a minha experiência dizia que, quando as pessoas já ouviram falar a nosso respeito, seja de modo favorável ou não, mudam a atitude por completo: tornam-se, pela timidez ou outras condições quaisquer provocadas pela publicidade, diferentes do que são em circunstâncias normais. Assim sendo, a viagem que eu planejava exigia que deixasse em casa meu nome e identidade. Tinha que me tornar apenas olhos e ouvidos itinerantes, uma espécie de massa gelatinosa móvel. Não podia assinar registros de hotéis, encontrar pessoas conhecidas, entrevistar alguém, ou mesmo fazer perguntas que deixassem transparecer uma curiosidade excessiva. Além disso, duas ou mais pessoas poderiam afetar o equilíbrio ecológico de determinada área. Por isso, eu tinha que ir sozinho e ser reservado: uma tartaruga indiferente carregando a casa nas costas.

Com tudo isso em mente, escrevi ao diretor de uma grande companhia fabricante de caminhões. Especifiquei meus objetivos e necessidades. Queria uma picape de três quartos de tonelada, capaz de ir a qualquer lugar, mesmo nas condições mais difíceis. Nela, queria que fosse construída uma pequena casa, como a cabine de uma pequena embarcação.* Um trailer é difícil de manobrar, e nas estradas das montanhas é quase impossível. Em muitos lugares, é ilegal estacioná-lo, além de estar sujeito a diversas outras restrições. No devido tempo, as especificações foram cumpridas à risca. Recebi meu pedido: um veículo resistente, veloz e confortável. Um verdadeiro acampamento móvel, uma casinha equipada com cama grande, fogão de quatro bocas, sistema de aquecimento, geladeira e luzes que funcionavam à base de butano, banheiro com reagentes químicos, armários embutidos, despensa, e janelas de tela para impedir a entrada de insetos. Era exatamente o que eu queria. A picape foi entregue no verão, na minha casinha de pesca em Sag Harbor, quase no fim de Long Island.

---

*Optamos por chamar este veículo apenas de picape ao longo do livro. (*N. do E.*)

Embora eu não tivesse intenção de iniciar a viagem antes do Dia do Trabalho,* quando a nação retorna à vida normal, queria começar a me acostumar ao meu casco de tartaruga logo, equipando-o e aprendendo a manejá-lo. A picape chegou em agosto, linda e potente, mas flexível. Era quase tão fácil de manejar quanto um carro de passeio. E, como a minha viagem projetada provocara alguns comentários satíricos de amigos, chamei-a de Rocinante. Como devem estar lembrados, era o nome do cavalo de Dom Quixote.

Como eu não fizera segredo dos meus planos, surgiram inúmeras controvérsias entre meus colegas e conselheiros. (Uma viagem planejada gera um inevitável enxame de conselhos.) Disseram-me que, como a minha foto fora divulgada com tanta ênfase quanto meu editor foi capaz, seria impossível, para mim, ir a qualquer lugar sem ser reconhecido. Tomo a liberdade de informar, desde já, que em mais de 15 mil quilômetros, divididos em 34 estados, não fui reconhecido uma única vez. Acredito que as pessoas só identificam as coisas quando as veem em determinado contexto. Mesmo aqueles que poderiam me reconhecer, caso estivesse no ambiente apropriado, não me identificaram à bordo de Rocinante.

Disseram-me que o nome Rocinante, pintado nas laterais da picape, em caracteres espanhóis do século XVI, provocaria curiosidade e questionamentos em muitos lugares. Não sei quantas pessoas reconheceram o nome, mas o fato é que ninguém me fez qualquer pergunta a respeito.

Disseram-me, ainda, que as andanças de um estranho pelo país, sem objetivo determinado, poderiam provocar perguntas e até mesmo levantar suspeitas. Por isso, arranjei uma espingarda, dois rifles e equipamento de pesca, pois a experiência me assegurava que todos compreendem, até mesmo aplaudem,

---

*Nos Estados Unidos, o Dia do Trabalho cai na primeira segunda-feira de setembro. (*N. do T.*)

os propósitos de um homem indo caçar ou pescar. Na verdade, meus dias de caça já terminaram. Não sou mais capaz de matar ou capturar qualquer coisa que não possa colocar na frigideira. Estou velho demais para matar por esporte. Ao final, verifiquei que tal encenação fora absolutamente desnecessária.

Também me disseram que as placas de Nova York despertariam interesse e talvez levantassem perguntas, já que eram as únicas marcas exteriores de identificação. E isso de fato aconteceu, talvez vinte ou trinta vezes durante toda a viagem. Mas tais contatos seguiram um padrão quase invariável, mais ou menos assim:

Morador local: Nova York, é?

Eu: É, sim.

Morador local: Estive lá em 1938. Ou será que foi em 1939? Alice, foi em 1938 ou 1939 que estivemos em Nova York?

Alice: Foi em 1936. Lembro porque foi o ano em que Alfred morreu.

Morador local: Seja como for, detestei. Não moraria lá nem que me pagassem.

Houve preocupações genuínas com o fato de eu viajar sozinho, sujeito a agressões e assaltos. É um fato bem conhecido que nossas estradas são perigosas. E aqui devo admitir que fiquei apreensivo sem a menor necessidade. Fazia muitos anos que não me via sozinho, anônimo, sem amigos e sem a segurança que se extrai da família, das amizades e das pessoas que estão associadas a nós por um motivo ou outro. O perigo não pertence a uma realidade objetiva. A princípio, é apenas um sentimento de solidão e desamparo, bastante desolador. Por essa razão é que levei um companheiro em minha viagem, um velho cavalheiro francês, um *poodle* conhecido pelo nome de Charley. Na verdade, o nome dele é Charles Le Chien.

Nasceu em Bercy, nos arredores de Paris, e foi educado na França. Embora conheça um pouco de *poodle*-inglês, só reage prontamente às ordens que lhe são dadas em francês. Caso contrário, precisa traduzir, o que sempre demora um pouco. É um *poodle* consideravelmente grande, de uma cor chamada *bleu*. E fica de fato azul quando está limpo. Charley é um diplomata nato: sempre prefere a negociação à luta. O que, diga-se de passagem, é uma atitude das mais convenientes, já que ele luta muito mal. Só uma vez, em seus 10 anos de existência, ele se viu em dificuldades, quando encontrou um cachorro que se recusava a negociar. Na ocasião, Charley perdeu um pedaço da orelha direita. Mas é um bom cão de guarda, pois tem um rugido que parece o de um leão, destinado a ocultar, dos estranhos que vagueiam pela noite, o fato de que é incapaz de dar dentadas em um pedaço de papel. É um bom amigo e excelente companheiro de viagem, e de fato prefere viajar por aí a fazer qualquer outra coisa. Se aparece com frequência neste relato, é porque contribuiu muito para a viagem. Um cachorro, especialmente um exótico, como Charley, é um vínculo entre estranhos. Muitas conversas no caminho começaram com a pergunta: "Esse cachorro é de que raça?"

As técnicas de puxar conversa são universais. Eu já sabia há muito tempo, e redescobri na viagem, que a melhor maneira de atrair atenção, obter ajuda e estimular uma conversa é estar perdido. Um homem que é capaz de dar um pontapé na barriga da mãe caída de inanição para abrir caminho perde, de boa vontade, muitas horas com um estranho que alega estar perdido, dando-lhe orientações erradas.

Rocinante ficou estacionada sob os frondosos carvalhos da minha propriedade de Sag Harbor, uma picape bela e recatada. Os vizinhos vinham conhecê-la, inclusive alguns que eu nem mesmo sabia que tinha. Vi nos olhos deles algo que mais tarde encontraria repetidas vezes, em todas as partes da nação: um desejo ardente de ir, de andar, de se pôr a caminho para qualquer lugar, desde que seja longe do Aqui. Todos falavam baixinho sobre como algum dia gostariam de partir, de andar de um lado a outro sem quaisquer correntes, completamente livres. Não a caminho de alguma coisa, mais sim para longe de alguma coisa. Vi a mesma expressão e ouvi o mesmo anseio em toda parte, em cada estado que visitei. Quase todos os americanos sonham em viajar. Antes de eu partir, um garoto em seus 13 anos aparecia todos os dias em minha casa. Ficava afastado, timidamente, examinando Rocinante. Espiava pela porta, até mesmo se arrastava pelo chão, por baixo do veículo, para olhar as molas pesadas. Era um garoto pequeno, silencioso, onipresente. Aparecia até mesmo de noite para admirar a picape. Depois de uma semana, não conseguiu mais se conter. As palavras saíram de sua boca com a maior dificuldade, travando uma batalha ferrenha com a timidez:

– Se me levar junto, farei qualquer coisa. Vou cozinhar, lavar os pratos, fazer todo o trabalho, cuidar do senhor.

Infelizmente, para mim, eu compreendia aquele anseio. Respondi:

– Gostaria que fosse possível. Mas o grupo escolar, seus pais e uma porção de outras pessoas dizem que é inviável.

– Faço qualquer coisa.

Acredito que ele faria mesmo. Tenho a impressão de que o garoto não perdeu as esperanças até o momento em que parti, sem levá-lo. Ele tinha o mesmo sonho que eu acalentara por toda a vida, um sonho para o qual não existe cura.

Equipar Rocinante foi um processo demorado e muito agradável. Levei coisas demais, mas porque não tinha ideia do que poderia encontrar pelo caminho. Ferramentas de toda espécie para contratempos, cabos de reboque, um macaco grande, talhadeiras e alavancas, ferramentas para fazer, consertar e improvisar. Depois cuidei das provisões de emergência. Eu levaria um tempo para chegar no noroeste e seria surpreendido pela neve. Preparei-me para pelo menos uma semana de emergência. Água não era problema: Rocinante tinha um tanque de trinta galões.

Achei que talvez escrevesse alguma coisa durante a viagem, talvez alguns ensaios, decerto várias anotações e, inevitavelmente, cartas. Levei papel, carbono, máquina de escrever, lápis e blocos de anotação. Não fiquei nisso: levei também dicionários, uma enciclopédia condensada e uma dúzia de outros livros de referência, todos volumosos. Creio que nossa capacidade de autoilusão seja ilimitada. Sabia muito bem que raramente faço anotações. E, quando isso acontece, é comum perdê-las depois, ou não conseguir lê-las. E também sabia, pela experiência de trinta anos de profissão, que não consigo escrever sobre um acontecimento ainda quente na memória. Tenho que deixá-lo fermentar, fazer o que um amigo chama de "ruminar" por algum tempo, absorvendo tudo de modo apropriado. Mesmo sabendo disso, equipei Rocinante com material suficiente para escrever pelo menos uns dez volumes. Levei também cerca de cinquenta quilos desses livros que a gente nunca tem tempo para ler, justamente aqueles que ninguém se esforça muito para começar. Levei comida enlatada, cartuchos para a espingarda, balas para os rifles, caixa de ferramentas, muitas roupas, cobertores, travesseiros, muitos e muitos sapatos e botas, roupas acolchoadas de nylon para me proteger de um frio polar, pratos e copos de plástico, uma grande bacia plástica para lavar a louça, um galão de gasolina reserva. As molas gemeram com o peso excessivo, deixando o veículo bem baixo. Calculo que levei quatro vezes mais do que o necessário, e de tudo.

Ora, Charley é um cachorro que lê pensamentos. Já fez muitas viagens na vida e, em outras ocasiões, teve que ser deixado em casa. Sabe que vamos partir muito antes de as malas aparecerem. Fica andando de um lado para outro, inquieto, ganindo de vez em quando, em uma espécie de histeria branda, apesar da idade avançada. Durante as semanas de preparativos, ficou o tempo todo metendo-se no meu caminho, atrapalhando-me de tal forma que passei a considerá-lo um incômodo. Volta e meia escondia-se na picape, entrando furtivamente e se enroscando em algum canto, tentando parecer o menor possível.

O Dia do Trabalho se aproximava, o chamado dia da verdade, quando milhões de garotos por todo o país voltam às aulas e dezenas de milhões de pais botam os carros nas ruas. Eu estava preparado para partir assim que possível. Mais ou menos na mesma época, o furacão Donna abria seu caminho de devastação pelo Caribe, vindo em nossa direção. Naquela ponta de terra em Long Island, sofremos os efeitos de muitos furacões. Temos, por isso, o maior respeito por eles. Com a aproximação de um daqueles eventos da natureza, preparamo-nos como se estivéssemos prestes a entrar em estado de sítio. A pequena baía é muito bem protegida, mas não o suficiente para resistir a um furacão. Enquanto Donna se aproximava, enchi os lampiões de querosene, ativei a bomba manual do poço, amarrei tudo o que era móvel. Tenho uma lancha de cabine de cerca de 7 metros, a *Fayre Eleyne*. Levei-a para o meio da baía e larguei uma âncora em forma de gancho, antiquada e pesada, com um cabo de 1,25 centímetros. Com isso, a lancha poderia suportar um vento de 250 quilômetros por hora, a menos que a ponta da proa, onde o cabo estava amarrado, fosse arrancada.

Donna veio chegando. Providenciamos um rádio de bateria, já que o fornecimento de energia elétrica seria interrompido caso o furacão viesse de fato. Eu tinha, contudo, uma preocupação a mais: Rocinante, estacionada entre as árvores. Nos meus pesadelos mais terríveis via uma árvore cair em cima dela, esmagando-a como a um percevejo. Coloquei-a longe de um possível impacto direto, mas isso não afastava o perigo de a copa inteira de uma árvore ser arrancada pela violência do furacão e lançada a 15 metros de distância, caindo bem em cima da picape.

No início da manhã, soubemos pelo rádio que Donna passaria mesmo por nós. Às 10 horas, soubemos que o olho do furacão passaria diretamente onde estávamos, exatamente às 13h07, ou qualquer outro horário exato. A baía estava serena, sem qualquer ondulação, apesar de as águas estarem escuras. *Fayre Eleyne* balançava com graça, presa pelo cabo frouxo.

Nossa baía é mais bem protegida que a maioria das outras, por isso, muitas embarcações pequenas foram levadas para lá, à procura de abrigo. Observei, apreensivo, que muitos donos não sabiam como atracar as embarcações de forma conveniente. Por fim, surgiram duas lanchas, bastante bonitas, uma rebocando a outra. O dono baixou uma âncora muito leve e deixou as duas lanchas ali, a proa de uma ligada à popa da outra, ambas dentro do possível raio de movimento de *Fayre Eleyne*. Peguei um megafone e fui até a ponta do meu píer, protestando contra tamanha imprudência. Mas ou os donos das duas lanchas não me ouviram, ou não tinham a menor ideia do que eu estava falando, ou não se importavam.

O vento se abateu sobre a baía na hora prevista, revolvendo a água como um lençol negro. Batia contra tudo, parecendo um punho gigantesco. Toda a copa de um carvalho foi arrancada, roçando o telhado do chalé de onde observávamos. A rajada seguinte arrombou uma das janelas grandes. Esforcei-me para fechá-la e enfiei cunhas em cima e embaixo com um martelo. A energia elétrica e os telefones deixaram de funcionar logo na primeira rajada, como sabíamos que aconteceria. E também havia previsão de ondas de até 3 metros de altura.

Ficamos observando o vento revolver o mar e a terra, como se um bando de *terriers* estivesse escavando as tocas de alguns animais. As árvores mais fortes tremiam e se inclinavam como relva, a água açoitada pelo vento se erguia, espumando. Uma lancha se desprendeu do cabo e foi arremessada na praia, logo seguida por outra. As casas construídas à beira d'água, durante a primavera amena ou no início do verão, eram atingidas por ondas tão grandes que batiam nas janelas do segundo andar. O nosso chalé fica em uma pequena elevação, cerca de 10 metros acima do nível do mar. Mas as ondas encobriam meu píer, que é razoavelmente alto. Quando o vento mudou de direção, também mudei Rocinante de lugar, mantendo-a a sota-vento dos grandes carvalhos. A *Fayre Eleyne* comportava-se de modo muito galante, virando como um cata-vento, defendendo-se o melhor que podia do vendaval.

A essa altura, as lanchas amarradas uma na outra já haviam colidido. O cabo de reboque se embaraçara na hélice e no leme, e os dois cascos roçavam e batiam um contra o outro. Outra embarcação arrastara a âncora e fora arremessada para a praia, encalhando em um banco de lama.

Charley não tem nervos. Estampidos ou trovoadas, explosões ou ventos fortes, nada o abala. No meio de uma tempestade uivante, ele sempre encontra, indiferente, um lugar quentinho para dormir debaixo de uma mesa.

O vento cessou tão de repente quanto começara. Embora as ondas continuassem descontroladas, não estavam mais picadas pelo vento. É verdade que o nível da água continuava a subir. Todos os ancoradouros ao redor da pequena baía haviam desaparecido debaixo da água, e apenas as pontas superiores das estacas e dos parapeitos de madeira podiam ser vistas. O silêncio era atordoante. O rádio nos informou que estávamos bem no olho do Donna, em meio à assustadora calmaria de um furacão. Não sei por quanto tempo aquilo durou. Pareceu uma longa espera. E então o outro lado do furacão se abateu sobre nós, trazendo o vento na direção oposta. *Fayre Eleyne* balançou-se com agilidade e ficou de proa contra o vento. Mas as duas lanchas presas uma à outra arrastaram a âncora, chocaram-se contra a *Fayre Eleyne* e imprensaram-na. Ela foi arrastada na direção do vento, lutando e protestando. Foi empurrada até um ancoradouro próximo. Pudemos ouvir o casco rangendo contra as estacas de carvalho. O vento era de mais de 150 quilômetros por hora.

Percebi que corria, lutando contra o vento que soprava pela entrada da baía, indo em direção ao ancoradouro onde as lanchas se destroçavam. Creio que minha esposa, em cuja homenagem batizei a *Fayre Eleyne*, correu atrás de mim, gritando para que eu parasse. O chão do ancoradouro estava cerca de 1 metro debaixo d'água, mas as pontas das estacas emergiam o suficiente para que eu tivesse onde me agarrar. Avancei com dificuldade passo a passo. A água batia em meu peito, e o vento que soprava na direção da terra jogava água em meu rosto e boca. Minha lancha chorava e gemia de encontro às estacas, agitando-se como um bezerro apavorado. Cheguei até ela e subi a bordo, não sem dificuldade. Pela primeira vez na vida, encontrei uma faca à mão quando precisei. As duas lanchas à deriva empurravam *Fayre Eleyne* de encontro ao ancoradouro. Cortei o cabo da âncora e o cabo de reboque, libertando-as. O vento as impeliu para a praia, onde encalharam em um banco de lama. O cabo da âncora da *Eleyne* estava intacto, assim como a velha âncora de 50 quilos de ferro, com as pontas em forma de anzol, do tamanho de pás.

O motor da *Eleyne* nem sempre é obediente, mas naquele dia funcionou na primeira tentativa. De pé no convés, eu manejava o leme, o acelerador e a embreagem com a mão esquerda. E devo dizer que a lancha tentou me ajudar, acho que de tão assustada. Comecei a afastá-la do ancoradouro, puxando o cabo da âncora com a mão direita. Em circunstâncias normais, com o tempo calmo, dificilmente consigo levantar a âncora, mesmo com as duas mãos. Mas naquele dia tudo deu certo. Consegui arrastar a âncora, libertando as pontas em forma de anzol. Depois, ergui-a acima do fundo, virei a lancha contra o vento e acelerei ao máximo. E fomos seguindo, penosamente, conseguindo vencer o maldito vento. Era como se estivéssemos navegando por uma papa compacta. A 100 metros da praia, deixei a âncora descer até o fundo da baía. A *Fayre Eleyne* esticou todo o cabo e virou a proa contra o vento, parecendo suspirar de alívio.

E ali estava eu, a 100 metros da praia, com o Donna uivando sobre a minha cabeça como uma matilha de cães raivosos cuja baba branca era lançada em meu rosto. Nenhum esquife poderia resistir àquela tempestade por mais de um minuto. Um grande galho de árvore passou perto da lancha e simplesmente pulei atrás dele. Não havia perigo. Se eu conseguisse manter a cabeça erguida acima do nível da água, seria impelido pelo vento até a praia. Devo admitir, contudo, que as minhas botas de borracha pareciam extremamente pesadas. Levei cerca de três minutos para chegar à praia, onde a outra Fayre Eleyne e um vizinho me ajudaram a sair da água. Foi só então que comecei a tremer da cabeça aos pés. Mas experimentei uma sensação maravilhosa ao contemplar a nossa pequena lancha balançando graciosa no meio da baía, em segurança. Devo ter forçado alguma coisa ao puxar a âncora com uma só mão, pois precisei de ajuda para chegar em casa. Uma dose de uísque, à mesa da cozinha, auxiliou a minha recuperação. Tenho tentado, desde então, suspender a âncora com uma só mão. E simplesmente não consigo.

O vento logo cessou e nos deixou cuidar dos destroços. As linhas de transmissão de energia elétrica tinham sido derrubadas, e os telefones não funcionaram durante uma semana. Mas Rocinante não sofrera qualquer dano.

Parte II

Parte II

No planejamento a longo prazo de uma viagem, creio que existe a convicção particular de que ela não acontecerá. À medida que se aproximava o dia marcado para a partida, a cama aconchegante e a casa confortável pareciam cada vez mais desejáveis, e minha querida esposa, incalculavelmente preciosa. Parecia uma loucura trocar tudo aquilo pelos terrores do desconforto e do desconhecido durante três meses. Eu não queria mais ir. Precisava acontecer alguma coisa para impedir a minha partida. Mas não aconteceu. Eu podia ficar doente, é claro. Mas aquela era uma das principais razões, embora secreta, para a viagem. No inverno anterior, eu adoecera gravemente, uma dessas enfermidades de nome cuidadosamente escolhido, que não passam de prenúncios da velhice que se aproxima. Quando me curei, recebi o sermão habitual para ter mais moderação, emagrecer e controlar a taxa de colesterol. Isso acontece a muitos homens, e creio que os médicos já decoraram a litania. Eu mesmo já vira acontecer a muitos dos meus amigos. E o sermão sempre termina com as mesmas palavras:

– Procure ser mais moderado. Afinal de contas, você já não é tão jovem como antigamente.

Muitos dos meus amigos passaram a envolver as vidas em casulos, sufocando impulsos, esfriando paixões, retirando-se da vida viril para uma espécie de semi-invalidez espiritual e física. São encorajados por esposas e parentes, mas trata-se apenas de uma doce armadilha.

Quem não gosta de ser o foco das preocupações gerais? Uma espécie de segunda infância domina muitos homens em tal situação. Eles trocam a violência da vida pela promessa de um pequeno adiamento da morte inevitável. Para todos os efeitos, o chefe da casa transforma-se no filho mais novo. Preveni-me contra tal possibilidade com uma espécie de horror, pois sempre vivi intensamente. Bebia em excesso, e ora comia demais, ora ficava no mais absoluto jejum. Às vezes dormia o dia inteiro, outras passava duas noites seguidas em claro. Trabalhava arduamente, por um longo período, ou afundava por algum tempo na mais total indolência. Corri, pulei, cortei lenha, escalei montanhas e fiz amor com intensa alegria, aceitando as ressacas como consequência, jamais como punição. Eu não estava disposto a renunciar ao ardor em troca de um pequeno acréscimo do tempo de vida. Minha esposa se casara com um homem. Eu não via a menor razão para que ela herdasse um bebê. Sabia que dirigir um caminhão por 15 ou 20 mil quilômetros, sozinho e sem qualquer assistência, em todos os tipos de estrada, seria uma tarefa árdua. Mas, para mim, aquilo era o antídoto contra o veneno do doente profissional. No que dizia respeito à minha vida, eu não estava disposto a trocar qualidade por quantidade. Se a viagem que eu planejava fosse demais para as minhas forças, então era porque já chegara mesmo a hora de partir. Já vi muitos homens retardarem a partida, com uma relutância doentia em deixarem o palco. É teatro da pior qualidade, assim como viver da pior maneira possível. Por sorte, tenho uma esposa que gosta de ser mulher, o que significa que gosta de homens, não de bebês crescidos. Embora essa razão para a minha viagem jamais tenha sido discutida por nós, tenho certeza absoluta de que ela a compreendeu.

Finalmente chegou a tão esperada manhã. Estava bem clara, iluminada pelo sol dourado do outono. Minha esposa e eu nos separamos depressa, já que ambos detestamos despedidas, e nenhum dos dois deseja ficar quando o outro parte. Ela ligou o motor do carro e logo partiu para Nova York, enquanto eu, com Charley ao lado, dirigi Rocinante até a estação das barcas em Shelter Island. Minha intenção era pegar uma segunda barca em Greenport e depois uma terceira de Orient Point até a costa de Connecticut, atravessando o Estreito de Long Island. Queria evitar o tráfego intenso de Nova York, pondo-me a caminho o mais rápido possível. Confesso que me sentia dominado por uma sombria desolação.

A bordo da barca, o sol batia forte e a costa continental estava a apenas uma hora de distância. Uma linda chalupa navegava perto de nós, a vela enfunada ao vento. Inúmeras embarcações costeiras desfilavam pelo Estreito, muitas seguindo penosamente para Nova York. Foi então que um submarino emergiu à superfície, a cerca de 1 quilômetro da barca. O dia perdeu parte do seu esplendor. Mais ao longe, outra criatura tenebrosa aflorou à superfície, cortando as águas, logo seguida de outra. Era natural encontrar aqueles monstros por ali, pois têm base em New London. Talvez estejam mantendo a paz mundial com seu veneno. Gostaria de apreciar submarinos, pois até seria capaz de achá-los bonitos. Mas não consigo, porque eles foram projetados para a destruição. Embora possam explorar e mapear o fundo do mar, traçando novas linhas de navegação sob o gelo ártico, o fato inegável é que o principal propósito deles é ameaçar. E toda vez que eu vejo um submarino, me lembro da travessia do Atlântico em um navio-transporte militar, sabendo que no caminho havia monstros sombrios à espreita, procurando-nos com o olho único na ponta de uma antena. De certa forma, o sol sempre me parece ficar gelado quando vejo submarinos e me lembro de homens completamente queimados, tirados do mar em chamas, cobertos de óleo. E agora os submarinos estão equipados com instrumentos de genocídio, a nossa única e absurda maneira de prevenir o genocídio.

Poucas pessoas viajavam no convés superior da barca barulhenta enfrentando o vento forte. Um jovem enfiado em um casaco impermeável, com cabelos lisos cor de milho e olhos avermelhados pelo vento constante, virou-se para mim e apontou o submarino, dizendo:

27

– Aquele é o mais moderno. Pode ficar submerso durante três meses seguidos.

– Como sabe reconhecê-los?

– Eu os conheço bastante bem. Sirvo nos submarinos.

– Num atômico?

– Ainda não. Mas tenho um tio embarcado em um desses. Talvez muito em breve eu também seja designado para um.

– Mas você não está de uniforme.

– É que estou de licença.

– Gosta de servir em submarinos?

– Claro que gosto. O dinheiro é muito melhor, e a gente tem... todo um futuro pela frente.

– Gostaria de passar três meses submerso?

– A gente se acostuma. A comida é excelente, e há muitos filmes para assistir. Eu gostaria de passar por baixo do polo. Você não?

– Acho que sim.

– Tem filmes para assistir e um futuro... garantido.

– De onde você é?

– Nasci logo ali, em New London. Tenho um tio e dois primos servindo na frota de submarinos. Somos uma espécie de família submarina.

– Os submarinos me assustam.

– Não há com que se preocupar, senhor. Em pouco tempo a gente não repara mais que está submerso. A não ser que tenha algum problema grave. O senhor, por acaso, é claustrofóbico?

– Não.

– Então não há problema. O senhor logo se acostumaria. Vamos até lá embaixo tomar um café? Ainda temos bastante tempo.

– Vamos, sim.

Talvez ele esteja certo e eu é que esteja errado. É o mundo dele, não é mais o meu. Não há raiva em seus olhos inocentes. Tampouco medo ou ódio, então ele deve estar certo. É apenas um trabalho como outro qualquer, com um bom salário e um bom futuro pela frente. Não devo transmitir a ele minhas recordações e meu medo. Talvez não volte a acontecer. E, afinal, é a perspectiva dele. O mundo agora lhe pertence. Talvez ele compreenda coisas que eu jamais venha a aprender.

Tomamos o café em copinhos de papel. Pelas janelas quadradas da barca, ele apontou para os diques secos e para os esqueletos dos novos submarinos em construção.

– Uma das coisas boas é que sempre dá para submergir quando vem uma tempestade. E lá embaixo está sempre quieto. A gente pode dormir como um bebê enquanto o inferno está à solta na superfície.

Ele me deu algumas orientações para sair da cidade, algumas das poucas orientações certas que recebi em toda a viagem.

– Até à próxima – falei. – Espero que tenha... um bom futuro.

– Não será nada mau, senhor. Adeus.

E, seguindo sozinho por uma estrada secundária de Connecticut margeada de árvores floridas, compreendi que ele fizera com que me sentisse melhor e mais seguro.

Passei semanas estudando mapas, de maior e menor escala. Os mapas, contudo, não refletem a realidade e tendem a se transformar em tiranos implacáveis. Conheço pessoas que ficam tão imersas em mapas rodoviários que nem mesmo contemplam a paisagem ao redor. Outras, que, depois de traçarem uma rota determinada, fazem questão de se ater a ela, como se as rodas do carro em que viajam estivessem presas a trilhos. Parei Rocinante em uma pequena área reservada para piqueniques, mantida pelo estado de Connecticut, e peguei o livro de mapas.

De repente, os Estados Unidos tornaram-se gigantescos, e parecia impossível atravessá-lo de um extremo a outro. Fiquei aturdido por sequer haver iniciado um projeto impossível de executar. Era como começar a escrever um livro. Quando enfrento a desoladora impossibilidade de escrever quinhentas páginas, sou dominado por uma sensação de fracasso doentia. Tenho certeza de que nunca conseguirei fazê-lo. Isso sempre acontece. Então, devagar, escrevo uma página, depois outra, e mais outra, e vou em frente. Obrigo-me a pensar, no máximo, no dia de trabalho que tenho em frente, e assim elimino por completo toda e qualquer possibilidade de chegar ao fim prematuramente. Era o que estava acontecendo naquele momento, ao contemplar a projeção em cores vivas da gigantesca América. As folhas das árvores que cobriam a área de piqueniques formavam uma camada espessa e compacta. Eram folhas que não vicejavam mais, apenas aguardavam que a primeira geada tirasse o que ainda lhes restava de cor, para que a segunda as misturasse com a terra, encerrando seu ano de existência.

Charley é um cachorro grande e alto. Sentado no assento ao meu lado, a cabeça dele ficava quase tão alta quanto a minha. Ele encostou o focinho perto do meu ouvido e disse:

– Ftt...

É o único cachorro que conheci capaz de pronunciar a consoante F. Talvez porque os dentes da frente sejam tortos, uma tragédia que o afasta das exposições caninas. Como os dentes superiores e da frente se sobrepõem ligeiramente ao lábio inferior, Charley é capaz de pronunciar o F. E a palavra *Ftt* geralmente significa que está com vontade de ir cumprimentar uma moita ou uma árvore. Abri a porta do passageiro e o deixei sair. Ele foi satisfazer suas necessidades sem a menor cerimônia. Não precisa pensar para fazer as coisas direito. A experiência me diz que, em determinadas áreas, Charley é muito mais inteligente do que eu, embora em outras seja de uma ignorância espantosa. Ele não sabe ler, não sabe dirigir um carro, não possui a menor noção de matemática. Mas, em seu próprio campo de ação, no qual se empenhava naquele momento, o farejar lento e meticuloso até a escolha do local certo, Charley é inigualável. É claro que tem horizontes limitados. Mas quão amplos são os meus?

Continuamos dirigindo pela tarde de outono, na direção norte. Por desejar mostrar-me sempre cordial, achei que seria ótimo convidar as pessoas que conhecesse pelo caminho para tomar um drinque na minha casa. Só que me esquecera por completo de levar bebidas. Nas estradas secundárias do Connecticut, existem algumas pequenas lojas que vendem bebidas de toda espécie. Eu sabia que, em alguns estados, a venda de bebidas alcoólicas é proibida, mas me esquecera de quais. Assim, o melhor era que eu ficasse logo bem abastecido. Avistei uma pequena mercearia mais adiante, recuada alguns metros da estrada, encravada no meio de um bosque de bordos. Tinha um jardim bem cuidado na frente, com muitos canteiros de flores. O proprietário era um rapaz de rosto pálido. Desconfio de que era abstêmio. Ele abriu o talão de pedidos, ajeitando os carbonos com cuidado e paciência. Nunca se sabe o que as pessoas vão querer beber. Por isso, pedi *bourbon, scotch,* gim, vermute, vodca, uma garrafa de um bom conhaque, aguardente de maçã envelhecida e uma caixa de cervejas. Sentia que, daquela forma, poderia enfrentar praticamente todos os gostos e situações. Era um pedido grande para uma mercearia pequena. O rapaz ficou impressionado.

– Vai ser uma festa e tanto!

– Não, não se trata de uma festa. É apenas suprimento para uma viagem.

Ele me ajudou a carregar as caixas até Rocinante. Abri a porta traseira da picape.

– Vai viajar nisso?

– Vou.

– Para onde?

– Por aí.

Foi então que vi uma coisa que encontraria muitas vezes durante a viagem: uma expressão sonhadora.

– Puxa! Como eu gostaria de poder ir junto!

– Não gosta daqui?

– Claro que gosto. É um bom lugar. Mas eu gostaria de fazer uma viagem dessas.

– Mas nem mesmo sabe para onde estou indo.

– Isso não tem a menor importância. Gostaria de ir a qualquer lugar.

Por fim, deixei para trás as estradas margeadas de árvores e fiz o possível para contornar as cidades. Hartford, Providence e outras cidades do mesmo porte fervilham de fábricas, atolam-se no próprio tráfego. Demora mais para atravessar as cidades do que para percorrer centenas de quilômetros de estrada. E, em meio ao tráfego intenso e confuso, enquanto se tenta encontrar o caminho certo, não há a menor possibilidade de ver qualquer coisa. Já atravessei centenas de cidades, grandes e pequenas, nos climas mais diversos, em cenários de toda espécie. É claro que elas são diferentes, que as pessoas em cada uma delas possuem qualidades características, mas, em algumas coisas, são todas iguais. As cidades americanas parecem tocas de texugo, transbordando de lixo, cercadas por pilhas de automóveis arrebentados e enferrujados, quase sufocadas pelos próprios detritos. Tudo que usamos vêm em caixas, caixotes, latas, as chamadas embalagens que tanto prezamos. As montanhas de coisas que jogamos fora são muito maiores que as de coisas que usamos. Se não houvesse outra indicação, isso seria o suficiente para mostrar a exuberância incontrolável e temerária da produção humana. Passando pelas cidades, muitas vezes pensei em como, na França ou na Itália, muitas coisas que jogamos fora seriam guardadas e aproveitadas em algo útil. Não quero fazer críticas a um sistema ou outro, mas me pergunto se não chegará o dia em que nos arrependeremos de tamanho desperdício: detritos químicos jogados nos rios, restos de metal por toda parte, detritos atômicos enterrados na terra ou lançados no fundo do mar. Quando o acampamento de uma tribo indígena ficava atolado na própria imundície, os habitantes simplesmente se mudavam para outro local. O problema é que nós não temos para onde nos mudar.

Eu prometera a meu filho mais novo que me despediria dele ao passar por sua escola, em Deerfield, Massachusetts. Mas cheguei muito tarde e resolvi não acordá-lo. Assim, subi pela encosta da montanha próxima, encontrei uma granja, comprei leite e pedi permissão ao proprietário para estacionar Rocinante debaixo de uma macieira. O homem era ph.D. em matemática e devia ter estudado filosofia. Gostava do que estava fazendo e não queria estar em qualquer outro lugar. Foi uma das poucas pessoas satisfeitas com a vida que encontrei ao longo de toda a viagem.

Prefiro baixar uma cortina sobre a minha visita à escola de Eaglebrook. Não é preciso muito esforço para imaginar o efeito que Rocinante provocou em duzentos adolescentes prisioneiros da educação, em pleno cumprimento das sentenças de inverno. Eles visitaram o veículo em grupos de até 15 se espremendo na pequena cabine. Em silêncio me amaldiçoavam com cortesias, porque eu podia ir embora e eles não. Meu próprio filho provavelmente jamais me perdoará. Pouco depois de partir, parei a picape e revistei-a meticulosamente, para ter certeza de que não estava levando um passageiro clandestino.

Segui para o norte, passando por Vermont, virei para leste, em New Hampshire, e fui para as Montanhas Brancas. Os barrancos ao lado da estrada estavam cobertos por abóboras-morangas douradas, abóboras de um castanho-avermelhado e maçãs vermelhas, tão doces e maduras que pareciam explodir em sumo quando eu as mordia. Comprei maçãs e um galão de cidra de fabricação recente. Tenho a impressão de que todos que vivem ao longo daquelas estradas vendem mocassins e luvas de pele de gamo. Os que não o fazem, vendem doces feitos com leite de cabra. Até aquele momento, contudo, eu ainda não vira as fábricas e oficinas quase artesanais em campo aberto, que vendem sapatos e roupas. Os vilarejos daquela região provavelmente são os mais lindos de toda a nação, muito limpos e arrumados, pintados de branco. Sem contar os motéis e quadras de tênis para turistas, a região permanece a mesma há uma centena de anos, apenas com o acréscimo de carros e das ruas pavimentadas.

O clima mudou depressa. Fazia frio, e as árvores explodiam em cores, com tons de vermelho e amarelo inimagináveis. Não era apenas a cor, mas quase uma incandescência, como se as folhas absorvessem os raios do sol de outono com avidez e depois os liberassem bem devagar. Há um pouco de fogo nas cores. Subi bastante as montanhas antes da chegada do crepúsculo. Uma placa ao lado de um córrego oferecia ovos frescos à venda. Tomei a estradinha para a granja e comprei alguns, pedindo permissão para acampar ao lado do córrego. Propus-me, inclusive, a pagar por isso.

O dono era um homem magro, com o que imaginamos ser um rosto ianque e as vogais breves que consideramos típicas da pronúncia ianque.

– Não precisa pagar – respondeu. – A terra não vai trabalhar. Mas eu gostaria de dar uma olhada nessa sua máquina.

Eu retruquei:

– Deixe-me estacioná-la num lugar plano e arrumar tudo, depois venha tomar uma xícara de café... ou alguma outra coisa.

Dei marcha à ré e fiz manobra, até encontrar um lugar plano onde desse para ouvir o ruído do córrego impetuoso. Já estava escurecendo. Charley já me dissera *Ftt* diversas vezes, dessa vez indicando que estava com fome. Abri a porta de Rocinante, acendi a luz e me deparei com um caos lá dentro. Já arrumei um barco diversas vezes, prevendo o balanço das ondas, mas as freadas bruscas e as partidas rápidas de uma picape são bem diferentes. O chão estava coalhado de livros e papéis. Minha máquina de escrever mal se equilibrava em cima de uma pilha de pratos de plástico, um rifle caíra e enfiara-se em uma abertura da estufa, e toda uma resma de papel, quinhentas folhas, se espalhara pelo chão, cobrindo tudo como uma camada de neve. Acendi um lampião a gás, meti tudo o que estava espalhado pelo chão em um pequeno armário, e pus água para esquentar. Pela manhã eu teria que rearrumar toda a carga. Ninguém pode dizer como fazê-lo. A técnica tem que ser aprendida como eu a aprendi, através de repetidos fracassos. Quando escureceu, ficou bastante frio, mas o lampião e o bico de gás do fogão aqueciam a minha casinha de tartaruga. Charley comeu o jantar, foi dar as suas voltas de praxe e depois veio deitar em um canto atapetado debaixo da mesa, que seria o seu lugar predileto pelos três meses seguintes.

Há muitas invenções modernas para tornar a vida mais fácil. No meu barco, eu descobrira os utensílios de cozinha de alumínio descartáveis, como caçarolas, frigideiras e pratos fundos. Frita-se um peixe e joga-se a frigideira no mar. Eu estava bem equipado com esses artigos. Abri uma lata de carne picadinha em salmoura, pus tudo dentro de um prato descartável e coloquei-o sobre fogo baixo, em cima de uma placa de asbesto. O café tinha acabado de ficar pronto quando Charley soltou um rugido de leão. Não posso dizer como é confortador ser alertado de que alguém está se aproximando na escuridão. E se a pessoa que se aproxima tem intenções perversas no coração, o rugido decerto o fará hesitar, se por acaso não souber que Charley tem uma natureza pacífica e diplomática.

O granjeiro bateu na porta e o convidei a entrar.

– Muito agradável aqui dentro – comentou. – Muito agradável mesmo.

Ele se ajeitou no assento ao lado da mesa, que pode ser abaixada à noite e convertida em uma cama, com as almofadas dos assentos fazendo as vezes de colchão.

– Agradável mesmo – disse outra vez.

Servi uma xícara de café para ele. Tenho a impressão de que o café cheira ainda melhor quando faz frio.

– Quer acrescentar alguma coisa? – ofereci. — Algo para aumentar a classificação etária?

– Não, obrigado. Está bom assim. Muito bom.

– Nem um pouquinho de aguardente de maçã? Estou cansado de dirigir e também tomaria um pouco.

Ele me encarou com um divertimento contido, uma expressão que os não ianques consideram taciturna.

– Se eu não quiser, você tomaria sozinho?

– Acho que não.

– Então aceito um pouquinho, só para não privá-lo desse prazer.

Servi uma boa dose de aguardente de maçã de 21 anos e coloquei a garrafa ao lado da mesa. Charley afastou-se um pouco, para dar espaço, repousando o focinho em cima do meu pé.

Há uma gentileza excepcional na estrada. Nunca se faz uma pergunta direta ou pessoal. Mas isso é apenas uma questão de boas maneiras, em qualquer parte do mundo. Ele não perguntou meu nome, nem eu o dele. Mas pude ver os seus olhos tranquilos contemplarem as armas de fogo e meus equipamentos de pesca, pendurados nas paredes.

Naquela ocasião, Kruschev estava na ONU, uma das poucas razões pelas quais eu gostaria de estar em Nova York. Perguntei:

– Ouviu rádio hoje?

– Ouvi o noticiário das cinco horas.

– O que aconteceu na ONU? Esqueci-me de ligar o rádio.

– Você não vai acreditar... Mr. K. tirou o sapato e bateu com ele em cima da mesa.

– Mas por quê?

– Não gostou do que estavam dizendo.

36

– Parece uma maneira meio estranha de protestar.

– Bem, chamou atenção. O noticiário quase não falou em outra coisa.

– Deveriam dar um martelinho de madeira para ele, assim não precisaria tirar o sapato.

– É uma boa ideia. E talvez até pudessem fazer o martelinho em forma de sapato, para que ele não ficasse constrangido.

Ele tomou um gole da aguardente de maçã, comentando:

– Muito boa.

– O que o pessoal por aqui acha de toda essa gritaria dos russos?

– Não posso falar pelos outros, mas acho que toda essa gritaria é uma espécie de ação sorrateira. Gostaria que fizéssemos alguma coisa, para dar a eles algumas razões para gritar.

– É, acho que concordo...

– A impressão que eu tenho é de que estamos sempre nos defendendo.

Enchi outra vez as xícaras de café e servi mais um pouco de aguardente de maçã.

– Acha que deveríamos atacar?

– Acho que deveríamos, pelo menos, tomar a iniciativa de vez em quando.

– Não estou fazendo pesquisa de opinião pública, mas o que o pessoal pensa das eleições por aqui?

– Eu gostaria de saber. Ninguém comenta nada. Acho que vão ser as eleições mais secretas que já tivemos. Ninguém está querendo dar sua opinião.

– Será que é porque ainda não formaram uma opinião?

– É possível. Ou talvez não queiram revelar o que pensam. Eu me lembro de outras eleições, quando havia discussões acaloradas. Até agora não ouvi nenhuma.

A mesma coisa ocorria por todo o país: ninguém discutia as próximas eleições.

– Está acontecendo a mesma coisa em outros lugares? – Ele devia ter visto as placas da picape para fazer tal pergunta, mas não iria mencionar isso.

– Eu tenho a impressão de que sim. Acha que as pessoas estão com medo de manifestar suas opiniões?

– Algumas, talvez. Mas conheço outras que não se assustam fácil, e elas também não estão fazendo comentários.

– Eu também percebi isso. Mas não entendo os motivos, de verdade.

– Eu também não. Talvez tudo seja parte da mesma coisa. Não, obrigado, não quero mais. Pelo cheiro, posso dizer que o seu jantar está quase pronto. Já vou indo.

– Parte de que coisa?

– Bem, veja o caso do meu avô e do pai dele, que ainda estava vivo quando eu tinha 12 anos. Eles sabiam de algumas coisas sobre as quais tinham certeza absoluta. Em circunstâncias normais, sabiam o que poderia acontecer. Mas agora... o que pode acontecer?

– Não sei.

– Ninguém sabe. E de que adianta uma boa opinião, se a gente não sabe de nada? Meu avô sabia com exatidão o número de fios de barba do Onipotente. Já eu não sei nem mesmo o que aconteceu ontem, muito menos o que poderá acontecer amanhã. Meu avô sabia de que era feita uma rocha ou uma mesa. Eu nem mesmo compreendo a fórmula que diz que ninguém sabe. Não temos nada em que nos apoiar, não temos nem como pensar nas coisas. Bom, agora eu vou indo. Ainda estará aqui pela manhã?

– Não sei, pretendo partir bem cedo. Quero atravessar uma boa parte do Maine amanhã, chegar até Deer Isle.

– É um lugar bonito, não é?

– Não sei, pois ainda não estive lá.

– É, sim. Tenho certeza de que vai gostar. Obrigado pelo café. E boa noite.

38

Charley levantou a cabeça para observá-lo sair, depois suspirou e voltou a dormir. Comi minha carne enlatada, fiz a cama e peguei o *Ascensão e Queda do III Reich*, de Shirer. Mas descobri que não conseguia ler. Quando apaguei a luz, vi que também não podia dormir. O barulho do córrego nas pedras era agradável e repousante, mas a conversa do granjeiro não me saía da cabeça. Era um homem inteligente e sabia se expressar. Eu não deveria acalentar esperanças de encontrar muitos como ele em minha viagem. E talvez ele tivesse enfiado o dedo na ferida. Os seres humanos levaram um milhão de anos para se acostumar ao fogo, como coisa e ideia. Entre o momento em que um homem queimou os dedos ao encostá-los em uma árvore incendiada por um raio e o momento em que outro homem levou o fogo para dentro da caverna e descobriu que aquilo servia para aquecê-lo, devem ter passado 100 mil anos. E de lá até as fornalhas de Detroit, quanto tempo se passou?

E agora havia à mão uma força muito mais poderosa. Ainda não tivemos o tempo necessário para desenvolver os meios de pensar a respeito, pois o homem precisa receber as impressões exteriores e transformá-las em palavras, antes de começar a refletir. No passado, pelo menos, havia tempo bastante para isso.

Os galos já estavam cantando quando finalmente adormeci. Só então é que senti que a viagem realmente começara. Até aquele momento, eu ainda não chegara a acreditar de fato nisso.

Charley gosta de se levantar cedo e também que eu me levante cedo. E por que não deveria? Afinal, logo depois do café da manhã, ele sempre volta a dormir. Ao longo dos anos, Charley desenvolveu diversos métodos aparentemente inocentes para me acordar. Ele pode se sacudir e balançar a coleira com tanto barulho que é capaz de despertar os mortos. Se isso não funciona, tem um acesso de espirros. Mas talvez o método mais irritante seja o de sentar-se pacientemente ao lado da cama e me encarar, com a expressão doce e generosa de quem perdoa. É inevitável sair do sono mais profundo, com a sensação de que alguém me olha fixo, mas aprendi a manter os olhos fechados. Se piscá-los, Charley começa a espirrar e se espreguiçar, e a noite de sono acaba. Muitas vezes essa guerra de vontade se prolonga por um tempo considerável: mantenho os olhos fechados e ele continua a me encarar com perdão no olhar. Mas, quase sempre, Charley sai vencedor. Ele gosta tanto de viajar que quer começar bem cedo, e cedo, para ele, é quando a primeira claridade da madrugada surge no horizonte, ainda fraca diante da escuridão.

Não demorei para descobrir que, se um viajante estranho deseja escutar à vontade a população local, os melhores lugares para ir são os bares e as igrejas. Mas muitas cidadezinhas da Nova Inglaterra não têm bares, e as igrejas só funcionam aos domingos. Uma boa alternativa é o pequeno restaurante de beira de estrada, onde os homens se reúnem para tomar o café da manhã, antes de ir trabalhar ou caçar. Mas, para encontrar tais lugares cheios, é preciso acordar muito cedo. Há ainda outra dificuldade: os homens que se levantam cedo não costumam falar com estranhos, além de pouco conversarem entre si. De um modo geral, a conversa nessas ocasiões se limita a uma série de resmungos lacônicos. O humor taciturno, natural da Nova Inglaterra, alcança a gloriosa perfeição ao café da manhã.

Alimentei Charley, deixei-o dar um pequeno passeio e caí na estrada. Uma neblina fria cobria as montanhas e deixava o meu para-brisa embaçado. Em geral, eu não como nada de manhã, mas agora teria que passar a fazê-lo, ou não veria ninguém, a não ser quando parasse para encher o tanque de gasolina. Parei no primeiro restaurante e ocupei um lugar no balcão. Os fregueses que encontrei estavam curvados sobre as xícaras de café, quase em posição fetal. A conversa normal naquela hora é a seguinte:

Garçonete: O mesmo de sempre?
Freguês: É.
Garçonete: Está frio o bastante?
Freguês: Está.
(Dez minutos depois.)
Garçonete: Quer outra?
Freguês: Quero.

O freguês do exemplo é realmente tagarela. Alguns se limitam a um resmungo, outros nem se dão ao trabalho de responder. Uma garçonete que trabalha no turno da manhã nos pequenos restaurantes da Nova Inglaterra leva uma vida solitária. Mas logo descobri que, se tentasse injetar um pouco de animação e alegria no trabalho dela com alguma observação jovial, a resposta era um inevitável baixar de olhos e um resmungo de "É..." ou "Hum, hum...". Não obstante, eu sentia que devia haver algum tipo de comunicação possível, só que eu não conseguia descobrir qual era.

Encontrei a melhor informação na transmissão de rádio matutina, que aprendi a amar. Toda cidadezinha de poucos milhares de habitantes possui emissora própria, que substitui o velho jornal local. É por ali que anunciam as barganhas locais, os acontecimentos sociais, os preços dos artigos à venda nas lojas, recados de todo tipo. Os discos tocados são os mesmos por todo o país. Se *Teen-Age Angel* é o grande sucesso no Maine, também é em Montana. No decurso de um dia, pode-se ouvir *Teen-Age Angel* trinta ou quarenta vezes. Mas, além das notícias e crônicas locais, há também anúncios do mundo exterior. À medida que fui me embrenhando mais para o norte, e o frio aumentava, comecei a ouvir mais e mais anúncios sobre a venda de propriedades imobiliárias na Flórida. Com a aproximação do longo e amargo inverno, pude compreender por que a palavra Flórida parece tão atraente. Descobri que muitas pessoas já tinham partido para aquele estado, e que muitas outras queriam ir também e acabariam indo. Os anúncios, talvez obedecendo às restrições impostas pelo Serviço Federal de Comunicações, não diziam muito, mas frisavam que as propriedades à venda ficavam na Flórida. Alguns iam um pouco além, informando que os terrenos ficavam acima da linha máxima da maré alta. Mas nada importava. O simples "Flórida" transmitia uma mensagem de calor, bem-estar e conforto. Era irresistível.

Passei a vida em lugares de clima maravilhoso, e confesso que termino cansado. Gosto mais da chuva do que do tempo bom. Morei um tempo lá em Cuernavaca, no México, onde o clima chega próximo da perfeição, e descobri que as pessoas que decidem partir geralmente vão para o Alasca. Gostaria de saber por quanto tempo um homem do condado de Aroostook pode suportar a Flórida. O problema é que, com as economias transferidas e investidas por lá, é difícil ele ter condições de voltar. Já lançou os dados, não pode mais recolhê-los. Mas me pergunto se um habitante da Nova Inglaterra, sentado em uma cadeira de alumínio e nylon, em um gramado de verde imutável, dando tapas para matar mosquitos durante uma tarde quente de outubro na Flórida, não sente volta e meia a invasão de uma recordação pungente, dessas que dão um frio insuportável no estômago, logo abaixo das costelas, onde mais dói. E, naquele verão eterno e muito úmido, duvido que a imaginação não volte à definição inconfundível de cores, ao ruído cortante do vento gelado, ao cheiro das achas de pinheiro ardendo na lareira, ao calor aconchegante da cozinha. Como pode, pois, uma pessoa apreciar as cores em meio ao verde permanente, e como apreciar o calor se não há frio em contraste?

Dirigi tão devagar quanto o hábito e a lei inflexível permitiam. É a única maneira de ver alguma coisa. A cada poucos quilômetros, os estados oferecem lugares para descansar à beira das estradas, locais abrigados, às vezes perto de riachos represados. Há tambores de óleo pintados para jogar o lixo, mesas para piquenique, fogões de pedra, grelhas para churrascos. A intervalos frequentes, eu tirava Rocinante da estrada e deixava Charley farejar os registros das pessoas que ali estiveram. Então esquentava um café e ia sentar no degrau da traseira da picape, contemplando o bosque e o córrego, admirando as montanhas que se erguiam abruptamente, as encostas cobertas de abetos e coníferas, os topos polvilhados de neve. Há muito tempo, quando eu era criança, ganhei na Páscoa um desses ovos que têm uma paisagem dentro. Olhando pela abertura na extremidade, dava para ver uma fazendinha maravilhosa, uma espécie de fazenda dos sonhos, com uma cegonha sentada no ninho, construído sobre a chaminé da casa. Eu imaginava que tal cenário era de contos de fadas, decerto tão imaginário quanto gnomos sentados debaixo de cogumelos. Mas um dia, na Dinamarca, vi essa mesma fazenda, ou sua gêmea, exatamente como a vira no ovo. Em Salinas, na Califórnia, onde cresci, embora tivéssemos de vez em quando algumas geadas, o clima era fresco e o tempo nublado. Quando víamos desenhos coloridos de uma floresta de Vermont no outono, parecia outra cena de contos de fadas, e eu francamente não acreditava que eram reais. Na escola, decorávamos "Snowbound"* e pequenos poemas sobre o velho Jack Frost e seu pincel mágico. Mas a única coisa que Jack Frost fazia por nós era botar uma camada fina de gelo nos cochos, e bem de vez em quando. Para mim, foi desconcertante descobrir que o tumulto de cores não apenas era verdadeiro, mas que os desenhos eram traduções pálidas e inexatas da realidade deslumbrante. Eu sequer consigo imaginar as cores da floresta quando não estou olhando para ela. Pensei que a visão constante pudesse gerar a desatenção e perguntei a uma nativa de New Hampshire. Ela respondeu que o outono nunca deixava de surpreendê-la, de encantá-la.

---

*Poema de John Greenleaf Whittier, publicado em 1866. (N. do T.)

– É algo tão glorioso que não dá pra recordar, quando acaba. É por isso que sempre nos surpreende.

No córrego ao lado da área de piquenique, uma truta pulou acima da água escura, caçando ondulações na pequena lagoa. Charley viu, e entrou na água atrás dela, tolo como sempre, molhando-se todo. Ele nunca pensa no futuro. Entrei em Rocinante e peguei a minha magra contribuição de lixo para o tambor de óleo: duas latas vazias. Uma o conteúdo eu comera, a outra, fora Charley. Entre os livros que trouxera, vi uma capa de que me recordava bem. Peguei o volume e saí com ele para o sol. Na capa, havia uma mão dourada, segurando ao mesmo tempo uma serpente e um espelho com asa. Baixo, em letras manuscritas, lia-se: *The Spectator, editado por Henry Morley.*

De certa forma, tive uma infância afortunada, para um escritor. Meu avô, Sam'l Hamilton, amava os bons livros, além de conhecê-los a fundo. Teve algumas filhas muito letradas, entre elas minha mãe. Assim, em Salinas, na estante de nogueira escura com portas de vidro, havia coisas estranhas e maravilhosas a serem descobertas. Meus pais nunca as ofereceram a mim, e as portas de vidro estavam obviamente ali para guardá-las. Por causa disso, eu costumava furtá-las, o que não era proibido nem desencorajado. Penso hoje que, se proibíssemos que nossos filhos ignorantes tocassem nas coisas maravilhosas que a literatura tem a lhes oferecer, talvez eles começassem a roubá-las, encontrando então uma alegria secreta. Era muito novo quando fui dominado por uma grande paixão por Joseph Addison, uma paixão que nunca perdi. Ele maneja o instrumento da língua da mesma forma que Casals toca violoncelo. Não sei se influenciou o meu estilo, mas espero que sim. E nas Montanhas Brancas, em 1960, sentado ao sol, abri o primeiro volume, de que tão bem me recordava, editado pela primeira vez em 1883. Fui ao Número 1 de *The Spectator,* datado de quinta-feira, 1º de março de 1711. No cabeçalho estava escrito:

*"Non fumum ex fulgore, sed ex fumo dare lucem
Cogitat, et speciosa dehinc miracula promat."*

Horácio

EU ME RECORDO muito bem do uso admirável que Addison fazia das letras maiúsculas, para destacar certas palavras. Naquela data, escreveu ele:

"Tenho observado que é raro um leitor dedicar-se a um livro com prazer sem saber se o escritor era um homem bom ou mau, de temperamento colérico ou não, casado ou solteiro, além de outras características de sua natureza, que proporcionam a compreensão certa de um autor. Para satisfazer a essa curiosidade, tão natural a cada leitor, dedicarei este artigo e o próximo a discursos preliminares aos meus escritos posteriores, fazendo um relato sobre as diversas pessoas que surgem nesta obra. Como a dificuldade maior de compilar, digerir e corrigir será em grande parte uma atribuição minha, devo fazer-me justiça, iniciando a obra com minha própria história."

Domingo, 29 de janeiro de 1961. Está certo, Joseph Addison, eu ouço e obedeço, dentro dos ditames da Razão, pois parece que a curiosidade a que você se referiu não diminui nem um pouco com o passar dos anos. Tenho encontrado muitos leitores mais interessados no que visto do que nos meus pensamentos, mais sedentos de descobrir como escrevo do que ler o que escrevo. Analisando minha obra, muitos leitores sentem-se mais curiosos em saber o que me levou a pensar nela, do que as coisas que nela digo. Como uma sugestão do mestre é uma ordem, não muito diferente da Santa Escritura, vou me desviar um pouco do assunto e também atender à orientação, ao mesmo tempo.

De um modo geral, posso ser considerado um homem alto, já que tenho 1,83 metro. Mas entre os homens da minha família, sou considerado um anão. Eles variam entre 1,88 metro e 1,95 metro. Sei que meus dois filhos, quando atingirem sua estatura máxima, serão mais altos do que eu. Tenho ombros bem largos e, nas condições em que me encontro, cintura estreita. Minhas pernas são muito compridas em proporção ao tronco, mas parecem simétricas, ao que todos me dizem. Tenho os cabelos grisalhos, os olhos azuis e o rosto corado, um biotipo herdado da minha mãe irlandesa. Meu rosto não ignorou a passagem do tempo, registrando-o, ao contrário, com cicatrizes, rugas, vincos. Uso barba e bigode, mas raspo as bochechas. A referida barba é preta no meio e branca nas extremidades, herança de alguns parentes. Cultivo-a não pelas razões usuais, de problemas de pele ou dificuldade de barbear, não pelo propósito secreto de ocultar um queixo sem firmeza, e sim como um ornamento ostensivo, assim como um pavão sente grande alegria e prazer em sua cauda. E também porque, em nosso tempo, uma barba é a única coisa que a mulher não pode fazer melhor do que o homem. E, quando ela o consegue, o sucesso está assegurado apenas em um circo.

Os trajes que uso para viajar são práticos, ainda que um tanto bizarros. Botas de borracha com solas internas de cortiça, que mantêm os meus pés quentes e secos. Uma calça cáqui de algodão, comprada em um armazém de excedentes do Exército, que cobre minhas canelas. Os membros superiores se comprazem com um casaco de caça, os punhos e a gola de veludo piquê, com um bolso enorme nas costas, para guardar caça, e grande o suficiente para contrabandear uma princesa indígena para dentro de uma hospedaria da ACM. Na cabeça, uso o mesmo que uso há muitos anos, um quepe azul da Marinha inglesa, com uma viseira curta estampada com o leão e o unicórnio reais, sempre lutando em defesa da coroa da Inglaterra. O quepe já está bastante esfarrapado e desbotado pelo sal, mas ganhei de presente do comandante de uma lancha torpedeira na qual parti de Dover, durante a guerra. Um cavalheiro gentil e, ao mesmo tempo, um assassino implacável. Depois que deixei seu comando, ele atacou um torpedeiro alemão, suspendendo o fogo na tentativa de capturá-lo intacto, já que ninguém o fizera até aquele momento. No decurso da ação, acabou afundando o próprio barco. Desde então, uso o quepe em sua honra e memória. Além do mais, gosto dele. Acho que se ajusta perfeitamente ao que eu sou. No Leste, o quepe não atrai um segundo olhar. Mais tarde, porém, em Wisconsin, na Dakota do Norte e em Montana, depois que deixei o mar bem para trás, achei que começara a atrair as atenções gerais. Comprei então o que costumamos chamar de chapéu de vaqueiro, um Stetson, de abas não muito largas, um chapéu típico do Oeste, vistoso mas conservador, do tipo que meus tios vaqueiros costumavam usar. Só voltei a usar o quepe da Marinha inglesa quando me aproximei outra vez da região costeira, em Seattle.

Atendida a ordem de Addison, levo o meu leitor de volta à área para piqueniques, em New Hampshire. Sentado ali, folheava o primeiro volume de *The Spectator* e pensava em como a mente é capaz de fazer duas coisas ao mesmo tempo, pelo que sabemos, além de muitas outras que desconhecemos. Foi então que apareceu, de um carro luxuoso, dirigido por uma mulher um tanto empertigada e enfeitada demais. Ela parou o veículo ali perto e soltou um Lulu da Pomerânia do sexo feminino um tanto empertigado e enfeitado demais. Eu não tinha como saber, à primeira vista, do sexo, mas Charley percebeu no mesmo instante. Saindo de trás da lata de lixo onde estivera fazendo algumas investigações, ele achou-a deslumbrante. No mesmo instante, seu sangue francês entrou em ebulição e ele iniciou uma série de inconfundíveis galanteios, mesmo para os olhos distraídos da dona. Esta, guinchando, como uma coelhinha ferida, saltou do carro desesperada. Era uma mulher corpulenta, e tenho certeza de que teria recolhido a sua queridinha à proteção e abrigo do colo amplo, se pudesse abaixar-se tanto. O melhor que pôde fazer foi dar um tapa na cabeça alta de Charley. Com a maior naturalidade, quase que indiferente, ele mordeu-lhe a mão antes de retomar o romance. Até aquele momento, eu não sabia muito bem o que significava a expressão "botar a boca no mundo", nem tinha ideia de como aquilo seria possível. Mas, decerto, foi o que a desgraçada da mulher fez naquele momento. Peguei a mão dela e verifiquei que a pele nem sequer fora arranhada. Segurei a cadelinha, que prontamente me deu uma valente mordida na mão, tirando sangue. Até que consegui agarrar a monstrinha pela garganta, esganando-a com mãos gentis.

Charley ficou observando a cena a distância, como se a considerasse de um absurdo sem tamanho. Pôs-se a molhar a lata de lixo pela vigésima vez e chegou à conclusão de que o dia estava encerrado.

Levou tempo para acalmar a senhora. Fui buscar a garrafa de conhaque, que talvez a acalmasse, e ela tomou um trago tão grande que deveria ter caído para trás dormindo.

Depois de tudo o que eu fizera por ele, era de esperar que Charley viesse em meu socorro. Mas ele não gosta de neuróticos e detesta pessoas embriagadas. Por isso, subiu em Rocinante, arrastou-se para baixo da mesa e foi dormir.

Finalmente a dama partiu, com o freio de mão levantado. O dia maravilhoso que eu imaginara estava perdido. Addison se desvanecera em meio a chamas, a truta não mais pulava sobre a água, uma nuvem cobria o sol e um frio desagradável se espalhava pelo ar. Percebi que dirigia com mais pressa do que desejava. Começou a chover, uma chuva firme e fria. Não dei, aos vilarejos solitários por que passei, a atenção que mereciam. Não demorou muito para atravessar todo o Maine, seguindo para leste.

Eu gostaria que dois estados que fazem fronteira pudessem concordar quanto aos limites de velocidade. Assim que o sujeito se acostuma ao limite de 80 quilômetros por hora, cruza uma fronteira e entra em outro estado, onde o limite é de 110 quilômetros por hora. Não entendo porque não podem sentar e chegar a um acordo. Contudo, há uma coisa em que todos os estados concordam: todos, sem exceção, reconhecem a própria superioridade e tratam de anunciá-la em letras garrafais, à vista de qualquer um que cruze a fronteira. Entre os quase quarenta estados que visitei, não houve um só que não tivesse muitos elogios para fazer a respeito de si próprio. Isso me pareceu um tanto indelicado. Talvez fosse melhor deixar que os visitantes descobrissem tudo por si mesmos. Mas também é possível que nada descobríssemos, se não chamassem nossa atenção.

Os preparativos para o inverno são drásticos, na Nova Inglaterra. A população de verão deve ser imensa, e as estradas ficam congestionadas de refugiados do calor úmido de Boston e Nova York. Todas as barraquinhas de cachorro-quente, sorveterias, lojas de curiosidades, vendas de mocassins e luvas de pele de gamo estavam fechadas, muitas delas com cartazes na porta onde se lia ABRIREMOS NO PRÓXIMO VERÃO. Uma coisa a que nunca me acostumei são as milhares de lojas de antiguidades ao longo das estradas, todas repletas do lixo autêntico e comprovado de uma era anterior. Creio que a população das 13 colônias era inferior a 4 milhões de almas, mas a impressão que tenho é de que cada uma delas não fazia outra coisa que não trabalhar na produção de mesas, cadeiras, porcelana, vidros, moldes em cera, pedaços de ferro, bronze ou cobre em formatos estranhos, apenas para no futuro, vender aos turistas do século XX. Ao longo das estradas da Nova Inglaterra, há antiguidades à venda suficientes para mobiliar todas as casas de 50 milhões de pessoas. Se eu fosse um bom homem de negócios e me preocupasse um pouquinho com meus futuros bisnetos, o que não acontece, juntaria todos os refugos e destroços de automóveis que pudesse encontrar, limparia as lixeiras da cidade e empilharia todas as bugigangas em montanhas gigantescas, pulverizando tudo com a mesma mistura que a Marinha usa para proteger seus navios da corrosão. Cem anos depois, meus descendentes teriam permissão para usar esse tesouro, e sem dúvidas seriam os reis das antiguidades no mundo. Se as coisas quebradas, arrebentadas e deterioradas das quais nossos ancestrais queriam se livrar proporcionam, hoje em dia, tanto dinheiro, imaginem os lucros de um velho Oldsmobile 1954, ou uma torradeira de 1960. Céus, as possibilidades são incalculáveis! Pagamos para nos desfazer de coisas que poderão, no futuro, valer verdadeiras fortunas.

Se pareço tão interessado em lixo, é porque sou mesmo. E tenho uma porção, metade de uma garagem cheia de coisas quebradas e imprestáveis. Costumo usá-las para consertar outras. Há pouco tempo, parei o carro diante do pátio de um negociante de ferro-velho, em Sag Harbor. Contemplando o estoque com atenção, ocorreu-me de súbito que eu dispunha de uma quantidade muito maior. Mas é preciso levar em consideração que tenho um interesse genuíno e quase avaro por objetos sem valor. Minha desculpa é que, numa era de obsolescência planejada, quando uma coisa se quebra, eu geralmente posso encontrar algo com que consertá-la em minha coleção, seja um vaso sanitário, um motor ou um aparador de grama. Mas acho que, no fundo, eu simplesmente gosto de lixo.

Antes de iniciar viagem, eu já sabia que, a intervalos de poucos dias, teria que parar em acampamentos para automóveis ou motéis. Não tanto para dormir, mas para tomar um banho quente e agradável. Em Rocinante, eu esquentava água numa chaleira e tomava banho de esponja. Mas tomar banho de balde não proporciona muita limpeza e não dá prazer algum. Já o banho de banheira, com água escaldando, é de uma alegria intensa. Logo no início da minha viagem, inventei um método de lavar roupa que exigira muito esforço para ser aperfeiçoado. Descobri-o por acaso. Tinha um grande balde de plástico para lixo, com tampa e alça. Como os movimentos normais da picape sempre o derrubavam, prendi-o ao varal de roupas do pequeno armário com um elástico forte, de forma que pudesse balançar à vontade, sem derramar. Ao cabo do primeiro dia desse esquema, abri o balde para despejar o lixo em uma estradinha secundária. Deparei-me com o lixo mais misturado que já vira. Suponho que todas as grandes invenções têm origem em experiências insignificantes como essa. Na manhã seguinte, lavei o balde de lixo e pus dentro duas camisas, cuecas e meias. Acrescentei água quente e detergente, pendurando-o em seguida no cordão elástico ao varal de roupas do armário, onde ele ficou balançando o dia inteiro. Naquela noite, enxaguei as roupas em um córrego. Nunca vira roupas tão bem lavadas. No interior de Rocinante, ao longo da janela, estiquei um fio de nylon, onde pus as roupas para secar. A partir daquele momento, minhas roupas eram lavadas em um dia de viagem e penduradas para secar no seguinte. Cheguei mesmo a exagerar, lavando lençóis e fronhas. Isso resolvia o problema do asseio, mas não o dos banhos quentes.

Não muito depois de Bangor, parei em um motel e aluguei um quarto. Não foi caro. Havia um cartaz que informava: PREÇOS ESPECIAIS REDUZIDOS DE INVERNO. Era imaculado, tudo era de plástico, assoalhos, cortinas, tampos das mesas à prova de pontas acesas de cigarros e manchas de copos, até mesmo a cúpula do abajur. Apenas as roupas de cama e as toalhas eram de pano. Fui ao pequeno restaurante anexo. Lá também era tudo de plástico, inclusive a toalha sobre a mesa e a manteigueira. O açúcar e as bolachas vinham envoltos em celofane, a geleia estava dentro de um pequeno recipiente de plástico, tampado com celofane. Já era quase noite e eu era o único freguês. Até mesmo o avental da garçonete era de plástico. Ela não parecia feliz, nem infeliz. Não parecia coisa alguma. Mas não creio que uma pessoa possa ser nada. Tem que haver algo por dentro, nem que seja para impedir que a pele exterior caia em pedaços. Aqueles olhos vazios, a mão apática, as faces rosadas, que mais pareciam um bolinho dentro de um invólucro de plástico, tinham que ter alguma recordação, algum sonho a realizar.

Arrisquei:

– Quando é que vai para a Flórida?

– Semana que vem – respondeu ela, sem qualquer inflexão na voz. E então alguma coisa se agitou naquele vazio terrível. – Ei, como é que sabe que vou para lá?

– Acho que li seus pensamentos.

Ela olhou para a minha barba, pensativa.

– Trabalha em algum show?

– Não.

– Então o que está querendo dizer com essa história de que leu meus pensamentos?

– Talvez eu tenha apenas adivinhado. Gosta de lá?

– Claro que gosto. Vou todos os anos. Há muitas vagas para garçonetes no inverno.

– E o que você faz por lá para se divertir?

– Eu? Nada! Apenas passeio de um lado para outro.

– Não costuma pescar, não vai nadar?

– Não muito. Só perambulo à toa. Não gosto da areia da praia, me dá comichões.

– E ganha dinheiro?

– Não. É uma gente muito vulgar.

– Vulgar?

– Preferem gastar o dinheiro em bebida.

– Em vez de...

– Em vez de darem boas gorjetas. O mesmo acontece por aqui, com os veranistas. São todos sovinas.

É estranho como uma pessoa pode saturar um ambiente de vitalidade e entusiasmo. Mas há outras pessoas, como aquela garçonete, que podem drenar toda a energia e alegria de um lugar, sugar todo o prazer existente, sem tirar proveito algum. Há pessoas que irradiam tristeza e desolação. Eu passara muitas horas dirigindo e talvez minha energia estivesse muito baixa, a resistência enfraquecida. O fato é que aquela garçonete conseguiu me envolver. Eu me senti muito triste, desolado. Queria apenas me enfiar em um invólucro de plástico e morrer ali mesmo. Que companhia ela devia ser, que amante maravilhosa! Tentei imaginá-la nesta última situação e não consegui. Por um momento, considerei a ideia de dar-lhe uma gorjeta de cinco dólares, mas já sabia o que

53

aconteceria. Ela não ficaria contente. Apenas pensaria que eu era maluco.

Voltei para o quartinho imaculado. Não costumo beber sozinho, não é muito divertido. E não creio que eu jamais vá adquirir esse hábito, a menos que me transforme num alcoólatra. Mas, naquela noite, não aguentei e fui pegar uma garrafa de vodca em Rocinante, levando-a para a minha cela. No banheiro, havia dois copos em sacos de celofane lacrados, nos quais estavam escritas as palavras: ESTES COPOS ESTÃO ESTE-RILIZADOS PARA A SUA PROTEÇÃO. No tampo do vaso havia uma tira de papel onde se lia: ESTE ASSENTO FOI ESTERILI-ZADO COM LUZ ULTRAVIOLETA, PARA A SUA PROTEÇÃO. Todo mundo estava querendo me proteger, o que era horrível. Tirei os copos dos invólucros. Rasguei a tira de papel do vaso com o pé. Enchi meio copo de vodca e bebi, depois servi-me de outra dose. Deitei-me na banheira cheia de água quente. Eu me sentia tremendamente angustiado, e não havia nada no mundo que pudesse me ajudar.

Charley também deixou-se invadir pela minha angústia, mas é um cachorro dos mais valentes. Entrou no banheiro e – que velho tolo! – começou a brincar com o capacho de plástico como se ainda fosse um cãozinho novo. Que força de caráter, que amigo extraordinário! Depois correu até a porta e latiu, como se estivéssemos sob a ameaça de uma invasão iminente. E decerto teria conseguido me reanimar, se não fosse todo aquele plástico.

Lembro-me de um velho árabe que conheci na África do Norte, um homem cujas mãos nunca tinham tocado em água. Ele me ofereceu um chá de menta, servido em um copo tão sujo pelo uso que se tornara opaco. Mas, ao mesmo tempo, também me ofereceu um pouco de companheirismo. Justamente por isso, o chá tinha um sabor maravilhoso. E mesmo sem contar com proteção alguma, meus dentes não caíram, nem surgiram chagas repugnantes pelo meu corpo.

Comecei a formular novas leis, fixando o relacionamento da proteção com a angústia. Uma alma triste pode matar muito mais depressa do que um germe.

Se Charley não tivesse se sacudido diversas vezes, pulado em cima de mim e dito *Ftt*, eu teria esquecido que todas as noites ele tem direito a dois biscoitos de cachorro e a um passeio para clarear as ideias. Vesti roupas limpas e saí com ele, para a noite estrelada e avermelhada. Era a aurora boreal. Eu a vi poucas vezes em minha vida. Ela paira no ar e avança aos arrancos, com uma majestade sublime, um viajante infinito que se desloca no fundo do palco de um teatro infinito. As cores vão do rosa ao lavanda e ao púrpura, pulsando contra a noite com intensidade. As estrelas avivadas pelo frio brilhavam através dela. Era um espetáculo deslumbrante para se contemplar, naquele momento em que eu precisava tão desesperadamente. Pensei por um momento se deveria buscar a garçonete apática e dar um pontapé em seu traseiro, obrigando-a a admirar aquela maravilha. Mas não me atrevi. Ela podia fazer com que a eternidade e o infinito se desvanecessem e escorressem por entre seus dedos indiferentes. O ar estava impregnado do cheiro suave da geada. Charley, seguindo à minha frente, saudou convenientemente toda uma fileira de alfenas aparadas. Sua respiração deixava no ar uma nuvem de vapor. Quando ele voltou, ficou satisfeito e contente por mim, ao ver que eu já me recuperara. Dei-lhe três biscoitos, desarrumei a cama esterilizada e fui dormir em Rocinante.

ALGUNS PODEM ESTRANHAR que eu estivesse indo para o oeste e, no entanto, seguisse para o leste. Essa sempre foi uma tendência minha. É que eu queria passar por Deer Isle, e por uma razão muito boa. Minha amiga e associada de longa data, Elizabeth Otis, passava todos os anos uma temporada por lá. Ao falar a respeito, ela sempre assumia uma expressão sonhadora, passava quase a balbuciar. Quando planejei a viagem, ela disse:

– É claro que você vai parar em Deer Isle.

– Fica fora do meu caminho.

– Isso é bobagem.

Eu conhecia muito bem aquele tom de voz. Pela sua atitude e voz, eu podia antecipar que, se não passasse por Deer Isle, seria melhor nunca mais aparecer em Nova York. Em seguida, ela telefonou para a Srta. Eleanor Brace, com quem sempre ficava hospedada e acertou tudo. Eu tinha um compromisso irrecusável. Tudo o que sabia a respeito de Deer Isle era que nada havia que se pudesse comentar a respeito. Mas, se eu não fosse até lá, estava completamente louco. Além do mais, a Srta. Brace estava à minha espera.

Fiquei inteiramente perdido em Bangor, com o tráfego intenso, os caminhões, as buzinas tocando, os sinais de trânsito mudando a todo instante. Tinha uma vaga lembrança de que deveria seguir pela Rodovia Federal Número 1. Quando finalmente a encontrei, segui durante quase 15 quilômetros na direção errada, de volta a Nova York. Eu tinha instruções escritas para chegar a Deer Isle, com pontos de referência detalhados. Mas já repararam que as orientações de quem conhece a região deixam a gente mais perdido do que o normal, mesmo quando são exatas? Eu também me perdi em Ellsworth, o que seria impossível, pelo que me disseram. Logo as estradas se estreitaram e caminhões com cargas de madeira começaram a passar por mim. Passei quase todo o dia perdido, embora localizasse Blue Hill e Sedgwick. No fim daquela tarde desesperadora, parei a picape e me aproximei de um imponente patrulheiro estadual do Maine. Que homem! Parecia talhado em granito, modelo perfeito para uma estátua equestre! Será que os heróis futuros serão esculpidos em jipes de mármore ou em radiopatrulhas?

– Acho que estou perdido, seu guarda. Pode me ajudar?

– Para onde quer ir?

– Estou tentando encontrar Deer Isle.

Ele me fitou atentamente por um momento. Depois de se certificar de que eu não estava brincando, girou sobre os quadris e apontou para uma pequena faixa de mar aberto, sem se dar ao incômodo de falar.

– Quer dizer que é ali?

Ele assentiu, baixando a cabeça e conservando-a assim.

– E como eu chego até lá?

Sempre ouvi dizer que o povo do Maine é um tanto taciturno. Para aquele candidato ao monte Rushmore, apontar duas vezes na mesma tarde era ser insuportavelmente tagarela. Ele sacudiu o queixo, fazendo um arco muito pequeno, na direção de um ponto pelo qual eu acabara de passar. Se a tarde não estivesse tão adiantada, eu teria tentado arrancar outra palavra dele, mesmo sabendo de antemão que estava condenado ao fracasso.

– Obrigado – respondi.

A impressão que tive foi de que aquela palavra ficaria ecoando nos ouvidos dele por toda a eternidade.

Havia uma ponte de ferro, com uma arcada tão grande quanto um arco-íris. Depois, uma ponte baixa, de pedra, construída em forma de S. Eu já estava em Deer Isle. Minhas instruções escritas diziam que eu deveria virar à direita em todas as bifurcações da estrada, sendo que a palavra "todas" estava sublinhada. Subi uma colina e virei à direita, entrando em um bosque de pinheiros, por uma estrada menor. Virei outra vez à direita, em uma estrada mais estreita ainda. Virei mais uma vez à direita, seguindo por uma trilha simples, juncada de folhas de pinheiros. É muito fácil depois que a gente chega ao destino. Mas, antes, eu não podia acreditar que encontraria o lugar que procurava. Cem metros adiante estava a casa de pedra da Srta. Eleanor Brace, e lá estava ela para me receber. Deixei Charley sair e de repente um vulto cinza enfurecido atravessou a clareira entre os pinheiros como um relâmpago e desapareceu dentro da casa. Era George. Ele não me deu as boas-vindas e, mais importante, não deu as boas-vindas a Charley. Nunca cheguei a ver George direito, mas sua presença mal-humorada era evidente por toda parte. George é um velho gato cinzento que acumulou um ódio tão intenso por pessoas e coisas que sempre consegue comunicar, mesmo quando está escondido lá em cima, sua prece para os visitantes irem logo embora. Se a bomba finalmente caísse e liquidasse todos os seres vivos, com exceção da Srta. Brace, George ficaria satisfeito. Se lhe coubesse a tarefa, seria assim que projetaria o mundo. Ele nunca soube que o interesse de Charley por ele era apenas cortês. Se soubesse, decerto aquilo teria ferido sua misantropia. Mas a verdade é que Charley não tem o menor interesse por gatos, nem mesmo para persegui-los.

Não causamos maiores transtornos a George, já que dormimos em Rocinante nas duas noites que passamos em Deer Isle. Mas me disseram que, quando há hóspedes dormindo na casa, George vai para o bosque de pinheiros e fica observando a distância, ruminando sua insatisfação e destilando sua antipatia. A Srta. Brace admite que, com relação às qualidades de um gato, quaisquer que sejam, George é imprestável. Não é boa companhia, não é simpático, não possui qualquer valor estético.

– Talvez ele cace ratos – sugeri, prestativo.

– Nunca o fez – assegurou-me a Srta. Brace. – Nem pense nisso. E quer saber de outra coisa? George é fêmea.

Por mais de uma vez, precisei conter Charley, pois a presença invisível de George estava em toda parte. Em uma época mais esclarecida, quando bruxos e espíritos eram mais conhecidos, George decerto teria encontrado seu fim numa fogueira. Se já conheci alguém possuído por um demônio, um enviado do reino das trevas, um aliado dos espíritos do mal, esse alguém foi George.

Ninguém precisa ter grande sensibilidade para perceber a estranheza de Deer Isle. E se as pessoas que a visitam há muitos anos não conseguem descrevê-la, o que poderei eu dizer, depois de apenas dois dias? É uma ilha que se aninha como um bebê que se aleita à costa do Maine. Mas há muitas outras assim. As águas escuras e abrigadas parecem absorver toda a luz ao redor, mas eu já tinha visto isso antes, em outros lugares. Os bosques de pinheiros sussurram e o vento geme em campo aberto, mas em Dartmoor é assim também. Stonington, o principal vilarejo de Deer Isle, não parece nem um pouco uma cidadezinha americana, nem em cenário nem em arquitetura. As casas são baixas e começam logo à beira das águas da baía serena. O lugar se parece muito com Lyme Regis, na costa de Dorset. Eu seria capaz de apostar que os colonos que fundaram o lugar tinham vindo de Dorset, Somerset ou da Cornualha. A fala do Maine é muito parecida com a do Oeste da Inglaterra, as vogais duplas são pronunciadas como lá. Mas em Deer Isle a semelhança é duas vezes mais forte. O povo acha que os moradores do Canal de Bristol são misteriosos, que talvez estejam ligados à bruxaria. Existe alguma coisa por trás de seus olhos, escondida tão fundo que talvez eles próprios não o percebam. É a mesma coisa que se encontra nos habitantes de Deer Isle. Para ficar bem claro: aquela ilha é como Avalon, desaparece quando a gente não está lá. Podemos também tomar como exemplo o mistério dos *Maine Coon*, gatos imensos, sem cauda, de pelo cinzento, salpicado de preto. São gatos selvagens, muito ferozes, que vivem nos bosques. De vez em quando, um nativo pega um filhote e o leva para a sua casinha, para criar. É um prazer para ele, quase uma honra. Mas os *Maine Coon* nunca podem ser completamente domesticados. Corre-se sempre o risco de ser todo arranhado ou mordido. Esses gatos originam-se dos gatos sem cauda da ilha de Man. Mesmo cruzando com gatos domésticos, os filhotes nascem sem cauda. A história conta que seus ancestrais foram trazidos para Deer Isle pelo capitão de algum navio, que os soltou no mato, e eles logo se tornaram selvagens. Mas me pergunto se já tinham o tamanho excepcional que agora possuem. São duas vezes maiores que todos os gatos de Man que já vi. Teriam cruzado com linces? Não se sabe.

No ancoradouro de Stonington, os barcos dos veranistas estavam sendo recolhidos para os hangares. E não apenas ali, mas também em outros braços de mar próximos, currais marítimos fervilhavam com as lagostas de casco escuro do Maine, que são as melhores do mundo. A Srta. Brace encomendou três, nenhuma delas pesava mais de um quilo, o que segundo ela, era o ideal. Naquela noite pude provar a excelência dessas lagostas, acima e além de qualquer dúvida. Não existem outras como aquelas: apenas cozidas, sem molhos complicados, com o simples acompanhamento de manteiga derretida e limão, não há nada que se compare em todo o mundo. Mesmo quando são embarcadas vivas, em navios ou aviões, levadas para longe das águas escuras em que vivem, perdem um pouco do sabor.

Numa loja maravilhosa de Stonington, misto de loja de ferragens e de entreposto de artigos marítimos, comprei um lampião de querosene com um refletor de folha de flandres, para Rocinante. Eu receava que, em algum lugar, meu estoque de gás fosse esgotar. Então como eu leria na cama, à noite? Prendi o suporte do lampião na parede, logo acima da cama, ajeitando a mecha para que a chama dourada fosse consideravelmente grande. Muitas vezes, durante a viagem, acendi-o, pelo calor, pela cor e pela luz. Era um lampião exatamente igual ao que existia em todos os cômodos do rancho em que fui criado. Nunca inventaram luz mais agradável, embora os antigos afirmassem que o óleo de baleia fazia uma chama ainda mais bonita.

Já demonstrei que sou incapaz de descrever Deer Isle. Há algo nela que barra a passagem das palavras. Mas ela fica na memória para sempre inevitavelmente. E não é só isso: coisas que a gente nem repara que percebe voltam à memória depois que partimos. De uma coisa eu me lembro com muita nitidez. Talvez tenha sido causada pela estação, com a qualidade da luz, a claridade intensa do outono. Mas o fato é que cada coisa parecia separada, destacada de todo o restante, quer fosse uma simples pedra, um pedaço de madeira polida pelas águas, e que as ondas haviam jogado na praia, a linha de um telhado. Cada pinheiro tinha uma identidade própria, distinto de todos os demais, muito embora fizesse parte de uma floresta. Fazendo um paralelo um tanto forçado, eu poderia dizer que as pessoas também eram assim. Nunca encontrei indivíduos tão ferrenhos. Eu detestaria ter que forçá-los a fazer qualquer coisa que não desejassem. Ouvi muitas histórias a respeito da ilha, recebi conselhos e avisos taciturnos. Repetirei apenas a advertência que me foi feita por um nativo do Maine. Não darei o nome, por receio de represálias.

– Jamais peça uma orientação a um nativo do Maine – advertiu-me.

– Por quê?

– De certa forma, achamos engraçado dar direções erradas às pessoas. E nem mesmo sorrimos quando o fazemos, embora por dentro estejamos às gargalhadas. É da nossa natureza.

Não posso dizer que seja verdade. Nunca cheguei a passar pela experiência, porque, por meus próprios esforços, consigo ficar perdido a maior parte do tempo, sem precisar da ajuda de ninguém.

Já falei com aprovação, até mesmo com afeição, sobre Rocinante, mas ainda não me referi à picape que eu dirigia. Era um modelo novo, com um potente motor V-6. Tinha transmissão automática e um gerador maior do que o normal, para iluminar o interior da cabine, quando eu precisasse. O sistema de refrigeração estava tão carregado de anticongelantes que poderia até enfrentar um inverno polar. Creio que os automóveis americanos são feitos para logo ficaram gastos e poderem ser substituídos. O mesmo não acontece com os caminhões. Um motorista de caminhão exige muito mais milhares de quilômetros de bons serviços que o proprietário de um carro de passeio. Não se deixa deslumbrar por ornamentos e acessórios desnecessários, e seu *status* não exige que compre um modelo novo a cada ano, o que também não é necessário para manter seu valor social. Tudo no meu carro fora feito para durar. O chassi era pesado, o metal firme e resistente, o motor, grande e potente. É claro que sempre o tratei muito bem no que diz respeito à troca de óleo e lubrificação, jamais exigindo além de seus limites. Também não o forcei a realizar as acrobacias exigidas dos carros de corrida. A cabine tinha revestimento duplo, com um bom sistema de aquecimento. Quando voltei, depois de rodar mais de 15 mil quilômetros, o motor estava praticamente perfeito. Nem uma única vez, durante toda a viagem, ele falhara ou deixara de pegar de primeira.

Fui subindo pela costa do Maine, passando por Millbridge, Addison, Machias, Perry e South Robbinston, até não haver mais costa. Eu não sabia, ou tinha esquecido, o quanto do Maine avança Canadá adentro, como um polegar, mantendo Nova Brunswick a leste. A verdade é que sabemos muito pouco da nossa própria geografia. Pois o Maine se estende para o norte até quase a boca do rio São Lourenço. A extremidade superior de sua fronteira fica, talvez, uns 150 quilômetros ao norte de Quebec. Outra coisa que eu facilmente esquecera é como a América é imensa. À medida que eu seguia para o norte, passando por uma cidadezinha depois da outra, com florestas cada vez maiores a se estenderem até o horizonte, a paisagem mudava depressa. Era algo além de qualquer imaginação. Talvez fosse porque eu estivesse me afastando cada vez mais do mar, talvez porque estivesse avançando demais para o norte, mas o fato é que as casas pareciam um pouco abatidas pela neve. Muitas estavam abandonadas, em ruínas, arrasadas por sucessivos invernos. Ao menos nas cidades, havia indícios evidentes da população que ali vivera, que extraíra o sustento da terra e depois fora obrigada a partir. As florestas estavam recuperando o terreno perdido. Por onde outrora trafegavam as carroças das fazendas, viam-se apenas os imensos caminhões de transportes de troncos. E a caça também estava de volta, cervos desgarrados atravessavam a estrada, e havia sinais da presença de ursos.

Há costumes, atitudes, mitos, tendências e mudanças que parecem fazer parte da estrutura dos Estados Unidos. Gostaria de discuti-los, pois foram eles que logo ocuparam meus pensamentos. E, enquanto isso o leitor deve me imaginar avançando por alguma estradinha deserta, parado atrás de uma ponte ou cozinhando uma lata de feijão com carne de porco. E o primeiro desses mitos está relacionado à caça. Eu não conseguiria evitar uma caçada, mesmo que o desejasse, pois a temporada de caça se estende por todo o outono. Herdamos muitas atitudes dos nossos ancestrais recentes, que lutaram contra este continente, assim como Jacó lutou contra o anjo. Os pioneiros venceram. Deles, herdamos a crença inabalável de que cada americano é um caçador nato. E, a cada outono, muitos de nós se dispõem a provar que, sem qualquer talento, experiência ou conhecimento adequados, são exímios atiradores com rifles e espingardas. Os resultados são terríveis. A partir do momento em que deixei Sag Harbor, ouvi os estampidos de armas de fogo por toda parte, disparando contra os patos em migração. Atravessando o Maine, ouvi tantos tiros de rifle nas florestas que tenho certeza de que os *redcoats** teriam ficado apavorados, especialmente por não saberem o que estava acontecendo. Sei que isso me trará uma péssima reputação como desportista, mas quero esclarecer logo de uma vez que nada tenho contra a matança de animais. Afinal, creio eu, alguma coisa tem que matá-los. Na minha juventude, por muitas vezes arrastei-me quilômetros pelo chão, tiritando com o vento frio,

---

*Alcunha dos soldados ingleses à época da guerra da independência norte-americana. (*N. do T.*)

só pela glória de abater um marreco, que mesmo ensopado de água salgada não é lá uma grande refeição. Não aprecio tanto assim a carne de veado, de urso ou de alce, a não ser pelos fígados. As receitas, os condimentos e o vinho necessários para preparar um bom prato de carne de veado tornariam até mesmo um sapato velho a delícia de um gourmet. Se eu estivesse com fome, teria a maior satisfação em caçar qualquer coisa que corresse, se arrastasse ou voasse, até mesmo parentes, dilacerando-os com meus próprios dentes. Mas não é a fome que faz milhões de homens americanos se embrenharem por florestas e montanhas a cada outono como prova a alta incidência de problemas cardíacos entre os caçadores. De certa forma, a caçada está relacionada com a masculinidade, embora eu não saiba muito bem como. Sei que existem incontáveis caçadores bons e eficientes, que sabem o que estão fazendo. Mas muitos mais que são cavalheiros com excesso de peso, embriagados de uísque e armados com rifles de alta potência. Eles disparam contra qualquer coisa que se mova ou que dê a impressão de que possa se mover. O sucesso que obtêm, matando uns aos outros, pode muito bem evitar uma explosão demográfica. Se as baixas se limitassem à própria espécie, não haveria maiores problemas. Mas a chacina de porcos, vacas, fazendeiros, cachorros e placas de estrada tornam o outono uma estação perigosa para viagens. Um fazendeiro do extremo norte do estado de Nova York pintou a palavra vaca, em letras pretas, bem grandes, nos dois lados de sua vaca branca. Mesmo assim, os caçadores acabaram por matá-la.

Em Wisconsin, quando passei por lá, um caçador atirou no próprio guia, acertando-o entre as omoplatas. O *coroner*,* durante o interrogatório, perguntou ao caçador:

– Por acaso, pensou, que ele fosse um alce?

---

*Magistrado americano que investiga as mortes em circunstâncias suspeitas. (*N. do T.*)

– Foi isso mesmo, senhor.

– Mas não tinha certeza de que era um alce, não é?

– Bem, senhor, acho que não.

Com a barragem de fogo que havia no Maine, é claro que eu temia por minha própria segurança. Afinal, quatro automóveis foram alvejados logo no primeiro dia da temporada de caça. Porém mais do que tudo, eu temia por Charley. Sei que um *poodle* pode parecer um cervo para certos tipos de caçadores. Eu precisava encontrar algum meio de protegê-lo. Havia uma caixa de lenços de papel vermelho em Rocinante, que alguém me dera de presente. Envolvi o rabo de Charley com os lenços de papel, prendendo-os com elásticos. Todas as manhãs eu renovava o pendão de aviso, e ele o manteve no rabo durante todo o percurso até o Oeste, enquanto as balas zuniam e assoviavam ao nosso redor. Não há nada de divertido nisso. As rádios alertavam o tempo todo sobre o perigo de usar um lenço branco. Muitos caçadores, ao verem uma mancha branca, confundiam-se com o rabo de um cervo em fuga.

Esse legado dos desbravadores nada tem de novo. Quando eu era criança, no rancho onde morávamos, perto de Salinas, Califórnia, tínhamos um cozinheiro chinês que costumava tirar certo proveito da mania americana de caçada. Numa colina não muito distante, havia um tronco de sicômoro caído, apoiado em dois galhos. Lee, o cozinheiro chinês, teve sua atenção atraída por esse tronco castanho-amarelado, pela quantidade de buracos de balas que nele havia. Passou então a prender um par de chifres de alce numa das extremidades do tronco, retirando-se para a sua cabana até que a temporada de caça terminasse. Depois ia recolher todo o chumbo que havia no velho tronco. Em algumas temporadas, chegou a juntar vinte a trinta quilos. Não era uma fortuna, mas dava para o gasto. Depois de alguns anos, quando o tronco estava quase completamente destroçado pelos tiros, Lee o substituiu por quatro sacos de juta, cheios de areia, e continuou a prender neles os mesmos chifres de alce. Ficou ainda mais fácil realizar a colheita de chumbo. Se ele tivesse espalhado umas cinquenta iscas desse tipo, decerto teria ganhado uma fortuna. Mas Lee era um homem humilde, que não dava muita importância à produção em massa.

O Maine parecia interminável. Eu me sentia como Peary devia ter se sentido ao se aproximar do que julgava ser o Polo Norte. Mas eu queria conhecer Aroostook, o grande condado setentrional do Maine. Há três grandes regiões produtoras de batatas: Idaho, o condado de Suffolk, em Long Island, e Aroostook, no Maine. Já ouvira muita gente falar de Aroostook, mas nunca conhecera ninguém que tivesse de fato estado lá. Ouvira dizer que a colheita era feita por franco-canadenses, que atravessavam a fronteira aos bandos, na hora de começar. Meu caminho prosseguia, interminável, por uma região de florestas e lagos ainda não congelados. Sempre que possível, eu escolhia pequenas estradas que passavam pelas florestas, não muito adequadas para avançar a grande velocidade. A temperatura era baixa, chovia sem parar, as florestas gotejavam e Charley nunca ficava seco, cheirando como se estivesse mofado. O céu era de um cinza cor de alumínio. Naquele escudo translúcido, não havia a menor indicação de onde o sol poderia estar. Assim, eu não podia determinar em que direção seguia. Numa estrada curva, eu podia muito bem estar viajando para leste, oeste ou sul, ao invés de ir para o norte, como eu desejava. A crença antiga de que o musgo cresce apenas no lado das árvores que dá para o norte, era uma mentira em que acreditei quando era escoteiro. O musgo cresce no lado da sombra, que pode ser qualquer lado. Decidi comprar uma bússola na próxima cidade. Só que não havia mais cidades na estrada que eu estava percorrendo. A escuridão se adensava enquanto a chuva martelava o teto de aço da cabine sem cessar. Os limpadores de para-brisa soluçavam de um lado para outro. Árvores altas e escuras margeavam a estrada, as copas se entrelaçando lá no alto. Parecia-me que fazia muitas horas desde que eu passara pelo último carro, pela última casa, pela última loja à beira da estrada. Eu estava no meio da região recuperada pela floresta. Uma solidão desoladora me dominou, uma solidão quase apavorante. Charley, úmido e trêmulo, enroscava-se em seu canto do assento, sem me proporcionar qualquer companhia. Parei o caminhão pouco antes de uma ponte de concreto, apesar de não ter encontrado um lugar plano na estrada em aclive.

Até mesmo a cabine me parecia úmida e desoladora. Acendi o lampião de querosene e duas bocas do fogão, numa tentativa de afugentar a solidão. A chuva tamborilava sobre o teto de metal. Nada na minha despensa parecia apetecível. A escuridão se abateu sobre o caminhão, as árvores pareceram ficar mais perto. Acima do barulho da chuva, eu tinha a impressão de escutar vozes, como se uma multidão estivesse murmurando e resmungando fora de vista. Charley estava inquieto. Não latiu em sinal de alarme, mas grunhia e gania sem parar, o que não é muito próprio dele. Ele não jantou, nem tocou na tigela de água, o que era muito estranho para um cachorro que bebia o seu peso em água todos os dias, devido ao excesso de vazão. Acabei sucumbindo à desolação, preparei dois sanduíches de pasta de amendoim e fui para a cama escrever cartas para casa, transmitindo a minha solidão. A chuva parou de cair, mas as árvores continuaram a gotejar. Comecei a imaginar uma porção de perigos misteriosos. É impressionante como podemos povoar as trevas de horrores indescritíveis, mesmo quando nos julgamos informados e seguros e não acreditamos em nada que não possamos medir ou pesar. Eu sabia, acima e além de qualquer dúvida, que as coisas sombrias que me cercavam ou não existiam ou não representavam o menor perigo para mim. Mesmo assim, tinha medo. Pensei em como as noites deviam ser terríveis, no tempo em que os homens acreditavam que as coisas existiam e eram fatais. Mas não, isso não está certo. Se eu tivesse certeza de que as coisas existiam, teria armas contra elas, amuletos, preces, alguma espécie de aliança com forças igualmente poderosas, que estariam do meu lado. Pelo fato de eu saber que elas não existiam, ficava completamente indefeso, talvez com mais medo ainda.

Há muito tempo, tive um pequeno rancho nas montanhas de Santa Cruz, na Califórnia. Em determinado ponto havia uma verdadeira floresta de imensos medronheiros que encobriam um pequeno lago, de águas escuras, alimentado por uma nascente. Se havia um lugar que se podia classificar como mal-assombrado, era aquele, pela escuridão permanente. Lá, a luz mal conseguia atravessar a cobertura de folhas, gerando perspectivas enganadoras. Nessa ocasião, eu tinha contratado um filipino, um montanhês baixo, moreno e silencioso, provavelmente de origem maori. Certa vez, imaginando que ele vinha de um sistema tribal que aceitava o invisível como parte da realidade, perguntei-lhe se não tinha medo do laguinho mal-assombrado, especialmente à noite. Ele respondeu que não tinha medo, porque, anos atrás, um feiticeiro lhe dera um amuleto contra espíritos do mal.

– Deixe-me ver esse amuleto – pedi.

– São palavras. É um amuleto de palavras.

– Pode dizê-las para mim?

– Claro – concordou, recitando-as em seguida: – *In nomine Patris et Fillii et Spiritus Sancti.*

– O que significa? – perguntei.

Ele deu de ombros.

– Não sei. É um amuleto contra os espíritos do mal e por isso não tenho medo deles.

Tive que traduzir a conversa com meu espanhol fraco, mas o valor do amuleto era indubitável. Pelo menos para ele, funcionava perfeitamente.

Deitado na cama, debaixo da noite que soluçava, esforcei-me ao máximo para ler um pouco, numa tentativa de acabar com a angústia que eu sentia. Mas, enquanto meus olhos percorriam as linhas, eu escutava os barulhos da noite. Quando já estava quase dormindo, um novo ruído despertou-me de repente. Pensei ter ouvido o som de passos furtivos na estrada. Ao meu lado, na cama, eu tinha uma lanterna de quase meio metro de comprimento, fabricada especialmente para caçadores de guacinins. O facho de luz é muito forte, estendendo-se por mais de 1 quilômetro. Levantei-me, peguei a carabina na parede e fiquei escutando, junto à porta de Rocinante, e realmente ouvi passos que se aproximavam. Charley rugiu em advertência. Abri a porta e iluminei a estrada com a lanterna: vi um homem de botas com a capa amarela impermeável. Ficou imóvel quando o iluminei com a lanterna.

– O que está querendo aqui? – gritei.

Ele deve ter ficado espantado, pois demorou um pouco para responder:

– Estou indo para casa. Moro perto daqui, à beira da estrada.

Foi então que percebi o absurdo da situação, o medo ridículo que se acumulara dentro de mim, camada após camada.

– Aceita uma xícara de café ou um drinque?

– Não, já é tarde. Se tirar essa luz do meu rosto, seguirei caminho.

Desviei a lanterna e ele desapareceu, mas, enquanto passava, ouvi-o perguntar:

– Por falar nisso, o que está fazendo aqui?

– Acampando. Só passando a noite. – Depois disso, apaguei assim que deitei na cama.

O sol brilhava no céu quando acordei. O mundo estava refeito e brilhava. Há tantos mundos quantos os tipos de dia. E, assim como uma opala muda de cor e se ajusta à natureza do dia, eu faço o mesmo. Os terrores e a solidão da noite eram coisas tão distantes que eu mal conseguia lembrar deles.

Até mesmo Rocinante, suja e coberta de folhas de pinheiro, parecia saltitar pela estrada, dominada por uma alegria intensa. Havia campos abertos entre as florestas e lagos, campos com o solo esfarelado que as batatas tanto apreciam. Pelas estradas, desfilavam caminhões lotados de barris de batatas vazios. Escavadeiras mecânicas especialmente projetadas para a colheita de batata desenterravam fileiras e mais fileiras de tubérculos.

Há uma palavra em espanhol para a qual não consigo encontrar uma equivalente em inglês. É o verbo *vacilar*, no gerúndio *vacilando*. Não significa, de maneira alguma, a mesma coisa que o *vacillating* inglês (ou o português *vacilando*). Em espanhol, se alguém está *vacilando*, significa que está indo a algum lugar, mas não se importa muito se chega ou não chega lá, mesmo que saiba o caminho. Era frequente meu amigo Jack Wagner assumir esse estado de espírito quando estava no México. Digamos que desejávamos andar pelas ruas da Cidade do México, mas não ao acaso. Escolhíamos então algum artigo que era quase certo não encontrarmos por lá e começávamos a procurá-lo.

Eu queria ir ao ponto culminante do Maine para então seguir para oeste. Isso parecia proporcionar um destino à minha viagem. Afinal, tudo no mundo precisa de um objetivo, caso contrário a mente humana o rejeita. Mas não basta apenas haver um objetivo, também é preciso existir um propósito, do contrário a consciência humana se esquiva. O Maine era o meu objetivo, as batatas o meu propósito. Mesmo que eu não visse uma única batata, minha posição de *vacilador* não seria afetada. Mas, na verdade, vi mais batatas do que precisava. Vi montanhas de batatas, oceanos de batatas, mais batatas do que toda a população mundial conseguiria consumir em uma centena de anos.

Já vi muitos trabalhadores que migram com as colheitas pelo país, indianos, filipinos, mexicanos, okies,* bem longe de

---

*Nativos do Oklahoma. (*N. do T.*)

casa. Aqui no Maine, a maioria era constituída por franco-canadenses, que atravessavam a fronteira na época da colheita. Ocorreu-me que, assim como os cartagineses contratavam mercenários para lutar por eles, nós, americanos, trazemos mercenários de outros lugares para executarem as tarefas mais árduas e humildes. Só espero que não nos tornemos um povo sem muito orgulho, preguiçoso ou mole demais para se curvar sobre a terra e extrair o que comemos.

Esses *canucks** eram gente resoluta. Viajavam e acampavam com a família e em grupos, talvez até mesmo em clãs. Homens, mulheres, rapazes, moças, crianças pequenas, todos trabalhavam. Apenas os bebês de peito não iam recolher as batatas no chão e colocá-las dentro dos barris. Os caminhões eram dirigidos por americanos e estavam equipados com uma espécie de guindaste, para içar os barris.

Meu conhecimento do francês *canuck* deriva dos filmes, geralmente com Nelson Eddy e Jeanette MacDonald, limitando-se quase que exclusivamente à expressão *By gar*. É estranho, mas não ouvi nenhum colhedor de batata dizer *By gar*, e eles devem ter visto os filmes e sabem o que é melhor dizer. As mulheres e moças usavam calças compridas, geralmente de veludo piquê, com suéteres grossos e lenços coloridos na cabeça, para proteger os cabelos da poeira que se levantava dos campos mesmo com o menor dos ventos. A maioria viajava em grandes caminhões, cobertos por lona preta. Mas havia alguns trailers e uns poucos caminhões adaptados, como Rocinante. De noite, alguns dormiam nos veículos. Muitos, no entanto, armavam barracas em bons lugares. O odor que emanava das fogueiras em que cozinhavam indicava que não haviam perdido a habilidade francesa para o preparo de sopas.

---

*Gíria para designar os franco-canadenses e, por extensão, todos os canadenses. (*N. do T.*)

Por sorte, as barracas, os caminhões e os dois trailers foram acampar às margens de um lago cristalino e maravilhoso. Estacionei Rocinante a uns 90 metros de distância, mas também à beira do lago. Pus a água do café para ferver, e peguei o balde da roupa, que havia dois dias estava sendo agitado, levando-o até a beira do lago para enxaguar. Nossas atitudes em relação a estranhos são condicionadas por fatores misteriosos. O vento trazia o cheiro de sopa, e aquelas pessoas podiam muito bem ser assassinos, sádicos, brutos, de má índole, sub-humanos, mas percebi que pensava "Que povo encantador, que graça, como são belos. Gostaria de conhecê-los". E tudo por causa do delicioso creme das sopas.

Na hora de entrar em contato com estranhos, Charley sempre atua como o meu embaixador. Eu costumo soltá-lo, e na mesma hora ele se encaminha para o objetivo. Ou melhor: encaminha-se para o que quer que o objetivo esteja preparando para o jantar. Vou buscá-lo, antes que ele cause muitos incômodos aos meus vizinhos. *Et voilà!* Uma criança pode desempenhar o mesmo papel, mas um cachorro é muito melhor.

O incidente ocorreu sem quaisquer problemas, como seria de esperar de uma cena muito bem estudada e ensaiada. Despachei meu embaixador e tomei uma xícara de café, enquanto lhe dava algum tempo para entrar em ação. Depois, fui até o acampamento dos *canucks,* para aliviá-los dos incômodos causados por meu terrível vira-lata. Eram pessoas simpáticas, cerca de uma dúzia, sem contar as crianças: três moças bonitas, que riam à toa, duas esposas rechonchudas e uma terceira ainda mais rechonchuda, por estar com um filho no ventre, além de um patriarca, dois cunhados e um par de rapazes, futuros cunhados. Mas o comandante em exercício, que naturalmente tratava o patriarca com toda a deferência, era um homem simpático, em torno dos 35 anos, de ombros largos, forte e ágil, a pele rosada de uma moça, os cabelos pretos encaracolados.

O cachorro não causara nenhum transtorno, assegurou. Na verdade, todos haviam comentado como era bonito. Eu, por ser dono dele, senti-me naturalmente lisonjeado. Mas aquele cachorro tinha uma vantagem sobre os demais: nascera e fora criado na França.

Todos se aproximaram no mesmo instante. As três moças bonitas riram, e logo foram contidas por um olhar frio do comandante de olhos azuis, apoiado por um silvo do patriarca.

Era mesmo verdade? Em que lugar da França?

Em Bercy, nos arredores de Paris. Eles conheciam?

Não. Infelizmente, nunca tinham estado na terra dos seus ancestrais.

Eu esperava que em breve o conseguissem.

Eles deveriam ter reconhecido em Charley um cachorro de nacionalidade francesa, pelas atitudes, e também admiravam minha *roulotte*.

Era simples, mas confortável. Se eles achassem conveniente, eu teria o maior prazer em mostrá-la.

Era muita delicadeza minha. Eles teriam a maior satisfação.

Se pensam que, pelo tom elevado, a conversa foi em francês, estão redondamente enganados. O chefe falava um inglês puro e cuidadoso. A única palavra francesa usada até o momento tinha sido *roulotte*. Os apartes entre eles eram em *canuck*. De qualquer maneira, meu francês era de uma pobreza ridícula. Não, o tom elevado era parte integrante do cerimonial de se estabelecer um relacionamento. Chamei Charley para perto de mim. Eu poderia esperá-los depois do jantar?

Eles sentiram-se honrados.

Arrumei a cabine, esquentei e comi uma lata de *chili con carne*, verifiquei se a cerveja estava gelada, reuni um buquê de folhagens de outono e o meti dentro de uma garrafa de leite, que pus em cima da mesa. Os copos de papel que trouxera para uma ocasião dessas tinham sido esmagados por um dicionário voador, logo no primeiro dia de viagem. Mas improvisei descansos de copos com toalhas de papel. São surpreendentes as dificuldades que se encontra ao oferecer uma recepção. Logo Charley latiu e eu me vi anfitrião em minha casa. Dá para espremer seis pessoas por trás da mesinha de Rocinante, e foi o que aconteceu. Duas outras ficaram de pé, ao meu lado. A porta traseira estava aberta, enfeitada pelos rostos das crianças. Eram pessoas simpáticas, mas bastante cerimoniosas. Abri cerveja para os adultos e refrigerante para as crianças que estavam lá fora.

No decorrer da conversa, eles me contaram uma porção de coisas a respeito deles próprios. Cruzavam a fronteira todos os anos para a colheita de batatas. Como todos trabalhavam, conseguiam acumular um bom fundo para passar o inverno. Encontravam alguma dificuldade com as autoridades de imigração na fronteira? Não. Parecia que os regulamentos eram um pouco mais brandos na época da colheita. Além disso, o caminho era devidamente preparado por um intermediário, a quem davam uma pequena porcentagem do que recebiam. Na verdade, não eram bem eles que o pagavam. Ele recebia dos fazendeiros. Ao longo dos anos, conheci alguns trabalhadores migradores, okies e mexicanos, negros que se deslocam para Nova Jersey e Long Island. E onde quer que estejam, há sempre um intermediário por trás, para ajeitar tudo e remover os obstáculos em troca de uma comissão. Anos atrás, os fazendeiros procuravam atrair mais mão de obra do que necessitavam, para reduzir os salários. Parece que isso não é mais possível, pois há órgãos governamentais que cuidam para que apenas a quantidade necessária de trabalhadores vá para a região, e foi estabelecida uma espécie de salário mínimo. Em muitos casos, os trabalhadores migradores são impelidos a se deslocar de um lado para outro, aceitando trabalhos sazonais, pela miséria ou extrema necessidade.

Meus hóspedes naquela noite não pareciam maltratados ou obrigados a trabalhar. Aquele clã, deixando para trás a terra mergulhada no inverno, a fazendinha que possuía na província de Quebec, atravessara a fronteira para aumentar um pouco os recursos da comunidade. Traziam inclusive um sentimento de férias, quase como os colhedores de lúpulo e de morangos que partem de Londres para as regiões centrais da Inglaterra. Ali estavam homens resolutos e autossuficientes, perfeitamente capazes de tomar conta de si mesmos.

Abri mais cerveja. Depois de uma noite de solidão desoladora, eu me sentia feliz por estar cercado de pessoas simpáticas e cordiais, ainda que cautelosas. Eu encontrara um poço artesiano de boa vontade e fizera um pequeno discurso em meu francês estropiado:

– *Messy dam. Je vous porte un cher souvenir de la belle France – en particulier du Departement de Charente.*

Eles ficaram espantados, mas interessados. John, o chefe, lentamente traduziu o meu discurso para um inglês de escola secundária, passando-o depois para *canuck*.

– Charente? – perguntou ele. – Mas, por que Charente?

Inclinei-me e abri o compartimento debaixo da pia, tirando uma garrafa de um conhaque muito velho e da melhor qualidade, que eu trouxera para casamentos, ameaças de congelamento e ataques cardíacos. John examinou o rótulo com a mesma atenção piedosa que um bom cristão dedica ao estudo das Sagradas Escrituras. E, quando falou, suas palavras foram reverentes:

– Céus! Eu tinha esquecido. Charente... mas é lá que fica Cognac.

Ele leu então o ano do nascimento daquela garrafa de conhaque e repetiu as primeiras palavras com suavidade.

Passou a garrafa para o patriarca, sentado a um canto. O velho sorriu, tão suavemente que pela primeira vez reparei que ele não tinha os dentes da frente. O cunhado grunhiu no fundo da garganta, como um gato feliz, as mulheres grávidas chilrearam como *alouettes* cantando para o sol. Entreguei a John um saca-rolhas, enquanto colocava meus cristais em cima da mesa: três xícaras de café de plástico, um copo de geleia, uma caneca de barbear e diversos vidros de remédio de boca larga. Despejei as pílulas dentro de uma cacarola e lavei-os com a água da torneira, tirando o odor de trigo fermentado comum a todos os remédios. O conhaque era de fato excelente. E desde o primeiro *Santé* murmurado e o primeiro sorver da bebida, dava para sentir a Fraternidade do Homem expandindo-se cada vez mais, até preencher todos os recantos de Rocinante.

Eles recusaram uma segunda dose e eu insisti. A divisão da terceira justificou-se por ter sobrado tão pouco que não valia a pena guardar. E, com as poucas gotas da terceira dose, Rocinante foi invadida por uma magia humana triunfante, do tipo que abençoa uma casa – ou uma picape, já que estávamos em uma. Éramos nove pessoas reunidas ali dentro, no mais absoluto silêncio, nove partes integrantes de um todo, tão certamente quanto os meus braços e pernas são partes de mim, independentes, mas inseparáveis. Rocinante assumiu um brilho que nunca chegou a perder por completo.

Tal sensação não pode e nem deve ser prolongada além do necessário. O patriarca deu alguma espécie de sinal. Meus convidados foram levantando dos assentos, espremidos por trás da mesa. As despedidas, como não podia deixar de ser, foram curtas e formais. Então saíram noite afora, com John, o comandante, na frente, iluminando o caminho de volta à casa com um pequeno lampião de querosene. Caminhavam em silêncio, por entre as crianças sonolentas. Nunca mais tornei a vê-los, mas até hoje gosto deles.

Não desci a cama, pois queria partir bem cedo. Enrosquei-me por trás da mesa e dormi um pouco, até que, à primeira luz da madrugada, Charley fitou-me e disse:

– *Ftt.*

Enquanto o café esquentava, fiz um pequeno cartaz de cartolina e prendi-o no gargalo da garrafa de conhaque. Ao passar pelo acampamento adormecido dos *canucks*, parei o veículo e deixei a garrafa num lugar em que eles com certeza encontrariam ao acordar. O cartaz dizia: *Enfant de France, Mort pour la Patrie*. Afastei-me o mais silenciosamente possível. Naquele dia, tencionava seguir um pouco para oeste e depois pegar a estrada longa para o sul, até sair do Maine. Há ocasiões que guardamos com carinho por toda a vida, ocasiões que surgem nos pensamentos com toda a nitidez, mesmo depois de muitos anos. Naquela manhã, eu me sentia imensamente feliz.

Numa viagem como a minha, há tanto que ver e tanto em que pensar que acontecimentos e pensamentos se revolvem e agitam o tempo todo, como uma sopa de *minestrone* cozinhando em fogo baixo. Há pessoas que se deixam dominar pelos mapas, e cuja alegria é dispensar mais atenção a pedaços de papel colorido do que à paisagem que desfila pela janela. Já ouvi muitos relatos de viajantes desse tipo, que se lembram com precisão do número de cada rodovia que percorreram, a quilometragem de cada uma, de todas as estradinhas rurais em que andaram. Outro tipo de viajante faz questão de saber, a cada momento, em que ponto do mapa está naquele exato instante, como se encontrasse alguma espécie de segurança em linhas pretas e vermelhas, em indicações pontilhadas, em contornos azuis de lagos, no tracejado mais escuro que indica as montanhas. Não é o que acontece comigo. Nasci perdido, e não sinto o menor prazer em encontrar-me. Nem mesmo sinto a menor identificação com formas e contornos que simbolizam continentes e estados. Além do mais, em nosso país, as estradas mudam, são aumentadas, alargadas ou abandonadas com tanta frequência que os mapas rodoviários deveriam ser comprados como jornais diários. Mas, como conheço as paixões dos adoradores de mapas, posso informar que segui pelo Norte do Maine, mais ou menos paralelo à Rodovia Federal N.º 1, passando por Houlton, Mars Hill, Presque Isle, Caribou, Van Buren. Então virei para oeste, ainda acompanhando a Rodovia

Federal N.º 1, passando por Madawaska, Upper Frenchville e Fort Kent. Segui então para o sul, pela Rodovia Estadual N.º 11, passando por Eagle Lake, Winterville, Portage, Squa Pan, Masardis, Knowles Corner, Patten, Sherman e Grindstone, indo até Millinocket.

Posso prestar essas informações porque escrevo com um mapa à minha frente. Mas em minhas recordações não há qualquer referência a números ou a linhas e contornos coloridos. Descrevi esse roteiro como um presente de conciliação aos adoradores de mapas, mas não pensem que pretendo fazer disso um hábito. O que recordo são os longos caminhos através dos campos congelados, as casas e as fazendas que se preparavam para o inverno a fala lacônica do Maine, nas lojas das encruzilhadas de estradas em que parei para comprar suprimentos. Recordo os muitos veados que encontrei, atravessando a estrada em seus cascos ágeis, pulando para longe, como bolas de borracha, ante a passagem de Rocinante. Os caminhões de transporte de madeira que passavam, barulhentos. E, a todo instante, me lembrava de que aquela imensa área já fora muito mais povoada, e de que, aos poucos, tinha sido abandonada, dando lugar à floresta que voltava, aos animais, aos acampamentos madeireiros, ao frio. As grandes cidades crescem dia a dia, e as pequenas cidades estão cada vez menores. A lojinha de aldeia, quer seja uma mercearia, uma loja de artigos diversos, de ferragens ou de roupas, não pode competir com o supermercado ou com a rede de lojas. A imagem nostálgica e tão valorizada do armazém do interior, com o barril de bolachas, onde os pequenos proprietários rurais se reúnem para expressar suas opiniões e formular o caráter nacional, está desaparecendo depressa. As pessoas que se agrupavam na fortaleza da família para se defender do vento e do mau tempo, dos flagelos da geada, da seca e das pragas de insetos, hoje se agrupam contra o tumulto e a pressão da cidade grande.

O novo americano encontra o desafio e a paixão nas ruas entupidas de tráfego excessivo, nos céus cobertos pela névoa sufocante dos ácidos industriais, no ranger dos pneus e nas casas amontoadas, enquanto as cidadezinhas vão morrendo aos poucos. E descobri que isso está acontecendo por toda parte, tanto no Maine como no Texas. Clarendon está cedendo à força maior de Amarillo, assim com o Stacyville, no Maine, está sendo esvaziada de sua substância em favor de Millinocket, onde as árvores são derrubadas sem piedade, o ar cheira a produtos químicos, os rios são sufocados e envenenados, e as ruas fervilham com uma raça alegre e apressada. Não digo isto em tom de crítica, apenas como uma observação. Tenho certeza de que, assim como o pêndulo sempre inverte a sua direção, há de chegar o dia em que as cidades inchadas irão romper, como ventres deiscentes, dispersando os filhos pelos campos. Esta profecia, inclusive, é apoiada pela tendência dos ricos a já fazerem isso. E aonde os ricos vão, os pobres os seguem – ou pelo menos tentam.

Alguns anos atrás, comprei um chamador de gado na Abercrombie & Fitch, uma buzina de automóvel manipulada por uma alavanca capaz de reproduzir quase todos os mugidos de emoção do gado, dos murmúrios suaves de uma novilha romântica ao rugido de um touro no auge da virilidade. Mandei instalar essa engenhoca em Rocinante, e verifiquei que era de fato eficiente. Quando o chamado é emitido, todo o gado que está por perto para de pastar no mesmo instante, levanta a cabeça, curioso, e depois se encaminha na direção do barulho.

Numa tarde fria e prateada do Maine, avançando com dificuldade por uma estrada que cortava um bosque, deparei-me com quatro alces-fêmeas que atravessavam majestosamente o caminho à frente. No momento em que me aproximei, eles passaram a trotar mais depressa. Num impulso súbito, apertei a alavanca do chamador de gado. Um urro saiu pela buzina, como o de um touro miúra tomando impulso para investir contra a capa balouçante em sua primeira *veronica*. As damas, que já estavam prestes a desaparecer no meio do mato, ouviram o urro, pararam, viraram-se e, em seguida, vieram correndo em minha direção. com uma velocidade cada vez maior, dando-me a impressão de terem intenções românticas. Mas quatro romances de uma só vez, cada um pesando acima de meia tonelada, era demais! Apesar de eu sempre favorecer o amor em todos os aspectos, tratei de pisar no acelerador e sair dali o mais depressa possível. E me lembrei de uma história do grande Fred Allen. Seu personagem era um homem do Maine, que contava a história de uma caçada de alces.

– Sentei-me num tronco, soprei o chamado de alce e fiquei esperando. De repente, senti algo quente e áspero no pescoço e na cabeça. Pois era um alce-fêmea me lambendo, e tinha um brilho de paixão nos olhos.

– E você atirou nela?

– Mas claro que não! Tratei de ir embora dali o mais depressa possível. Mas volta e meia penso que, em algum lugar do Maine, existe um alce-fêmea de coração partido.

O Maine é um estado tão comprido para a gente descer quanto o é para subir, talvez até mais. Eu podia e devia ter seguido para o Parque Estadual de Baxter, mas não o fiz. Perdera muito tempo, e estava ficando cada vez mais frio. Tinha visões de Napoleão em Moscou e dos alemães em Stalingrado. Por isso, bati em retirada mais do que depressa passando por – Brownville Junction, Milo, Dover-Foxcroft, Guilford, Bingham, Skowhegan, Mexico e Rumford, onde peguei uma estrada pela qual eu já passara, a caminho das Montanhas Brancas. Talvez fosse uma fraqueza minha, mas eu queria deixar aquela região para trás o mais rápido possível. Os rios ali estão cheios de troncos, de uma margem a outra, por quilômetros e quilômetros, esperando a vez de chegar ao matadouro para oferecer os corações de madeira, fazendo com que os baluartes da nossa civilização, como a revista *Time* e o *Daily*

News, possam sobreviver, defendendo-nos contra a ignorância. Com todo o respeito, permitam-me dizer que as cidades industriais que por lá encontrei parecem verdadeiros ninhos de vermes. Deixa-se os campos sossegados para, de repente, ser arrebatado e engolido por um furacão uivante de tráfego. Por algum tempo, lutei às cegas contra a pressão indescritível do metal ameaçador, sendo jogado de um lado para outro, ao mais completo desamparo. E então, tão de repente quanto começara, tudo desaparece, via-me outra vez a percorrer campos sossegados e ermos. Não existe um estágio intermediário. É um mistério, embora feliz.

No breve tempo que decorrera desde que eu passara por ali, a vegetação das Montanhas Brancas sofrera uma transformação visível, e já não era exuberante como antes. As folhas estavam caindo, levantando-se em nuvens de poeira. As coníferas das encostas já tinham recebido a primeira camada de neve. Segui em frente, desesperado, para desgosto de Charley. Por diversas vezes ele me disse *Ftt*, mas ignorei-o e fui em frente, atravessando o que, no mapa, parece ser o polegar levantado de New Hampshire. Eu ansiava por um banho, deitar-me numa cama limpa, tomar um drinque, ter um pouco de contato humano. Pensei que encontraria tudo isso às margens do rio Connecticut. É bastante estranho, mas quando nos fixamos num objetivo, é difícil não deixarmos de persegui-lo, mesmo que seja inconveniente ou até mesmo indesejável. O caminho era mais longo do que eu imaginara – e, de repente, senti-me muito cansado. Meus muitos anos tentaram chamar minha atenção, fazendo meus ombros doerem terrivelmente. Mas eu queria chegar ao rio Connecticut, então ignorei o cansaço. O que era um absurdo. Estava quase escuro quando finalmente encontrei o lugar que procurava, não muito longe de Lancaster, em New Hampshire. O rio ali era largo e agradável, margeado de árvores, com uma linda campina mais adiante. Perto da margem, havia uma fileira de casinhas brancas bem-ordenadas sobre a relva verde, e um pequeno escritório com um restaurante anexo, onde se podiam ler palavras maravilhosas numa placa junto à estrada, ESTAMOS ABERTOS e TEMOS VAGAS. Uma visão dos sonhos! Tirei Rocinante da via e abri a porta para deixar Charley sair.

A luz do fim de tarde transformava as janelas do escritório e do restaurante em espelhos. Todo o meu corpo doía da viagem cansativa quando abri a porta e entrei. Não havia ninguém ali. O livro de registro de hóspedes estava em cima de uma mesa, no balcão do restaurante anexo havia os utensílios habituais, bolos e tortas escondidas debaixo de coberturas de plástico transparente. A geladeira soltara um zumbido suave. Alguns pratos sujos, mergulhados em água com espuma de sabão, estavam dentro da pia de aço inoxidável. Uma torneira gotejava lentamente.

Toquei a campainha que estava em cima da mesa e gritei:

– Tem alguém aqui?

Não houve resposta, nada aconteceu. Sentei-me num banco para esperar a volta do administrador. As chaves numeradas das casinhas brancas estavam penduradas num quadro. A luz do dia estava desvanecendo, o escritório ficava cada vez mais escuro. Saí para buscar Charley e confirmar que de fato lera ESTAMOS ABERTOS e TEMOS VAGAS. A esta altura, já era quase noite. Peguei uma lanterna e vasculhei o escritório, à procura de algum bilhete que informasse um VOLTO EM DEZ MINUTOS. Mas nada encontrei. Estranhamente, senti-me como um intruso. Eu não pertencia àquele lugar. Saí outra vez do escritório tirei Rocinante da passagem, dei comida a Charley, preparei um café e fiquei esperando.

Teria sido muito simples pegar uma chave, deixar um bilhete informando o que fizera, e abrir uma das casinhas. Mas não era certo, eu não podia fazê-lo. Alguns carros passaram pela estrada e atravessaram a ponte sobre o rio. Mas nenhum entrou ali. As janelas do escritório e do restaurante brilhavam à luz dos faróis, logo voltando a ficar escuras. Eu planejara fazer uma pequena refeição e depois cair na cama e dormir um sono profundo, já que estava exausto. Fiz a cama. Descobri que não estava com fome. Deitei-me, mas não consegui dormir. Fiquei prestando atenção para ver se o gerente voltaria. Finalmente, acendi a luz e tentei ler. Mas, atento a qualquer ruído lá fora, eu não conseguia me concentrar nas palavras. Por fim cochilei. Acordei com tudo escuro, olhei para fora – nada, ninguém. Meu sono foi inquieto, turbulento.

Acordei com o despontar do dia. Devagar, preparei o café da manhã. O sol apareceu, entrou pelas janelas. Fui até a beira do rio para fazer companhia a Charley, voltei, fiz a barba, tomei banho de esponja com um balde. O sol já estava alto no céu. Fui até o escritório e entrei. A geladeira zumbia, a torneira gotejava lentamente na água com espuma de sabão da pia. Uma mosca recém-nascida arrastava-se impacientemente sobre a cobertura de plástico das tortas. Fui-me embora às 9h30. Ninguém aparecera ainda, nada acontecera. A placa ainda dizia ESTAMOS ABERTOS e TEMOS VAGAS. Atravessei a ponte de ferro, fazendo as placas matraquear. Aquele lugar estranhamente deserto deixara-me muito perturbado. E para dizer a verdade, é como eu ainda me sinto ao recordar do acontecimento.

Na longa viagem, muitas vezes tive a dúvida por companhia. Sempre admirei os repórteres que, chegando ao local em que aconteceu alguma coisa, falam com as pessoas-chave, fazem as perguntas-chave, recolhem amostras de opinião e depois fazem um relatório ordenado e lúcido, quase como um mapa rodoviário. Invejo a técnica deles. Mas, ao mesmo tempo, não confio muito que suas informações sejam, de fato, um reflexo da realidade. Tenho a impressão de que existem muitas realidades. O que estou escrevendo é a verdade, até que apareça outra pessoa e rearrume o mundo, ao seu próprio estilo. Na crítica literária, o crítico não tem outra alternativa que não a de converter a vítima que está analisando em algo à sua semelhança.

Neste meu relatório da viagem, não estou disposto a me deixar enganar pensando que lido apenas com constantes imutáveis. Há muito tempo, visitei a antiga cidade de Praga na mesma ocasião que Joseph Alsop, crítico de lugares e acontecimentos, que merece toda a fama de que desfruta. Ele conversou com pessoas bem informadas, autoridades, embaixadores. Leu relatórios, teve acesso a todos os dados e informações. Enquanto eu, com a minha falta de método, apenas convivi com atores, ciganos, andarilhos. Joe e eu voltamos para a América no mesmo avião. No caminho, ele me falou sobre Praga. E a Praga dele não tinha a menor relação com a cidade que eu vira e ouvira: Com certeza não era o mesmo lugar. Contudo, ambos éramos sinceros e bons observadores. E, apesar de tudo isso, voltamos com duas cidades diferentes na imaginação, duas verdades opostas. Por esse motivo é que não posso afirmar que o presente relato mostre a América que cada leitor encontrará. Há muito que ver, mas os nossos olhos matutinos avistam um mundo muito diferente do que os olhos vespertinos podem observar. E é evidente que os cansados olhos noturnos só conseguem apreender um cansado mundo noturno.

Na manhã de domingo, numa cidadezinha de Vermont, no meu último dia na Nova Inglaterra, barbeei-me com muito zelo, vesti um terno, engraxei os sapatos e saí à procura de uma igreja para assistir ao serviço religioso. Eliminei diversas, por razões que não recordo agora. Acabei escolhendo uma Igreja de John Knox.* Virei em uma rua transversal e parei Rocinante longe da porta da igreja. Dei a Charley instruções cuidadosas sobre a guarda da picape e segui para a igreja, caminhando a

---

*Pregador protestante escocês, do século XVI. (*N. do T.*)

passos dignos. Fui sentar-me num dos últimos bancos daquele imaculado lugar de orações. As preces foram bastante diretas, chamando a atenção do Onipotente para certas fraquezas e tendências nada divinas que eu sabia possuir. Era de imaginar que as mesmas fraquezas fossem partilhadas por outras pessoas ali reunidas.

O serviço religioso fez algum bem ao meu coração, e espero que à minha alma também. Há muito tempo eu não ouvia alguém falar daquela forma. A prática agora, pelo menos nas grandes cidades, consiste na afirmação do clero psiquiátrico de que nossos pecados não são realmente pecados, apenas acidentes provocados por forças fora do nosso controle. Naquela igreja, não disseram tais absurdos. O ministro, um homem de ferro, com olhos que pareciam capazes de perfurar o aço e voz de trovão, começou com uma prece e, logo em seguida, garantiu-nos que não passávamos de uma turba deplorável. E ele estava certo. Não valíamos grande coisa ao começar, e desde então vínhamos decaindo cada vez mais, pelos nossos próprios atos. Depois de nos preparar assim, o ministro se lançou em um sermão arrebatado, um sermão que acenava com a ameaça do fogo eterno do inferno. Depois de provar que nós – ou talvez apenas eu – não prestávamos, ele se pôs a descrever, com uma certeza fria e objetiva, o que provavelmente nos aconteceria, se não tomássemos providências drásticas e mudássemos nossas vidas por completo. Coisa, aliás, que ele não acalentava muitas esperanças de que viesse a acontecer. Ele falou do inferno como um profundo conhecedor. E não de um inferno piegas, como é comum nos dias calmos de hoje, mas de um inferno ardente, de fornalhas gigantescas, operado por técnicos de primeira categoria. Aquele reverendo colocou o inferno num nível em que podíamos compreendê-lo, uma fogueira terrível de carvão em brasa, avivada por muitas correntes de ar, com um esquadrão de demônios que se dedicavam com afinco à sua obra e a obra deles era eu. Comecei a me sentir bem, como há muito não acontecia. Há alguns anos que Deus não passava de um companheiro, de um adepto do coleguismo. O que acarreta o mesmo vazio provocado por um pai ao jogar beisebol com o filho. Mas aquele Deus de Vermont importava-se o bastante comigo para se dar a grandes incômodos só para me livrar do fogo do inferno. Meus pecados estavam agora dispostos sob uma nova perspectiva. Até aquele momento, eram apenas pecados sem qualquer importância, mesquinhos, insignificantes, que ficariam melhor esquecidos. Aquele ministro, no entanto, deu novas dimensões a eles, fez com que desabrochassem e adquirissem sua própria dignidade. Há anos que eu não pensava muito bem a respeito de mim mesmo. Mas, se os meus pecados tinham tamanha dimensão, então havia motivo para sentir algum orgulho. Eu não era uma criança arteira, e sim um pecador de primeira categoria, que merecia a devida atenção, que receberia o castigo devido pelas minhas más ações.

Eu me senti tão reanimado espiritualmente que depositei cinco dólares na bandeja de coleta. Depois, na porta da igreja, apertei a mão do ministro e de vários membros da congregação. Aquilo me proporcionou uma maravilhosa sensação de pecado, que durou, intensa, até a terça-feira. Cheguei mesmo a pensar em dar uma surra em Charley, só para lhe proporcionar também alguma satisfação, já que ele é um pouco menos pecador do que eu. Durante toda a viagem, em diversas partes do país, fui sempre à igreja aos domingos, uma seita diferente a cada semana. Mas em nenhum lugar encontrei a veemência e as qualidades daquele pregador de Vermont. Ele forjava uma religião destinada a durar, calculada para não se tornar obsoleta em pouco tempo.

Cruzei o estado de Nova York em Rouses Point e fiquei o mais perto possível do lago Ontário, porque pretendia ver as Cataratas do Niágara, que ainda não conhecia. Em seguida, entraria no Canadá, onde pretendia ir de Hamilton a Windsor, mantendo o lago Erie ao sul, até chegar a Detroit, fazendo uma espécie de caminho improvável, um pequeno triunfo sobre a geografia. Todos nós sabemos, naturalmente, que cada um dos nossos estados tem orgulho de sua individualidade. Não contentes com os nomes diferentes, eles assumem também títulos descritivos, como o Estado Imperial, o Estado-Jardim, o Estado-Granito. Títulos usados com orgulho, embora não muito compreensíveis. Mas agora, pela primeira vez, percebi que cada estado também possui um estilo de prosa característico, em evidência até nas placas das estradas. Ao atravessar a fronteira de um estado, o motorista sente a mudança de linguagem na mesma hora. Os estados da Nova Inglaterra usam uma linguagem concisa para as instruções, um estilo lacônico, sem desperdício de palavras, com o mínimo de letras possível. O estado de Nova York grita o tempo todo. Faça isto. Faça aquilo. Mantenha a direita. Vire à esquerda. A cada poucos metros há uma ordem autoritária. Em Ohio, as placas são mais afáveis. Oferecem conselhos amigáveis, que mais parecem sugestões. Alguns estados usam um estilo empolado, que podem levar o leitor a perder-se com a maior facilidade. Há estados que informam as possíveis condições da estrada pela frente, outros que deixam o viajante descobrir por si mesmo. Quase todos trocaram o advérbio pelo adjetivo. Dirija seguro. Dirija cauteloso.

Sou um ávido leitor de todas as placas e descobri que, nos marcos históricos, a prosa estadual tende ao lirismo, atingindo toda a sua glória. Outro fato que verifiquei, talvez para satisfação pessoal, é que os estados de história mais curta, onde quase não ocorreram acontecimentos de grande repercussão, costumam ser os que mais se esmeram em descrever os marcos históricos. Alguns estados do Oeste encontram glória até mesmo em homicídios e assaltos a bancos quase esquecidos. As cidades não ficam para trás, e orgulhosamente anunciam os filhos famosos, de forma que o viajante é informado por placas e faixas que ali é o berço de Elvis Presley, de Cole Porter, de Alan P. Huggins. Isso, naturalmente, não constitui nenhuma novidade. Se não me engano, li que inúmeras cidadezinhas da antiga Grécia travaram uma disputa acirrada pela honra de terem sido o berço de Homero. E, entre as minhas recordações, está também a agitação dos cidadãos de uma cidadezinha, ultrajados, querendo agarrar Red Lewis e cobri-lo de piche e de penas porque ele escrevera *Main Street*. Hoje Sauk Centre orgulha-se e faz questão de apregoar que foi lá que ele nasceu. Nós, como nação, temos ânsia de história, assim como a Inglaterra tinha, quando Geoffrey de Monmouth escreveu a *História dos Reis Britânicos*, inventando muitas coisas para atender à demanda crescente. Essa ânsia de associação honrosa e legítima com o passado existe não apenas nos estados e comunidades americanos, mas também nos indivíduos. Os genealogistas trabalham exaustivamente para esmiuçar os destroços do passado e os ancestrais das pessoas, em busca de vestígios de grandeza. Não muito tempo atrás ficou comprovado que Dwight D. Eisenhower descendia de uma linhagem real britânica. O que, no fim das contas, constitui uma prova, se é que alguém precisa dela, de que todo mundo descende de todo mundo. A cidadezinha em que eu nasci, a qual, pelas recordações do meu avô, não passava de uma oficina de ferreiro perdida no meio do pântano quando ele lá chegou, comemora anualmente, com toda a pompa, um passado glorioso de senhores espanhóis e *señoritas* que viviam com rosas entre os dentes, pelo menos na memória do público. O que apaga por completo a pequena e melancólica tribo de índios comedores de raízes e gafanhotos, que foram, na verdade, nossos primeiros habitantes.

O fato é dos mais atraentes, mas leva-nos a desconfiar da história como registro da realidade. Eu pensava nessas coisas ao ler os marcos históricos espalhados pelo país, meditando sobre como o mito sempre acaba apagando o fato. Nos termos mais simples possíveis, o processo do mito está bem ilustrado por uma história que me aconteceu. Visitando a cidadezinha onde nasci, conversei com um velho que me conhecera quando eu era menino. Ele se recordava, nitidamente, de ter-me visto passar diante de sua casa, numa manhã gelada, um menino magro que tiritava de frio, envolto num casaco inadequado para protegê-lo, preso no peito por um alfinete de segurança. Em escala reduzida, é assim que se fazem os mitos: o menino pobre e sofredor que alcança a glória, embora pequena, é claro. Apesar de não me recordar do episódio, eu sabia que não podia ser verdade. Minha mãe era uma pregadora de botões quase fanática. A ausência de um botão era mais do que desleixo, era um verdadeiro pecado. Se eu tivesse prendido o casaco com um alfinete, minha mãe decerto teria me dado uma surra. A história não podia ser verdadeira, mas o velho acalentava-a com tanta ternura que eu jamais conseguiria convencê-lo de que era falsa. Por isso, nem tentei. Se minha cidadezinha natal queria ver-me como um garoto que tiritava de frio, com o casaco preso por um alfinete, então nada que eu faça poderia alterar tal imagem. Nem mesmo a verdade.

Chovia no estado de Nova York, uma chuva fria e incessante, como diriam os autores de placas rodoviárias. A chuva desoladora fazia com que minha visita às Cataratas do Niágara parecesse redundante. Foi então que me perdi, irremediavelmente, nas ruas de uma cidade pequena e interminável, creio que nas proximidades de Medina. Parei em uma rua transversal e peguei o livro de mapas rodoviários. Mas, para descobrir para onde se vai, é preciso primeiro saber onde se está, e eu não sabia. As janelas da cabine estavam fechadas e totalmente embaçadas. O rádio tocava baixinho. De repente alguém bateu na janela e a porta foi aberta de supetão. Um homem escorregou para o assento, ao meu lado. Tinha o rosto vermelho, com um bafo de uísque. A calça estava presa por suspensórios vermelhos, sobre uma camisa cinza de mangas compridas.

– Desligue esse maldito rádio – resmungou, estendendo a mão e desligando-o ele próprio. – Minha filha o viu pela janela e achou que estava em dificuldades.

Ele olhou para os meus mapas e acrescentou:

– Jogue fora essas porcarias. Agora me diga: para onde quer ir?

Não sei por que um homem não consegue responder a uma pergunta dessas com a verdade. Eu saíra da Rodovia 104 e seguira por estradas secundárias, para evitar o tráfego intenso e porque os caminhões que passavam em sentido contrário sempre lançavam lençóis de água no meu para-brisa. Eu queria ir para as Cataratas do Niágara. Por que eu não podia apenas admiti-lo? Baixei os olhos para os mapas e disse:

– Estou tentando chegar a Erie, na Pensilvânia.

– Certo. Agora jogue fora esses mapas e preste atenção às minhas instruções. A primeira coisa que tem a fazer é virar para a direção pela qual veio, seguindo até um cruzamento onde há dois sinais. Assim chegará a Egg Street. Vire à esquerda e siga pela Egg por uns 200 metros, até chegar a um cruzamento, onde deve virar à direita. É uma rua meio sinuosa, que vai dar num viaduto. Não entre nele. Vire à esquerda um pouco antes do viaduto e faça uma curva assim... assim, está vendo? Deste jeito.

Com a mão, ele fez um movimento de curva, certificando-se de que eu estava prestando a devida atenção.

– Quando terminar a curva e a estrada ficar reta, vai chegar a um cruzamento de onde partem três outras estradas. Há uma grande casa vermelha na da esquerda. Não pegue essa de jeito nenhum. Pegue a da direita. Está entendendo até aqui?

– Claro que estou. Não é difícil.

– Pois então repita tudo, para eu verificar se vai saber ir direito.

Eu parara de escutar no início da estrada que descrevia uma longa curva. Por isso disse:

– Talvez seja melhor você contar tudo outra vez.

– Eu já esperava. Volte por onde veio até encontrar dois sinais na esquina da Egg Street. Vire à esquerda, percorra 200 metros, vire à direita, entrando numa rua sinuosa, até chegar a um viaduto. Mas não suba no viaduto.

– Agora já peguei tudo – interrompi depressa. – Eu lhe agradeço por ter me ajudado a encontrar o caminho.

– Essa não! Eu ainda nem o tirei da cidade!

Pois ele me tirou da cidade por um caminho que, se eu pudesse recordar, faria com que o labirinto de Cnossos parecesse uma avenida reta. Depois de se certificar de que eu me lembrava de tudo e de receber os devidos agradecimentos, ele saltou e bateu a porta com força. Mas minha covardia social é tão grande que nem me virei, sabendo que ele estaria me observando pela janela da casa. Percorri dois quarteirões na direção que ele indicara e depois, aos trancos e barrancos, voltei à Rodovia 104. Era o melhor que eu tinha a fazer, com ou sem tráfego intenso.

As Cataratas do Niágara são de fato muito bonitas. Estou contente por ter ido até lá, pois, daqui em diante, se alguém me perguntar se já vi as Cataratas do Niágara, posso dizer que sim, e estarei falando a verdade, para variar.

Quando informei a meu orientador que queria ir a Erie, na Pensilvânia, não tinha a menor vontade de passar por lá. Mas foi o que acabou acontecendo. Minha intenção era passar pelo istmo de Ontário, contornando não apenas Erie como também Cleveland e Toledo.

Descobri, pela longa experiência, que admiro todas as nações e detesto todos os governos. Em nenhum lugar meu anarquismo natural fica mais exacerbado que nas fronteiras nacionais, onde servidores públicos pacientes e eficientes cumprem seu dever em questões de imigração e alfândega. Nunca contrabandeei coisa alguma em toda a minha vida. Por que, então, experimento uma sensação de culpa inquietante toda vez que me aproximo de uma barreira alfandegária? Atravessei uma ponte de pedágio e percorri uma terra de ninguém, chegando a um lugar em que a bandeira dos Estados Unidos tremulava ao lado da do Reino Unido. Os canadenses são muito delicados. Perguntaram-me para onde eu estava indo, quanto tempo pretendia ficar, fizeram uma inspeção superficial em Rocinante e finalmente se detiveram em Charley.

– Tem o atestado de vacinação antirrábica do cachorro?

– Não, não tenho. Como pode ver, é um animal muito velho. Já faz muito tempo que foi vacinado.

Outro inspetor se aproximou.

– Neste caso, nós o aconselhamos a não atravessar a fronteira com ele.

– Mas eu vou apenas passar por um pequeno trecho do Canadá e logo depois voltar aos Estados Unidos!

– Nós compreendemos perfeitamente – afirmaram, bondosamente. – O senhor pode levá-lo para o Canadá, mas os Estados Unidos não o deixarão entrar de volta.

– Mas tecnicamente ainda estou nos Estados Unidos e não há queixa alguma.

– Mas haverá, se ele atravessar a fronteira e tentar voltar.

– Neste caso, onde posso vaciná-lo?

Eles não sabiam. Eu teria que retornar pelo menos 30 quilômetros, procurar um veterinário, vacinar Charley e depois voltar. Eu ia cruzar a fronteira apenas para ganhar um pouco de tempo, mas aquele inconveniente eliminaria todo o tempo poupado e ainda mais.

– Por favor, espero que compreenda que o problema é imposto pelo seu governo, não pelo nosso. Estamos apenas aconselhando-o. Afinal, é o regulamento.

Acho que é por isso que detesto os governos, todos os governos, sem exceção. São sempre os regulamentos, a letra impressa, que tem de ser cumprida à risca. Não há nada contra o que lutar, nenhuma parede para esmurrar. É claro que aprovo a vacinação, acho que deve ser compulsória, pois a raiva é algo terrível. Contudo, estava com ódio do regulamento e de todos os governos que fazem regulamentos. Não era a vacina que tinha importância, mas o certificado. É o que costuma acontecer com os governos: não se preocupam com os fatos, apenas com simples pedaços de papel. Aqueles agentes alfandegários canadenses foram muito delicados, cordiais e prestativos. Demorei algum tempo ali na fronteira. Eles serviram chá e deram meia dúzia de biscoitos a Charley. Pareciam sinceramente aborrecidos por eu ter que ir até Erie, Pensilvânia, só porque não tinha um papelzinho comigo. E assim fiz a volta e dirigi-me para o posto de fronteira americano, ao encontro de outro governo. Ao sair, não tinham pedido para que eu parasse. Mas agora a cancela estava arriada.

– É cidadão americano?

– Sou, sim. Aqui está o meu passaporte.

– Tem alguma coisa a declarar?

– Eu não cheguei a passar para o outro lado.

– Tem o atestado de vacinação antirrábica do cachorro?

– Ele também não esteve do outro lado.

– Mas o senhor está vindo do Canadá.

– Eu não cheguei a entrar no Canadá.

Um brilho frio surgiu nos olhos do agente, cujas sobrance-lhas se franziram em sinal de desconfiança. Longe de ganhar tempo, parecia que eu iria perder muito mais, mesmo que tivesse ido a Erie.

– Pode me acompanhar ao escritório?

O pedido produziu em mim o mesmo efeito de uma batida na porta por agentes da Gestapo. É o tipo de coisa que provoca pânico, raiva, sentimentos de culpa, quer tenha feito algo errado ou não. Minha voz assumiu aquele tom estridente de ultraje virtuoso, que automaticamente desperta suspeitas.

– Por favor, venha até o escritório.

– Mas estou lhe dizendo que não estive no Canadá. Como o senhor estava observando, deve ter visto que voltei antes de passar pelo posto de lá.

– Por aqui, senhor, por favor. – Depois, ao telefone:

– Placa de Nova York, assim-assim. Isso mesmo. Picape com todas as instalações para acampar. Isso mesmo... um cachorro.

Ele virou-se para mim:

– Qual é a raça do cachorro?

– *Poodle...*

– *Poodle...* eu disse *poodle*. Castanho-claro.

– Azul – disse eu.

– Castanho-claro. Está certo. Obrigado.

Eu realmente espero não ter sentido um desapontamento com a minha inocência.

– Eles disseram que não chegou a atravessar a fronteira.

– Foi exatamente o que eu disse.

– Posso ver seu passaporte?

– Por quê? Eu não cheguei a deixar o país. E nem vou mais sair.

Não obstante, entreguei-lhe o passaporte. Ele o folheou, detendo-se nos carimbos de entrada e saída de outras viagens. Examinou minha fotografia com atenção, abriu o certificado amarelado de vacina antivariólica grampeado na contracapa do passaporte. No fundo da última página viu, escritos a lápis, uma série de letras e números.

– O que é isso?

– Não sei. Deixe-me ver. Ah, sim... É um telefone.

– E o que está fazendo no seu passaporte?

– Acho que eu não tinha um pedaço de papel para anotar, na ocasião. Mas nem me lembro de quem é esse telefone.

Ele agora tinha alguma coisa contra mim e sabia disso.

– Não sabe que é contra a lei rabiscar o passaporte?

– Vou apagar.

– Não deveria escrever coisa alguma no passaporte. É o que diz o regulamento.

– Prometo que nunca mais farei isso.

Eu estava disposto a prometer que nunca mais mentiria, roubaria, nem me associaria a pessoas de moral duvidosa, que jamais cobiçaria a mulher alheia, que jamais faria qualquer coisa do gênero. Ele fechou meu passaporte com firmeza e me devolveu. Tenho certeza de que se sentiu melhor depois de encontrar aquele número de telefone. Afinal de contas, se depois de todo aquele trabalho ele não tivesse descoberto que eu era culpado de coisa alguma, a situação poderia ser diferente.

– Obrigado, senhor – falei. – Posso ir agora?

Ele acenou com a mão, bondosamente.

– Pode ir.

E foi assim que fui parar em Erie, na Pensilvânia, tudo por culpa de Charley. Atravessei a ponte de ferro e parei no posto de pedágio. O homem inclinou-se pela janelinha e disse:

– Pode passar. Desta vez é por conta da casa.

– Como assim?

– Vi o senhor passar para o outro lado há pouco. E vi o cachorro. Sabia que voltaria.

– E por que não me disse?

– Ninguém acredita quando a gente fala. Pode passar. Desta vez é de graça.

É que ele não era o governo. Mas o governo consegue fazer com que a gente se sinta humilde e pequeno, e demora algum tempo para recuperarmos o senso de dignidade. Charley e eu passamos aquela noite no maior e mais luxuoso hotel de estrada que pudemos encontrar, um lugar que só os ricos podiam frequentar, um centro de prazer de marfim, macacos, pavões, além de um restaurante e serviço nos quartos. Pedi gelo e soda e preparei uma boa dose de uísque. Bebi depressa e preparei outra. Depois chamei o garçom e encomendei uma sopa e um bife, além de meio quilo de hambúrguer cru para Charley. Exagerei na gorjeta, sem qualquer pena. Antes de dormir, repassei todas as coisas que gostaria de ter dito ao agente de imigração. Algumas eram incrivelmente inteligentes e mordazes.

Desde o início da minha viagem, evitei as faixas de concreto e asfalto conhecidas como "autoestradas", projetadas para trafegar a grandes velocidades. Mas eu me atrasara na Nova Inglaterra, e o inverno se aproximava depressa. Passei a me imaginar bloqueado pela neve em Dakota do Norte. Por isso, fui para a Rodovia Federal 90, uma autoestrada superlarga, com várias faixas, transportadora dos bens da nação. Rocinante seguiu, bravamente. A velocidade mínima da estrada era maior do que qualquer outra em que eu dirigira anteriormente. O vento soprava de estibordo e, de vez em quando, eu sentia os golpes violentos da ventania que eu ajudava a aumentar quase me jogando para trás. Podia ouvir o suspiro do vento no teto de Rocinante. Da estrada, a todo instante, instruções eram agitadas em placas: NÃO PARE! PROIBIDO ESTACIONAR. MANTENHA A VELOCIDADE. Caminhões, tão grandes quanto cargueiros, passavam trovejando, provocando uma ventania que parecia o golpe de um gigantesco punho fechado. Essas grandes rodovias são maravilhosas para o transporte de mercadorias, mas não servem para a contemplação da paisagem. As duas mãos têm que agarrar o volante com força e os olhos precisam ficar atentos ao carro da frente, ao mesmo tempo que observam o espelhinho retrovisor e o lateral.

E também é preciso ler todas as placas, para não perder algumas instruções ou ordens. Não há barraquinhas na beira da estrada vendendo sucos de frutas, nem lojas de antiguidades, postos de venda de produtos hortigranjeiros ou postos de venda direta da fábrica ao consumidor. Quando autoestradas desse tipo cortarem o país inteiro, como é provável que aconteça e deveria mesmo acontecer, será possível ir de automóvel de Nova York à Califórnia sem ver coisa alguma.

A intervalos, há lugares para descanso e recreação, com a venda de comida e combustível, cartões-postais, pratos quentes, mesas para piquenique, latas de lixo novas e recentemente pintadas, salas para repouso e banheiros tão imaculados e tão perfumados por desodorantes e detergentes que leva tempo para recuperar o sentido do olfato. Desodorantes não têm um nome dos mais apropriados. Na verdade, substituem um cheiro pelo outro. O cheiro substituto tem que ser mais forte e mais penetrante que o cheiro que domina. Eu negligenciara meu próprio país por muito tempo. A civilização avançara a passos largos durante a minha ausência. Lembro-me do tempo em que uma moeda numa ranhura proporcionava-nos um chiclete ou uma barra de chocolate. Mas ali, naqueles palácios para repouso do viajante, há máquinas automáticas de todo tipo, nas quais diversas moedas podem proporcionar lenços, conjuntos de pente e lixa de unhas, grampos e cosméticos, equipamentos de primeiros socorros, drogas brandas como aspirinas e pílulas para nos manter acordados. Fiquei fascinado por aquelas engenhocas. Vamos supor que alguém queira beber alguma coisa para se refrescar. Escolhe o tipo de refrigerante que deseja, aperta um botão, enfia uma moeda na ranhura própria e recua. Um copo de papel cai no lugar e a bebida começa a se derramar dentro dele, parando de repente, a um centímetro da borda. A pessoa tem uma bebida gelada, refrescante, sintética, garantida. O café é ainda mais interessante. Pois quando o líquido preto e quente acaba de cair, há um jato de leite, e um pequeno envelope de açúcar cai ao lado do copo de papel. Mas o triunfo maior pertence às máquinas que vendem sopa quente. É preciso escolher entre diversos tipos: canja, sopa de ervilha, carne ou legumes. Então, insere-se a moeda. Um zumbido retumbante sai de dentro da imensa máquina e um letreiro luminoso se acende, escrito: ESQUENTANDO. Depois de um minuto, uma luz vermelha fica piscando, até que abrimos uma portinhola e tiramos uma terrina de papel cheia de sopa fumegante.

É a vida no mais alto grau de alguma espécie de civilização. As acomodações do restaurante, balcões intermináveis com banquinhos de plástico imitando couro, são também imaculadas e não muito diferentes dos banheiros. Tudo está aprisionado dentro de embalagens de plástico transparente, invioláveis. A comida está sempre fresca, impecável e sem gosto. Não é tocada por mãos humanas. Eu me recordo, com uma saudade pungente, de certos pratos que comi na França e na Itália, manipulados por inúmeras mãos humanas.

Esses centros de repouso, alimentação e reabastecimento são sempre bonitos, com gramados e flores. Na frente, perto da estrada, há locais para o estacionamento de automóveis, ao lado de regimentos de bombas de gasolina. Os caminhões vão para os fundos, onde recebem todos os cuidados necessários. São gigantescas caravanas terrestres. Por, tecnicamente, ser um caminhão, Rocinante foi parar nos fundos. Logo me relacionei com os motoristas de caminhão. Eles constituem uma raça à parte da vida que os cerca. Em alguma cidade distante vivem suas esposas e filhos, enquanto eles cruzam a nação, transportando todos os tipos de alimentos, produtos e máquinas. Formam um clã e sempre se agrupam, falando uma língua que é só deles. Embora eu tivesse um caminhão em miniatura, entre monstros do transporte, sempre me trataram muito bem e foram extremamente prestativos.

Foi com eles que descobri que os parques de estacionamento de caminhões oferecem chuveiros, sabonete e toalhas, que eu poderia estacionar em um deles e dormir durante toda a noite, se desejasse. Os motoristas de caminhão têm pouco contato com os habitantes locais, mas são ávidos ouvintes de rádio e podem transmitir notícias gerais e informar sobre a situação política de todas as partes da nação. Nas grandes autoestradas, os centros de abastecimento e restaurantes são operados pelos diversos estados. Mas, nas outras estradas, a iniciativa particular mantém postos de reabastecimento e descanso para os motoristas de caminhão, oferecendo descontos no combustível, camas, banhos e comida, com lugares para eles se sentarem e conversarem. Esses motoristas formam um grupo especializado, levam vidas especiais e se associam apenas aos da sua própria espécie. Pelo simples contato com eles, eu poderia atravessar a nação de um lado a outro, sem chegar a conversar com moradores locais. Na verdade, os motoristas de caminhão atravessam a superfície da nação sem chegar a fazer parte dela. É claro que é nas cidades em que suas famílias vivem que possuem as suas raízes, onde vão para clubes, festas, participando de romances e crimes.

Simpatizei imensamente com os motoristas, como sempre simpatizo com todo e qualquer especialista. Ouvindo-os conversar, acumulei um vocabulário da estrada, sobre pneus e molas e excesso de carga. Os motoristas de caminhão que percorrem grandes distâncias sempre param em postos de serviço onde conhecem os atendentes e as garçonetes, e onde de vez em quando se encontram com seus colegas de outros caminhões. O grande símbolo de reunião é a xícara de café. Muitas vezes parei para tomar café, não porque sentisse vontade, mas para descansar um pouco, para quebrar a monotonia da estrada interminável. É preciso força, grande controle e concentração para dirigir um caminhão por longas distâncias, por mais que a tarefa seja facilitada por freios de ar comprimido e volantes hidráulicos. Seria interessante determinar, além de muito fácil de estabelecer, com os modernos métodos de pesquisa, quanta energia é despendida na direção de um caminhão durante seis horas. Certa vez Ed Ricketts e eu, recolhendo animais marinhos escondidos debaixo de pedras, tentamos calcular quanto peso levantávamos em média por dia. As pedras que virávamos não eram muito grandes, iam de um a vinte quilos. Calculamos que, em um dia de trabalho intenso, sem que sequer percebêssemos a energia despendida, cada um de nós erguia de quatro a dez toneladas de pedras. Levando em consideração que cada uma das pequenas guinadas no volante, que passam quase despercebidas, equivalem ao dispêndio de energia necessário para levantar um quilo, e levando em conta que as pressões no acelerador e no freio equivalem talvez a duzentos gramas, podemos chegar à conclusão de que, ao longo de um período de seis horas, o esforço é monstruoso. Há que se considerar também os músculos dos ombros e do pescoço, que passam o tempo todo flexionados, ainda que de modo inconsciente, na expectativa de emergência. Além dos olhos atentos, divididos entre a estrada à frente e o espelhinho retrovisor, as mil e uma decisões necessárias, tão profundas que a mente consciente sequer as percebe. O gasto de energia nervosa e muscular é enorme. Assim, a pausa para o café é um repouso indispensável, em muitos sentidos.

Muitas vezes me sentei com esses homens, ouvindo a conversa e fazendo, de vez em quando, alguma pergunta. Logo compreendi que não devia esperar qualquer informação a respeito da região por que passavam. Com exceção das paradas, eles não tinham o menor contato com a região. Eram como marinheiros. Lembro-me de que, na minha primeira viagem marítima, fiquei espantado ao descobrir que os marinheiros que singravam todos os mares e desembarcavam em portos estranhos e exóticos não tinham o menor contato com os lugares. Alguns motoristas de caminhão que cobrem longos percursos viajam em duplas, revezando-se ao volante. O que está de folga dorme ou lê revistas e brochuras. Na estrada, os interesses maiores dos motoristas de caminhão são os motores, o tempo e a manutenção de uma velocidade média que lhes permita chegar ao destino no horário previsto. Alguns seguem rotas regulares, ida e volta, outros estão sempre fazendo percursos diferentes. É todo um sistema de vida, pouco conhecido pelas pessoas enraizadas nas cidades ao longo do percurso dos grandes caminhões. Aprendi muito pouco a respeito desses homens, mas o suficiente para ter certeza de que gostaria de aprender muito mais.

Quando a pessoa dirige carro há muitos anos, como é o meu caso, quase todas as reações tornam-se automáticas. Não se chega a pensar no que se deve fazer. Quase toda a técnica de guiar está profundamente entranhada no inconsciente, que nisso se assemelha a uma máquina. Assim sendo, uma parte considerável da mente consciente fica livre para pensar à vontade. E o que ocupa a mente das pessoas quando estão dirigindo? Nas viagens curtas, talvez a chegada ao destino ou a recordação dos acontecimentos do lugar de partida. Mas ainda resta, em especial nas viagens muito longas, uma área bem grande para os devaneios ou mesmo, por azar, para o pensamento. Ninguém pode imaginar o que outra pessoa faz nessas áreas. Eu já projetei casas que jamais construirei, já organizei jardins que nunca plantarei, já idealizei um método para bombear o limo e as conchas em decomposição do fundo da minha baía, trazendo tudo até a faixa de terra em Sag Harbor, separando o sal e adubando o solo, tornando-o fértil e produtivo. Não sei se algum dia farei isso, mas, guiando, planejei tudo nos mínimos detalhes, até mesmo o tipo de bomba, os tanques para a dessalgação, os testes para verificá-la. Enquanto guiava, imaginei armadilhas para capturar tartarugas, mentalizei cartas intermináveis, que nunca porei no papel, muito menos enviarei. Quando o rádio estava ligado, a música estimulava as minhas recordações de tempos e lugares, com personagens e cenários, recordações tão completas que cada palavra dos diálogos era reconstituída. E projetei também cenas futuras, da mesma forma completas e convincentes, cenas que jamais acontecerão. Escrevi, em minha mente, diversos contos, rindo do meu próprio senso de humor, sentindo-me triste ou animado de acordo com a estrutura e o conteúdo.

Posso apenas supor que o homem solitário povoa seus devaneios ao volante com muitos amigos, que o homem sem amor cerca-se de mulheres lindas e amorosas, que as crianças lotam a mente do motorista sem filhos. E o que dizer dos momentos de lamentações? Se ao menos eu tivesse feito isto ou aquilo, se não tivesse falado tal coisa... meu Deus!, o maldito fato talvez não acontecesse! Por descobrir esse potencial em minha própria mente, posso suspeitar que também exista nas outras. Mas nunca saberei, pois ninguém jamais o confessa. E é por isso que, na minha viagem, cujo objetivo era a observação, usei o máximo possível de estradas secundárias, onde há muito que ver, ouvir e cheirar, evitando as grandes rodovias de tráfego intenso, nas quais o ego prepondera, forjando devaneios. Segui por esse caminho largo e monótono chamado Rodovia Federal 90, passando por Buffalo e Erie e indo até Madison, Ohio, onde peguei a igualmente larga Rodovia 20, na qual passei por Cleveland, Toledo e entrei em Michigan.

Nessas estradas afastadas dos grandes centros industriais, há muitas casas móveis, puxadas por caminhões especialmente projetados. Como essas casas móveis representam uma das minhas generalidades, seria bom que eu falasse delas logo de uma vez. Logo no início da minha viagem, tomei conhecimento dessa coisa nova que existe sob o sol, em quantidade respeitável. E como essas casas móveis se multiplicam por todo o país, creio que é apropriado fazer algumas observações sobre elas, talvez alguma especulação. Não são simples trailers, puxados pelo carro do proprietário, mas veículos reluzentes, tão compridos quanto um vagão de passageiros. No começo da viagem, passei por muitos pontos onde elas eram vendidas. Depois comecei a deparar com parques onde podiam ser estacionadas, numa permanência irrequieta. No Maine, parei de noite em alguns desses parques, conversando com os gerentes e com os moradores desse novo tipo de residência, que sempre se reúnem em grupos relativamente homogêneos.

São casas muito bem construídas, revestidas de alumínio, com paredes duplas feitas de material isolante, e muitas vezes com painéis de madeira de lei por dentro. Algumas chegam a atingir 15 metros de comprimento, com dois a cinco cômodos, ar-condicionado, banheiro e, invariavelmente, televisão. Os parques em que estacionam costumam ter paisagens agradáveis e são dotados de todas as facilidades. Conversei com os homens desses parques, que se mostraram muito entusiasmados. Uma casa móvel é levada até o parque e instalada em uma rampa. Um tubo de borracha logo é ligado à casa, para recolher os dejetos. Água e eletricidade também são ligados. Assim que erguem a antena da televisão, a família se encontra em uma residência em pleno funcionamento. A administração do parque cobra uma pequena quantia pelo aluguel do espaço e mais as despesas de água e energia. Quase todos têm telefone, basta conectar o aparelho a uma tomada. Às vezes o parque possui uma loja para a venda de suprimentos em geral. Se isso não acontece, sempre há supermercados rurais à disposição. As dificuldades de estacionamento nas cidades levaram esses supermercados a se transferirem para o campo, onde contam com a vantagem de não pagarem os impostos municipais. O mesmo se aplica a esses parques de casas móveis. O fato de elas serem móveis não significa necessariamente que se movam. Às vezes os proprietários permanecem no mesmo lugar durante anos, plantam jardins, constroem pequenos muros com blocos de concreto, estendem toldos, instalam móveis de jardim. Todo um modo de vida que era inteiramente novo para mim. Essas casas nunca são baratas. Pelo contrário, normalmente são muito caras e luxuosas. Vi algumas que tinham custado acima de 20 mil dólares e estavam equipadas com todos os aparelhos eletrodomésticos que tanto ambicionamos: lavadoras de pratos, lavadoras de roupas, secadoras, geladeiras, congeladores.

Os proprietários não apenas concordaram em mostrá-las a mim, também se sentiram contentes e orgulhosos por isso. Os cômodos, embora pequenos, são bem divididos. Todos os equipamentos concebíveis estão embutidos. As janelas são largas, algumas até são chamadas de panorâmicas, eliminando qualquer possibilidade de uma pessoa se sentir enjaulada ali dentro. Os quartos e as camas são espaçosos, o modo de guardar as coisas é simplesmente inacreditável. Tive a impressão de que se trata de uma verdadeira revolução na maneira de viver, e que se propaga depressa. Por que uma família prefere viver numa casa assim? Bem, antes de mais nada é confortável, compacta, fácil de manter limpa, fácil de aquecer.

No Maine, mantive diálogos mais ou menos assim:

– Estou cansado de viver num casarão gelado, com o vento assobiando pelas janelas e portas, cansado do tormento dos impostos, do pagamento de taxas por isto e aquilo. Estas casas móveis são quentes e aconchegantes e, no verão, o ar-condicionado funciona muito bem.

– Os donos de casas móveis estão em que faixa de rendimentos?

– Isso varia bastante, mas uma grande parte está na faixa de 10 a 20 mil dólares de rendimentos anuais.

– A insegurança no trabalho tem algo a ver com a rápida proliferação desse tipo de unidade residencial?

– Talvez seja um dos fatores. Quem sabe o que o destino reserva para o dia de amanhã? Há engenheiros industriais, arquitetos, contadores e até mesmo um ou outro médico ou dentista vivendo em casas móveis. Se uma fábrica por acaso fecha, o engenheiro que trabalhava nela não fica preso a uma propriedade que não consegue vender. Suponhamos que um chefe de família esteja comprando uma casa. De repente há uma crise e ele perde o emprego. A casa perde todo o valor. Mas, se ele mora em uma casa móvel, simplesmente contrata um caminhão e se muda para o lugar em que obteve um novo emprego. Não perde nada. Talvez nunca precise fazer tal coisa. Mas só o fato de poder fazê-lo, caso haja necessidade, proporciona uma segurança imensa.

– Como é que elas são compradas?

– A prazo, igual a um automóvel. É como pagar um aluguel.

Descobri depois o maior fator de venda dessas casas móveis, um fator que é preponderante quase em todos os aspectos da vida americana. Todos os anos surgem melhorias e aperfeiçoamentos nelas. Se você está bem de vida, troca a casa por um modelo novo, assim como se faz com o automóvel, quando tem condições para tal. Isso representa *status*. E o valor de revenda é bem mais elevado que no caso dos automóveis, porque existe um mercado amplo para as casas móveis usadas. Depois de alguns anos, a casa móvel outrora supermoderna e caríssima pode pertencer a uma família bem mais modesta. É fácil mantê-las, não é necessário pintá-las, já que costumam ser revestidas de alumínio. E não estão sujeitas a flutuações no preço da terra.

– E o problema da escola?

Os ônibus escolares vão buscar as crianças no próprio parque e trazem-nas de volta. O carro da família leva o marido para o trabalho e toda a família ao cinema *drive-in*, à noite. É uma vida saudável, em que se desfruta do ar do campo. Os pagamentos, apesar de elevados e sujeitos a juros, não são piores que o aluguel de um apartamento. E há a vantagem de não precisar brigar com o proprietário por causa do aquecimento. Ora, onde seria possível alugar um apartamento térreo tão confortável, com espaço para estacionar o carro diante da própria janela da sala? Onde mais as crianças poderiam ter um cachorro? Em quase todas as casas móveis há um cachorro, como Charley, deliciado, não demorou a descobrir. Por duas vezes fui convidado a jantar em uma delas, e por diversas vezes convidaram-me a assistir a jogos de futebol pela televisão. O gerente de um desses parques contou que uma das primeiras preocupações nesse ramo de atividades é descobrir e comprar um terreno em que a recepção da televisão seja boa. Como eu não precisava de nenhuma das facilidades proporcionadas pelo parque, nem mesmo de esgoto, água ou eletricidade, o preço fixado para minha estada por uma noite foi de um dólar.

Minha primeira impressão sobre os moradores das casas móveis é que eles não esperam nem desejam conquistar algo permanente. Não compram para durar gerações, apenas até que apareça um modelo novo que eles estejam em condições de comprar. As unidades residenciais móveis não estão limitadas aos parques apropriados. Centenas delas podem ser vistas ao lado de casas de fazenda, o que me foi convenientemente explicado. Houve um tempo em que, quando um filho se casava, trazendo para a fazenda a esposa e, em seguida, os filhos, costumava-se acrescentar uma ala à casa da fazenda ou então construir um puxadinho. Agora, em muitos casos, a unidade móvel substitui a construção adicional. Um fazendeiro, de quem comprei ovos e bacon de fabricação doméstica, enumerou-me as vantagens. Cada família consegue ter uma privacidade da qual nunca desfrutara antes. Os velhos não ficam irritados com o choro dos bebês. O problema da sogra diminui bastante, já que a nora goza de uma intimidade que nunca tivera, com a sua própria casa, na qual pode criar à vontade a estrutura de uma nova família. E quando eles vão embora – quase todos os americanos partem ou no mínimo sentem vontade de fazê-lo – não deixam para trás quartos sem uso e, portanto, inúteis. O relacionamento entre as gerações melhora bastante. O filho é um hóspede quando visita a casa dos pais e os pais são hóspedes na casa do filho.

Há ainda os solitários, com os quais também conversei. Seguindo pela estrada, a gente se depara, de repente, com uma casa móvel solitária no alto de uma colina, de onde se pode avistar uma paisagem distante. Outras se aninham debaixo de árvores, à beira de um rio ou de um lago. Esses solitários alugam um pequeno espaço do proprietário das terras. Precisam apenas de espaço suficiente para a casa e do direito de passagem para chegar até lá. Às vezes, o solitário escava um poço e uma fossa sanitária, ou planta um pequeno jardim. Mas outros transportam a água em tambores de óleo de cinquenta galões.

Alguns dos solitários demonstram grande engenhosidade, colocando os tambores de água no alto em ligação com canos de plástico para conseguir água corrente por meio da gravidade.

Um dos jantares a que fui convidado, em uma casa móvel, foi preparado em uma cozinha imaculada, com paredes de ladrilhos plásticos, pia de aço inoxidável, forno e fogão embutidos na parede. O combustível é o butano ou algum outro gás engarrafado, que pode ser comprado em qualquer lugar. Comemos em uma pequena sala de jantar, revestida de lambris de mogno. Eu nunca provara um jantar melhor ou mais agradável. Tinha levado uma garrafa de uísque como contribuição. Depois, nos sentamos em cadeiras confortáveis, com assentos de espuma de borracha. A família gostava da maneira como vivia, não admitindo a hipótese de retornar ao modo antigo. O marido trabalhava como mecânico numa garagem a cerca de 8 quilômetros dali, e ganhava razoavelmente bem. As duas crianças caminhavam até a estrada todos os dias, onde pegavam o ônibus escolar.

Tomando um uísque depois do jantar, ouvindo a água correr na lavadora de pratos elétrica da cozinha, abordei um assunto que até então me deixava confuso. Aquelas pessoas eram inteligentes, boas, sensatas. Comentei:

– Um dos nossos sentimentos mais apreciados é o de fincar raízes em algum lugar, em determinado chão, numa comunidade.

Como eles se sentiam por estarem criando os filhos sem quaisquer raízes? Isso era bom ou mal? As crianças iriam sentir falta mais tarde ou não?

O pai, um homem de boa aparência, pele clara, olhos pretos, me respondeu:

– Quantas pessoas podem, hoje, afirmar que conseguiram fazer o que o senhor está falando? Que raízes há num prédio de apartamentos de 12 andares? Que raízes existem num conjunto habitacional de centenas e milhares de pequenas unidades, quase que exatamente iguais? Meu pai veio da Itália. Ele foi criado na Toscana, numa casa onde sua família vivia há uns mil anos. Devem ser as raízes de que o senhor está falando. Não tinha água corrente, não tinha banheiro, cozinhava-se com carvão ou aparas das vinhas. Havia apenas dois cômodos, a cozinha e um quarto, onde todos dormiam, o avô, o pai, as crianças. Não havia lugar para ler, não havia lugar para ficar sozinho. Nunca houvera. Será que isso era melhor? Aposto que, se meu velho tivesse escolha, teria cortado as próprias raízes e vivido da maneira como eu vivo.

Ele sacudiu a mão, mostrando a sala confortável, antes de continuar:

– O fato é que ele cortou suas raízes na Toscana e veio para a América. Foi viver numa casa simples em Nova York, um único cômodo, com escada, água fria, sem aquecimento. Foi lá que eu nasci e, garoto, vivi nas ruas. Até que meu velho arrumou um emprego no Norte do estado de Nova York, na região dos vinhedos. Ele sabia tudo sobre vinhedos, era praticamente a única coisa que conhecia. Agora veja o caso da minha esposa, que descende de irlandeses. A gente dela também tinha raízes.

– Numa turfeira – comentou a esposa. – E vivia de batatas.

Ela olhou pela porta para sua linda cozinha, com uma expressão radiante de felicidade.

– E não sentem falta de alguma espécie de permanência?

– E quem pode dizer que consegue encontrar a permanência em algum lugar? As fábricas fecham, as pessoas são obrigadas a mudar. Se as coisas correm bem, se você está se saindo melhor, se muda para um lugar que considera melhor. A gente só finca raízes em algum lugar para morrer de fome por lá mesmo. Era o caso dos pioneiros, sobre os quais a gente lê nos livros de história. Eles estavam sempre seguindo adiante. Ocupavam uma terra, vendiam-na e iam em frente. Li num livro que a família Lincoln chegou ao Illinois em uma balsa. Levavam alguns barris de uísque, como se fossem contas bancárias.

Quantas crianças da América permanecem no lugar em que nasceram, se puderem sair?

– Tem pensado bastante a respeito de tudo isso.

– Está enganado. Não é preciso pensar muito. A situação é clara. Consegui uma barganha. Enquanto existirem automóveis, posso encontrar trabalho. Mas suponhamos que a oficina em que eu trabalho vá à falência. Tenho que me mudar para outro lugar, onde haja emprego para mim. Quero ir de casa para o trabalho em poucos minutos. Acha que eu deveria guiar todos os dias 30 ou 40 quilômetros para chegar ao trabalho, só para poder ter raízes?

Depois eles me mostraram revistas editadas especialmente para os moradores de casas móveis, com histórias, poemas e sugestões para uma vida melhor. Como deter um vazamento. Como escolher um lugar com mais sol, como estacionar no lugar com mais sombra. Havia também anúncios dos aparelhos, objetos fascinantes para cozinhar, limpar e lavar roupas, Além de móveis, camas e berços. Havia também fotografias de página inteira de novos modelos, cada qual mais admirável e reluzente que o anterior.

– Há milhares de casas assim – disse o pai. – E, em pouco tempo, haverá milhões delas.

– Joe é um sonhador – explicou a esposa. – Está sempre imaginando coisas. Conte-lhe as suas ideias, Joe.

– Ele talvez não esteja interessado.

– Claro que estou.

– Não é um sonho, como ela disse, mas algo real, que pretendo pôr em prática muito em breve. É preciso um pequeno capital, mas os resultados vão ser mais do que compensadores. Estou percorrendo os parques que vendem unidades usadas à procura da que quero, e pelo preço que quero pagar. Vou mudar todo o interior e transformá-la numa oficina mecânica. Já tenho quase todas as ferramentas necessárias e vou começar a estocar alguns objetos para ajudar nos consertos, como limpadores de

111

para-brisa, correias de ventilador, anéis de pistão e outras coisas assim. Esses parques para estacionamento de casas móveis estão ficando cada vez maiores. E alguns dos proprietários têm dois carros. Vou alugar uns 30 metros de terreno bem situado e abrir um negócio. Dá para esperar uma coisa de qualquer carro: sempre terá algo errado, precisando de conserto. E minha casa ficará logo ao lado da oficina. Posso ligar uma campainha à oficina e prestar serviços 24 horas por dia.

– Parece um bom negócio – comentei.

E de fato parecia mesmo.

– E o melhor de tudo – acrescentou Joe – é que, se os negócios começarem a cair, basta me mudar para outro lugar, onde corram melhor.

A esposa acrescentou:

– Joe já tem tudo planejado no papel: onde é que cada coisa vai ficar, cada parafuso e cada porca, até mesmo a solda elétrica. Joe é um excelente soldador.

Falei então:

– Retiro o que eu disse, Joe. Você tem suas raízes num poço de lubrificação.

– As coisas podiam ser piores. Sabe que até mesmo já imaginei como será o poço de lubrificação? E quando as crianças estiverem crescidas, poderemos ir para o sul no inverno e voltar para o norte no verão.

– O trabalho de Joe é bem-feito, e ele tem clientes fiéis em todos os lugares que trabalha. Algumas pessoas chegam a viajar 80 quilômetros para levar os carros para ele.

– Eu sou mesmo um bom mecânico – concordou Joe.

Seguindo pela grande rodovia que passa perto de Toledo, tive uma conversa com Charley a respeito de raízes. Ele escutou tudo, mas não respondeu coisa alguma. Quando se pensa no problema das raízes em algum lugar, eu e quase todas as outras pessoas deixamos de levar duas coisas em consideração. Serão os americanos um povo irrequieto, um povo em

112

constante movimento, que nunca gosta do lugar em que se encontra? Os pioneiros, os imigrantes que povoaram este continente, eram os irrequietos da Europa. Os que tinham raízes fincadas em algum lugar ficaram por lá. À exceção dos negros, trazidos à força para este continente, como escravos, descendemos daquelas pessoas irrequietas, dos andarilhos, que jamais se contentaram em ficar em suas casas. Seria assim tão estranho que tivéssemos herdado tal tendência? Pois o fato é que foi justamente isso o que aconteceu. Mas esse é apenas o enfoque mais simples do problema. O que são raízes, e há quanto tempo as temos? Se a nossa espécie existe há um par de milhões de anos, qual é a nossa história? Nossos ancestrais remotos seguiam a caça, deslocavam-se com o suprimento de alimentos, fugiam do tempo adverso, do gelo, da mudança brusca das estações. Após muitos milênios, conseguiram domesticar alguns animais, de forma que passaram a viver com seus suprimentos de alimentos. A partir de então, por necessidade, seguiram a relva que alimentava seus rebanhos, em errâncias intermináveis. Apenas quando a agricultura começou a ser praticada, o que não faz muito tempo em termos de história da espécie humana, é que a fixação em determinado lugar passou a ter algum sentido, um valor apreciado, um caráter de permanência. Mas a terra é algo tangível, e as coisas tangíveis sempre encontram um meio de se concentrarem nas mãos de poucos. Assim, aconteceu de um homem querer a propriedade da terra toda para si, impondo, ao mesmo tempo, a servidão aos outros, já que era preciso alguém para trabalhar a terra. As raízes eram de posse da terra, uma posse tangível e inabalável. Sob esse aspecto, somos uma espécie bastante irrequieta, com uma história muito curta de raízes, não amplamente disseminadas. Talvez tenhamos exagerado a importância dessas raízes como uma necessidade psíquica. Talvez, quanto maior o impulso, mais profunda e mais antiga seja a necessidade, a vontade e a ânsia de estar em algum outro lugar.

Charley não tinha qualquer resposta ou comentário a fazer sobre a minha premissa. Além do mais, Charley estava com um aspecto horrível. Eu prometera a mim mesmo mantê-lo sempre escovado, limpo e bonito. Mas não era o que eu estava fazendo. Seu pelo estava sujo e todo emaranhado. Os *poodles*, da mesma forma que os carneiros, não sabem se limpar. À noite, quando eu planejara escovar e arrumar Charley, estava sempre ocupado com alguma outra coisa. Descobri também que ele sofria de uma alergia perigosa, que eu ignorava. Uma noite fui parar num estacionamento de caminhões, onde havia gigantescos caminhões de transporte de gado, que haviam sido limpos. Em torno do estacionamento havia montanhas de esterco, sobrevoadas por nuvens de moscas. Embora Rocinante estivesse protegido por telas, as moscas deram um jeito de entrar, escondendo-se nos cantos, tornando-se impossíveis de expulsar. Pela primeira vez, peguei a bomba de inseticida e borrifei tudo várias vezes. Charley teve um acesso de espirros tão violento e prolongado que, por fim, fui obrigado a carregá-lo para fora em meus braços. Pela manhã a cabine estava cheia de moscas sonolentas, então borrifei tudo de inseticida outra vez. Charley teve um novo acesso de espirros. Depois disso, sempre que éramos invadidos por visitantes voadores, eu tinha que levar Charley para fora, espalhar inseticida na picape, esperar que as pestes morressem e depois arejar tudo. Nunca vi uma alergia tão terrível quanto essa.

Como há muito tempo eu não via o Centro-Oeste, muitas impressões foram-se acumulando em minha mente, à medida que eu percorria Ohio, Michigan e Illinois. A primeira impressão era o extraordinário crescimento da população. Os vilarejos tinham se transformado em pequenas cidades, que haviam se transformado em grandes cidades. As estradas fervilhavam com o tráfego. As cidades eram tão densamente povoadas que toda a atenção era pouca para não atropelar alguém e para não haver colisões. A impressão seguinte foi a da existência de uma força no ar, como que uma energia elétrica, tão forte e vigorosa que o impacto chegava a ser atordoante. Não importa para que lado estivesse orientada, se para o bem ou para o mal. O fato é que, por toda parte, me deparei com uma vitalidade extraordinária. Não creio, por um instante que seja, que as pessoas com quem me encontrei ou conversei na Nova Inglaterra fossem hostis ou descorteses. Entretanto, falavam de um jeito lacônico e sempre esperavam que o recém-chegado iniciasse o contato. Quase que a partir do momento em que atravessei a fronteira de Ohio, tive a impressão de que as pessoas eram mais abertas, mais descontraídas. A garçonete de café à beira da estrada desejava bom dia antes mesmo que eu tivesse tempo de dizer qualquer coisa, conversava jovialmente sobre o que eu queria para o café da manhã, discorria entusiasmada sobre o tempo, chegando mesmo a oferecer algumas informações a respeito de si mesma, sem que eu precisasse puxar assunto. Os estranhos no Centro-Oeste conversam mais livremente entre si, sem excessos de cautela. Eu esquecera como são bonitos e férteis os campos dali, como são ricos os solos, e exuberantes as grandes árvores. A beleza da região do lago Michigan era deslumbrante. Parecia-me que a terra era generosa e acessível, ali no coração do país. Talvez as pessoas fossem influenciadas por isso, refletindo tal disposição.

Um dos objetivos da minha viagem era escutar, ouvir a maneira de falar, o sotaque, o ritmo, os tons, as ênfases. Pois a maneira de falar indica muitas coisas além das simples palavras e frases. E, por toda parte, fiz questão de ouvir. Pareceu-me que a maneira regional de falar está em vias de extinção. Quarenta anos de rádio e vinte de televisão não podiam deixar de causar um impacto muito grande. As comunicações devem acabar destruindo as características locais, em um processo lento e inexorável. Ainda me lembro de um tempo em que eu quase sempre podia identificar o lugar de origem de uma pessoa pela maneira de falar. Isso está ficando cada vez mais difícil, e, num futuro próximo, será totalmente impossível. É raro encontrarmos uma casa ou prédio em que não haja, nos telhados, antenas de televisão. A maneira de falar do rádio e da televisão está se tornando algo padronizado, e talvez seja um inglês melhor do que o que falamos. Assim como o nosso pão, que é misturado, cozido, embrulhado e vendido sem a interferência da fragilidade humana, e é uniformemente bom e sem gosto, assim também a nossa maneira de falar está se tornando uniforme.

E eu, que amo as palavras e as suas intermináveis possibilidades, sinto-me profundamente triste com tal inevitabilidade. Pois, com o desaparecimento dos dialetos locais, também desaparecerão as características locais. As expressões regionais, que tornam o idioma rico, repleto da poesia do tempo e do local, infelizmente estão condenadas à extinção. Em seu lugar, haverá uma fala nacional, enfeitada, arrumada, padronizada e sem o menor sabor. As características locais ainda não desapareceram, mas estão em processo de extinção. Nos muitos anos que se passaram desde que eu ouvira a terra pela última vez, a mudança foi considerável. Viajando para oeste pelas estradas do Norte, não ouvi uma fala realmente local senão quando cheguei a Montana. Essa é uma das razões pelas quais me reapaixonei. A Costa Oeste voltou a falar um inglês padronizado. O Sudoeste ainda mantém algo da fala local, embora muito pouco. É claro que o Sul ainda se apega com toda a força a suas expressões regionais, assim como mantém e acalenta alguns outros anacronismos. Mas nenhuma região poderá resistir por muito tempo mais às investidas das ferrovias, dos cabos de alta tensão, dos programas nacionais de televisão. Talvez o que eu esteja lamentando não valha a pena salvar. Não obstante, eu choro a sua perda.

Mesmo enquanto protesto contra a produção padronizada e em massa de nossos alimentos, nossas canções, nossa língua e, no fim de tudo, até de nossas almas, sei que era rara a casa em que se fazia um bom pão, nos velhos tempos. A comida preparada pela mamãe era, com raras exceções, bem fraca. Aquele bom leite não pasteurizado era tocado apenas por moscas e vinha com pedaços de esterco fervilhando de bactérias. A saudável vida de antanho era assolada por doenças incontáveis, mortes súbitas de causas desconhecidas. A doce fala local, cuja morte eu tanto lamento, era filha do analfabetismo e da ignorância. Mas está na natureza do homem, à medida que vai envelhecendo, erguer uma pequena ponte para tentar retornar ao tempo passado, protestar contra as mudanças, especialmente as mudanças para melhor. Mas também é verdade que trocamos a desnutrição pela corpulência, e qualquer uma das duas é fatal. As linhas de mudança estão esgotadas. Nós, ou pelo menos eu, não somos capazes de conceber como serão a vida e o pensamento humanos dentro de cem ou cinquenta anos. Talvez o meu grande saber seja a certeza de que eu não sei. Os mais lamentáveis são aqueles que despendem as energias tentando recuperar um passado para sempre perdido, pois sentem apenas amargura pelo que foi perdido e não encontram a menor alegria no que ganhamos.

Atravessando ou passando perto das grandes colmeias de produção, como Youngstown, Cleveland, Akron, Toledo, Pontiac, e mais tarde South Bend e Gary, meus olhos e minha mente ficaram aturdidos com a enormidade fantástica e a energia da produção, uma complexidade tamanha que se assemelha ao caos e ao impossível. Era como se a gente olhasse para um formigueiro e não descobrisse nenhum método, direção ou propósito nas corridas dos habitantes apressados. O mais maravilhoso de tudo é que pude chegar outra vez a uma tranquila estrada rural, margeada por árvores, com campos de cercas brancas e vacas pastando. Parei Rocinante junto a um laguinho limpo, de águas cristalinas, vendo lá no céu as flechas formadas por patos e gansos em migração para o sul. Ali Charley pôde, com seu nariz explorador, ler sua literatura particular nas moitas e troncos de árvores, deixando seu recado, talvez tão importante no tempo interminável como estes rabiscos que deixo agora no papel perecível. Ali, em meio àquela quietude, com o vento agitando delicadamente os galhos das árvores e distorcendo o espelho da água, cozinhei jantares impossíveis em minhas caçarolas de papel aluminizado, descartadas após o primeiro uso. Fiz um café forte, sentando-me com as costas apoiadas no batente da porta traseira de Rocinante. Agora eu podia pensar com calma no que vira, tentar ordenar meus pensamentos de forma a encontrar algum padrão para acomodar as multidões pululantes que vira e ouvira.

Vou tentar explicar qual era a minha sensação. Quando vamos ao Ufizzi, em Florença, ou ao Louvre, em Paris, nos sentimos tão oprimidos pelos números, pela força de toda grandeza, que saímos angustiados, como se estivéssemos com prisão de ventre. Mas, quando ficamos sozinhos e começamos a lembrar, algumas telas vão se sobressaindo. Algumas são eliminadas pelo gosto ou limitações, mas outras vão se destacando, cada vez mais nítidas. Podemos então voltar e olhar para uma delas, sem nos deixar perturbar pelos gritos das muitas outras que querem atrair nossa atenção. Depois da confusão inicial, posso ir ao Prado, em Madri, e passar sem ver por milhares de quadros que clamam por minha atenção, seguindo direto para visitar um amigo, um Greco não muito grande, *San Pablo con un Libro*. São Paulo acaba de fechar o livro. Seu dedo ainda marca a última página lida, e em seu rosto estão estampados a perplexidade e o desejo de compreender, depois de terminada a leitura. Talvez a compreensão só seja possível depois. Anos atrás, quando eu trabalhava em um campo madeireiro, dizia-se que os lenhadores conversavam sobre o ofício nos bordéis e falavam de sexo enquanto estavam no mato. Assim, eu teria que encontrar um caminho para apreender e compreender a explosão dos meios de produção do Centro-Oeste, sentado sozinho à beira de um lago deserto na parte norte do Michigan.

Enquanto eu estava lá, sentado e imenso na quietude, um jipe parou de repente na estrada. Charley largou seu trabalho na mesma hora e rugiu. Um rapaz de botas, calças de veludo piquê e casaco impermeável quadriculado, preto e vermelho, saltou do jipe e encaminhou-se para o lugar onde eu me encontrava. O tom com que ele me falou era áspero, hostil, o tom de voz que um homem usa quando não gosta muito do que tem a fazer.

– Será que não viu a placa? Isto aqui é propriedade particular!

Em geral, o tom de voz dele teria ateado uma fagulha dentro de mim. Eu teria exibido uma raiva incontrolável e ele poderia, então, expulsar-me dali, com prazer e a consciência tranquila. Poderíamos até descambar para uma discussão acirrada e violenta. Esse seria o procedimento normal. Mas a beleza e a serenidade da paisagem fizeram hesitar o ressentimento da minha reação. E, nessa hesitação, o sentimento acabou se desvanecendo. Eu disse então:

– Eu sabia que devia ser propriedade particular. E ia mesmo procurar alguém para pedir permissão para ficar aqui ou mesmo pagar uma taxa para passar a noite.

– O dono não quer ninguém acampando por aqui. Os campistas espalham papéis por toda parte, acendem fogueiras.

– Não posso culpá-lo por isso. Conheço perfeitamente a desordem que os campistas fazem.

– Não viu a placa naquela árvore? É proibido entrar, caçar, pescar ou acampar...

– Parece que o negócio é sério mesmo. Se a sua obrigação é me fazer ir embora daqui, então terá que me expulsar mesmo. Mas não se preocupe. Eu irei sem briga. Mas acabei de coar um café. Acha que seu chefe iria se importar se eu terminasse de beber? E será que ele se importaria se eu lhe oferecesse uma xícara? Depois você pode me expulsar daqui ainda mais depressa.

119

O jovem sorriu.

– Está certo. Afinal, o senhor não vai acender nenhuma fogueira nem espalhar lixo por aí.

– Estou fazendo pior do que isso. Estou tentando suborná-lo com uma xícara de café. E não vou parar por aí, pois sugiro também pingar algumas gotas de uma aguardente de maçã envelhecida no café.

Ele desatou a rir.

– Mas que diabo! Espere que vou tirar o jipe da estrada.

Bem, o padrão tinha se quebrado. O rapaz se sentou sobre as folhas de pinheiro, de pernas cruzadas, tomando o café. Charley aproximou-se, farejando, e deixou que ele o tocasse. O que é muito raro, quando se trata de Charley. Ele não permite que estranhos o toquem, pois nunca fica por perto. Mas os dedos daquele rapaz encontraram um ponto por trás das orelhas onde Charley adora ser afagado. Ele suspirou, feliz da vida, e sentou-se.

– O que está fazendo? Vai caçar? Vi as armas lá dentro da picape.

– Estou apenas de passagem. Acho que deve saber como são essas coisas. A gente vai passando, vê um lugar bonito, sente-se muito cansado de repente e tem vontade de parar.

– Eu entendo – assegurou-me o rapaz. – Tem um belo veículo.

– Eu gosto dele e Charley também gosta.

– Charley? Nunca ouvi falar de nenhum cachorro que se chamasse Charley. Olá, Charley!

– Eu não gostaria que você se metesse em encrencas com o seu patrão. Acha que já está na hora de eu ir embora?

– Mas por quê? Ele não está aqui e eu é que estou tomando conta. Afinal, o senhor não está fazendo nada de mal.

– Eu invadi uma propriedade particular.

– Quer saber de uma coisa? Teve um sujeito que acampou aqui, um cara meio maluco. Eu vim para expulsá-lo. Ele me

120

disse um negócio engraçado, que invadir propriedade particular não era um crime nem uma contravenção, apenas uma lesão do direito alheio. O que será que ele quis dizer com isso? O sujeito era mesmo meio maluco.

– Se quiser, pode me interrogar à vontade. Eu não sou maluco. Deixe que eu esquente seu café.

Esquentei duas porções.

– O senhor faz um café maravilhoso – comentou meu convidado.

– Antes de ficar muito escuro, tenho que encontrar um lugar para estacionar. Conhece algum lugar por aqui onde me deixariam passar a noite?

– Se for parar atrás daqueles pinheiros mais adiante, ninguém poderá vê-lo da estrada.

– Mas, neste caso, estarei cometendo uma lesão do direito alheio.

– Tem razão. E eu bem que gostaria de saber que diabo isso significa!

Ele foi na frente com o jipe e me ajudou a encontrar um lugar plano no bosque de pinheiros. Depois do anoitecer, entrou em Rocinante e admirou equipamentos e instalações. Tomamos algumas doses de uísque e conversamos animadamente, dizendo umas poucas mentiras um ao outro. Mostrei-lhe alguns anzóis complicados e bonitos que comprara na Abercrombie & Fitch. Dei-lhe um. Dei também algumas brochuras que eu já lera, todas cheias de sexo e sadismo e um exemplar de *Field and Stream*. Em retribuição, ele me convidou a ficar ali tanto tempo quanto eu desejasse e disse que voltaria na manhã seguinte para fazermos uma pescaria. Acabei aceitando, pelo menos por um dia. É muito bom ter amigos. Além disso, eu queria um pouco de tempo para pensar nas coisas que eu vira, nas fábricas gigantescas, na agitação incessante, na produção em massa.

O guardião do lago era um homem solitário, situação que se agravava pelo fato de ter uma esposa. Ele me mostrou a fotografia dela presa em um quadrado de plástico na carteira. Era uma loura bonitinha que se esforçava arduamente para ver sua fotografia nas revistas, exibindo toda a espécie de produtos, mostrando permanentes feitos em casa, xampus, cremes de enxaguar, massageadores faciais. Ela detestava viver no que chamava de mato, ansiando por uma existência deslumbrante em Toledo ou South Bend. Só se sentia em boa companhia nas páginas brilhantes de *Charm* e *Glamour*. O dia chegaria em que ela conseguiria abrir caminho até o sucesso. O marido então arrumaria um emprego em uma organização qualquer dedicada ao progresso e os dois viveriam felizes, mesmo depois disso. Tudo isso eu fui sabendo em intervalos bruscos e curtos de conversa. Ela sabia exatamente o que desejava na vida. O mesmo não acontecia com ele, que sofreria desse mal para sempre. Depois que o rapaz se afastou em seu jipe, passei a viver a vida dele e senti-me invadido por um terrível desespero. No fundo ele queria que sua linda esposa e ele pudessem desejar outra coisa na vida. Mas não poderia ter tal coisa e a esposa ao mesmo tempo.

Charley teve um sonho tão agitado que acabou me acordando. Ele sacudia as pernas, como se estivesse correndo, soltava pequenos ganidos. Talvez sonhasse que perseguia um coelho gigantesco e não conseguisse agarrar. Ou talvez, no sonho, alguma coisa o estivesse perseguindo. Com base na segunda suposição, estendi a mão e acordei-o. Ele resmungou sozinho, em tom de lamento, bebendo meia tigela de água antes de voltar a dormir.

O guardião voltou logo após o nascer do sol, trazendo uma vara de pescar. Peguei a minha e prendi o molinete. Tive que encontrar meus óculos para terminar de armar tudo. A linha é transparente, para ser invisível ao peixe. O que significa que é completamente invisível para mim também, a menos que eu esteja de óculos.

Então falei:

122

– Olha, eu não tenho licença para pescar.

– Para quê? Provavelmente nem vamos mesmo pegar alguma coisa.

E ele estava certo, pois nada pegamos.

Andamos e lançamos o anzol, fomos para outro lugar; lançamos outra vez. Fizemos tudo o que sabíamos para interessar e atrair lúcios ou percas. Meu amigo não parava de repetir:

– Eles estão lá no fundo e vamos apanhá-los se conseguirmos dar o recado com jeito.

Mas não conseguimos. Se eles estavam mesmo lá no fundo, ainda continuam. A maior parte das minhas pescarias é assim, o que não me impede de gostar bastante. Meus desejos são simples. Não tenho a menor vontade de fisgar um monstruoso símbolo do destino e provar a minha masculinidade com uma guerra píscea titânica. É claro que, às vezes, gosto de encontrar um par de peixes disposto a cooperar, com tamanho suficiente para ir parar na frigideira. Ao meio-dia, recusei um convite do rapaz para almoçar em sua casa e conhecer sua esposa. Eu me sentia cada vez mais ansioso para estar com a minha própria esposa e, por isso, tratei de me apressar.

Houve um tempo, não muito distante, em que um homem saía ao mar e cessava de existir por dois ou três anos, às vezes para sempre. Quando os carroções cobertos começaram a atravessar o continente, os amigos e parentes que ficavam em suas terras talvez nunca mais ouvissem falar dos peregrinos. A vida continuava, problemas eram resolvidos, decisões eram tomadas. Posso até me recordar do tempo em que um telegrama podia significar apenas uma coisa: morte na família. Mas, no curto espaço de uma vida, o telefone mudou isso tudo. Se nesta narrativa das minhas andanças dou a impressão de ter cortado os vínculos com as alegrias e tristezas da família, com a delinquência atual do garoto ou com o novo dente do caçula, com os triunfos e agonias dos negócios que ficaram para trás, podem ter certeza de que não foi bem o que aconteceu. Três vezes por semana, de algum bar, supermercado ou posto de gasolina apinhado, eu telefonava para Nova York, restabelecendo minha identidade no tempo e no espaço. Por três ou quatro minutos, eu voltava a ter um nome e as obrigações, alegrias e frustrações que um homem sempre carrega consigo, como a cauda de um cometa. Era como uma fuga incessante de uma dimensão para outra, uma explosão silenciosa capaz de romper a barreira do som, uma estranha experiência, como um mergulho rápido em águas conhecidas, mas que pareciam remotas e ignoradas naquelas circunstâncias.

Ficara combinado que minha esposa iria de avião encontrar comigo em Chicago, num breve intervalo da minha viagem. Em duas horas, pelo menos teoricamente, ela percorreria um segmento da nação que eu levara semanas para atravessar. Eu estava cada vez mais impaciente, preso à estrada de pedágio que passa pela fronteira norte de Indiana, contornando Elkhart, South Bend e Gary. A própria natureza da estrada esclarece a natureza da viagem. O caminho era quase todo reto, o tráfego intenso e veloz. O zumbido dos carros que passam e a velocidade inalterável exercem um efeito hipnótico sobre o motorista. Os quilômetros vão passando, e um cansaço quase imperceptível se apossa da gente. O dia e a noite parecem a mesma coisa, não fazem a menor diferença. O pôr do sol não é um convite nem uma ordem para parar, já que o tráfego continua sem cessar.

Tarde da noite, parei num posto de reabastecimento, comi um hambúrguer no balcão da lanchonete que nunca fecha, levei Charley para passear em uns arbustos bem aparados. Dormi um pouco, mas acordei muito antes de o dia clarear. Eu trouxera ternos, camisas e sapatos sociais, mas me esquecera de levar uma valise para transportá-los da picape para o quarto do hotel. Na verdade, eu não teria onde guardar a valise, dentro de Rocinante. Em uma lata de lixo, debaixo de um lampião, encontrei uma caixa de papelão limpa, onde coloquei minhas

124

roupas para usar na cidade. Envolvi as camisas brancas limpas em mapas rodoviários e amarrei a caixa com linha de pescar.

Conhecendo a minha tendência para entrar em pânico ante o barulho atordoante e a confusão opressiva do tráfego, parti para Chicago muito antes do nascer do dia. Meu objetivo era o Ambassador East, onde fizera reservas. Como não podia deixar de acontecer, acabei me perdendo. Finalmente, num momento inventivo, contratei um táxi que rodava a noite inteira para seguir na minha frente até o hotel. É claro que eu tinha passado muito perto do lugar, sem percebê-lo. Se o porteiro e os carregadores estranharam a minha maneira de viajar, não deixaram transparecer. Entreguei meus ternos em cabides, os sapatos dentro do bolso grande do casaco de caça, as camisas envoltas nos mapas rodoviários da Nova Inglaterra. Rocinante foi levado para a garagem, onde ficaria guardado. Charley teve que ser levado para um canil, onde seria alimentado, banhado e embelezado. Mesmo na sua idade, Charley é um cachorro muito vaidoso e adora ser embelezado. Mas, quando ele descobriu que seria deixado sozinho, e em Chicago, perdeu a habitual compostura e pôs-se a latir de raiva e desespero. Tapei os ouvidos para a reclamação e retirei-me depressa para dentro do hotel.

Creio que sou bastante conhecido, e nos termos mais favoráveis possíveis, no Ambassador East. Mas as vantagens decorrentes disso não eram aplicáveis quando eu lá chegava em roupas de caça muito amarrotadas, a barba por fazer, coberto por uma película de poeira da viagem, os olhos injetados por ter passado a maior parte da noite dirigindo. Decerto eu tinha feito uma reserva, mas meu quarto talvez não ficasse vago antes do meio-dia. A posição do hotel foi explicada cuidadosamente. Compreendi e perdoei a gerência. O que eu queria naquele momento era um banho quente e uma cama. Mas, já que isso era impossível, eu me contentava em me acomodar numa poltrona do saguão, onde ficaria dormindo até que meu quarto estivesse vago.

Vi nos olhos do chefe da portaria uma inquietação crescente. Até eu sabia que não era um ornamento adequado para aquele saguão elegante. O homem fez um sinal para um assistente, talvez por telepatia, e todos juntos acabamos encontrando uma solução. Um cavalheiro acabara de deixar o hotel para pegar um avião. O quarto dele ainda não estava limpo e arrumado, mas eu poderia usá-lo, até que o meu ficasse pronto. Assim, o problema foi resolvido, com inteligência e paciência. Todos conseguimos o que desejávamos: eu teria a oportunidade de tomar um banho quente e deitar em uma cama macia, e o hotel não ficaria constrangido pelo infortúnio da minha presença no saguão.

O quarto ainda não fora tocado desde a partida do ocupante anterior. Afundei em uma poltrona confortável para tirar as botas. Cheguei a tirar uma delas, antes de começar a notar coisas e mais coisas. Em um tempo surpreendentemente curto, esqueci o banho quente e o sono, envolvendo-me profundamente com Harry, o Solitário.

Um animal que se deita ou passeia pela floresta deixa um rastro de folhas esmagadas, pegadas ou talvez dejetos. Mas um homem que ocupa um quarto por uma noite deixa seu caráter, sua biografia, os acontecimentos recentes de sua vida, às vezes seus planos e esperanças para o futuro. Acredito que a personalidade da pessoa fica impregnada nas paredes e vai, aos poucos, sendo liberada. Isso pode ser uma explicação para os fantasmas e outras manifestações do gênero. Embora minhas conclusões possam ser erradas, o fato é que parece que sou muito sensível aos vestígios deixados pelos seres humanos. Também devo confessar, o que faço sem o menor constrangimento, que sou um bisbilhoteiro incorrigível. Nunca passo por uma janela aberta sem dar uma olhada para dentro, nunca fecho os ouvidos a uma conversa que não é da minha conta. Posso justificar-me, ou até mesmo emprestar um pouco de dignidade a tal atitude, alegando que, em meu ofício, devo

126

conhecer as pessoas ao máximo. Mas desconfio de que ajo assim por simples curiosidade.

Sentado ali, naquele quarto desarrumado, senti que aos poucos Harry, o Solitário ia tomando forma e dimensões. Eu podia sentir o hóspede que acabara de partir nas pequenas coisas que ele deixara para trás. É claro que Charley, mesmo com o seu faro imperfeito, teria descoberto muito mais do que eu. Mas Charley estava em um canil, preparando-se para um tratamento de beleza completo. O fato é que Harry é tão real para mim quanto qualquer outro indivíduo que conheci pessoalmente, mais real até do que muitos deles. Ele não é um caso singular; na verdade, integra um grupo conside-ravelmente grande. Assim sendo, torna-se de interesse, em qualquer investigação sobre os Estados Unidos. Antes que eu comece a descrevê-lo, e para que alguns homens não fiquem nervosos, quero declarar que o nome dele não é Harry. Ele mora em Westport, Connecticut. Obtive essa informação pelas etiquetas de lavanderia de diversas camisas. Um homem ge-ralmente vive no lugar em que manda lavar as camisas. Posso, no máximo, desconfiar de que ele pega todo dia o trem para ir trabalhar em Nova York. Sua viagem a Chicago deve ter sido a negócios, com o acréscimo de alguns dos prazeres tradicionais. Descobri seu nome porque ele o assinara algumas vezes no papel timbrado do hotel, cada assinatura com uma inclinação ligeiramente diferente. O que parece indicar que ele não é um homem muito seguro no mundo dos negócios, mas não havia quaisquer outros indícios disso.

Ele havia começado a escrever uma carta para a esposa, mas esta também terminara na cesta de papéis.

"Querida: Está tudo correndo bem. Telefonei para sua tia, mas ninguém atendeu. Gostaria que estivesse aqui comigo. Esta cidade é muito solitária. Você se esqueceu de pôr minhas abotoaduras na mala. Tive que comprar umas abotoaduras ordinárias na Marshall Field. Estou escrevendo enquanto aguardo um telefonema de C.E. Espero que ele tenha conseguido o con... "

Foi ótimo que "Querida" não tivesse decidido dar um pulo em Chicago para deixar o pobre Harry menos solitário. Pois a pessoa que ele estava esperando não era C.E. com o contrato. Era uma morena e usava batom claro, conforme verifiquei pelas pontas de cigarro no cinzeiro e na borda de um copo grande de uísque. Eles tomaram Jack Daniel's, uma garrafa inteira, e a embalagem vazia ainda estava ali, junto com as seis garrafas de soda e um balde onde deveria ter ficado o gelo. Ela usava um perfume forte e não passou a noite no quarto. O segundo travesseiro fora usado, mas não tinha a depressão da cabeça de alguém que dormira a noite inteira. Também não havia lenços de papel com marcas de batom. Gosto de pensar que o nome dela era Lucille, embora não saiba por quê. Talvez porque fosse. Era bastante nervosa. Fumou os cigarros de filtro de Harry, apagando-os ao fumar apenas um terço e acendendo outro em seguida. Eram muitas as pontas. E não se limitava a largar os cigarros no cinzeiro: esmagava-os, deixando as pontas achatadas. Lucille usava um desses chapeuzinhos da moda, presos aos cabelos por presilhas viradas para dentro. Uma delas se quebrara. Por isso, e por um grampo que encontrei ao lado da cama, é que descobri que Lucille é morena. Não sei se Lucille é ou não uma profissional. Mas não há a menor dúvida de que é experiente. Há indícios de que se porta com extraordinária eficiência e sobriedade. Não deixou muitos vestígios pelo quarto, como faria uma amadora. E também não se embriagou. Seu copo estava vazio, mas o vaso com rosas vermelhas, cortesia da administração, cheirava a Jack Daniel's. O que, aliás, não fazia nenhum bem às rosas.

Gostaria de saber o que Harry e Lucille conversaram. Será que ela o fez sentir-se um pouco menos solitário? De alguma forma, duvido muito de que isso tenha acontecido. Tenho a impressão de que ambos faziam simplesmente aquilo que era esperado que fizessem. Harry não deveria ter tomado tantos drinques, pois seu estômago não é dos mais resistentes. Encontrei lenços de papel com vestígios de vômito na cesta de lixo. Acho que o negócio em que ele trabalha é muito difícil, desses que exigem muito do estômago. Harry, o Solitário deve ter acabado a garrafa de uísque depois que Lucille partiu. Ele teve uma ressaca. Encontrei duas embalagens vazias de antiácido no banheiro.

Três coisas me impressionaram profundamente em Harry, o Solitário Primeiro, não creio que ele realmente tivesse se divertido. Em segundo lugar, acho que ele era mesmo um solitário, talvez crônico. E, por último, ele não fez coisa alguma que não estivesse dentro dos limites do previsível. Não quebrou um copo ou um espelho, não cometeu um ultraje, não deixou qualquer indício físico de alegria. Andei pelo quarto, calçado apenas com uma das botas, procurando descobrir tudo a respeito dele. Cheguei a olhar debaixo da cama, revistei o armário. Ele nem mesmo esquecera uma gravata. Tive pena de Harry.

Parte III

Parte III

Chicago foi uma pausa em minha viagem, uma retomada do meu nome, identidade e estado conjugal pleno de felicidade. Minha esposa veio de avião do Leste, para uma breve visita. Fiquei deliciado com a mudança, com o retorno à minha rotina conhecida e segura. Mas eis que me deparei com uma dificuldade literária.

Chicago quebrou a continuidade da minha viagem. O que é aceitável na vida, mas não na literatura. Assim, deixo Chicago de fora, por não ter a ver com meu esquema, destoando dos planos traçados. Na minha viagem, foi uma pausa agradável e maravilhosa. No meu trabalho, contribuiria apenas para tirar toda a unidade do relato.

Quando a pausa chegou ao fim, e com ela as despedidas, tive que retornar à mesma solidão anterior, e que não me foi menos dolorosa que na primeira etapa da viagem. Parecia não haver qualquer cura para a solidão, a não ser ficar eternamente só.

Charley foi afetado de três maneiras diversas: ficou com raiva de mim, por tê-lo deixado sozinho em Chicago, mas também ficou na maior alegria, por rever Rocinante, além de cheio de orgulho por sua aparência. Pois quando Charley está escovado, com os pelos aparados, de banho tomado, fica tão satisfeito consigo mesmo quanto um homem que tem um bom alfaiate ou uma mulher que acaba de sair de um salão de beleza. Todo o mundo, nessas circunstâncias, sempre acha que é assim o tempo inteiro. As pernas penteadas de Charley apoiavam-se no chão com certa nobreza. Ele parecia muito elegante, com seu bonezinho de pelos prateados e um tom azulado, e carregava o pompom do rabo como um maestro empunhando sua batuta. Bigodes abundantes, aparados e bem penteados, davam-lhe a aparência e a atitude de um janota francês do século XIX, e também serviam para disfarçar os dentes tortos da frente. Acontece que eu sei como Charley se parece debaixo daquele exterior elegante. Houve um verão em que o seu pelo ficou tão embolado e sujo que tive que raspá-lo. Por baixo das torres vigorosas que são as suas pernas, há canelas esqueléticas. Removendo-se os pelos densos do peito, encontra-se a barriga protuberante da meia-idade. Mas, se Charley tem consciência das suas deficiências, não o deixa transparecer. Se o hábito faz o monge, então o hábito e uma boa escovadela fazem o *poodle*. Ele sentou-se, empertigado e digno, no assento de Rocinante, dando-me a entender que, embora o perdão não fosse de todo impossível, eu teria que me esforçar arduamente para obtê-lo.

Charley é um impostor e sabe disso muito bem. Certa vez, quando nossos filhos eram pequenos e estavam em um acampamento de verão, fizemos a terrível visita dos pais. Quando já estávamos de partida, a mãe de uma das crianças do acampamento se aproximou de nós e disse que tinha de partir depressa, para que seu filho não tivesse um ataque histérico. E, com uma expressão corajosa, embora com os lábios trêmulos, ela se foi quase às cegas, disfarçando os sentimentos para poupar o filho. O menino ficou observando-a se afastar e depois, com imenso alívio, voltou para o meio da turma. Ele também estivera atuando para a mãe. Tenho certeza de que, cinco minutos depois que o deixei, Charley já encontrara novos amigos e tomara todas as providências necessárias para seu conforto. Mas uma coisa Charley não estava fingindo: ele realmente se sentia deliciado por estar viajando de novo. E, por alguns dias, foi um lindo ornamento para Rocinante.

Illinois nos presenteou com um belo dia de outono, claro e revigorante. Seguimos depressa para o norte, na direção de Wisconsin, atravessando uma região admirável, de campos magníficos, árvores imponentes e propriedades típicas de grandes cavalheiros, com cercas pintadas de branco. Eu não ficaria muito surpreso se soubesse que aquelas propriedades eram mantidas por recursos de fora. Aquela não me parecia uma terra capaz de sustentar a si mesma e a seus donos. Era como uma linda mulher, que precisa do apoio e da ajuda de muitos anônimos para se manter. Mas nem por isso ela se torna menos adorável – quando a gente se pode dar ao luxo de mantê-la.

É possível, até mesmo provável, ouvir uma verdade a respeito de um lugar, aceitá-la e, com base nisso, conhecer o local a fundo e, ao mesmo tempo, não conhecê-lo nem um pouco. Eu nunca estivera em Wisconsin, mas, por toda a vida, ouvira falar a respeito desse estado, comera seus queijos, tão deliciosos quanto os melhores do mundo. E devo ter visto muitas fotografias. Todo o mundo já viu. Por que, então, eu estava tão despreparado para a beleza admirável desse estado, para a variedade de suas paisagens, campos e montanhas, florestas e lagos? Penso agora que devo ter imaginado que todo o Wisconsin não passava de uma imensa pastagem, por causa de sua fantástica produção de laticínios. Nunca vi uma região em que a paisagem mudasse tanto e tão de repente. E, como não esperava tal coisa, tudo o que vi me proporcionou uma admiração indescritível. Não sei como é a região durante as outras estações do ano. Talvez no verão o calor seja insuportável e oblitere todas as paisagens. No inverno, o frio talvez seja horrível e os gemidos do vento, lúgubres. Mas quando lá estive pela primeira e única vez, no início de outubro, o ar estava impregnado pela luz dourada do sol, não embaçado, mas revigorante e claro, de tal maneira que cada árvore, livre da camada de geada, e cada montanha que se erguia com suavidade, parecia isolada, separada das outras. A luz parecia penetrar pelas substâncias sólidas, permitindo que eu visse dentro das coisas, bem no fundo delas. Só vi uma luz assim na Grécia. Lembrei-me de que já ouvira dizer que Wisconsin era um estado maravilhoso, mas simples palavras não podiam preparar-me para a beleza que encontrei. Foi um dia estupendo. A terra transbordava de fertilidade, vacas e porcos roliços reluziam em meio ao verde. Nas propriedades menores, o milho crescia dentro de cercados, como deve ser, e havia abóboras por toda parte.

Não sei se existe ou não um concurso de queijos em Wisconsin. Eu, que sou apaixonado por queijos, acho que deveria haver. O queijo estava presente por toda parte, em centros produtores, cooperativas, lojas e barraquinhas. Creio que havia até sorvete de queijo. Posso acreditar em qualquer coisa, já que vi alguns cartazes anunciando doce de queijo suíço. Arrependo-me de não ter parado para prová-lo. Agora não posso convencer ninguém de que isso existe mesmo, que não é invenção minha.

Ao lado da estrada, avistei um estabelecimento bem grande, o maior distribuidor de conchas marinhas do mundo. E em Wisconsin, que não sabe o que é o mar desde o período pré-cambriano. Mas o estado está repleto de surpresas. Eu já ouvira falar nos vales de lá, mas não estava nem um pouco preparado para a paisagem fantástica esculpida pela era glacial, toda uma região fulgurante de águas e rochas escavadas, pretas e verdes. Acordar ali de repente fará com certeza com que qualquer um julgue estar sonhando com algum outro planeta. Pois a paisagem possui toda uma característica alienígena. Ou ainda é o registro gravado na rocha de um tempo em que o mundo era muito mais jovem e bastante diferente. Agarrados às margens daqueles cursos d'água, que mais parecem uma paisagem de sonho, ficam os sinais dos nossos tempos, motéis e barraquinhas de cachorro-quente, os estabelecimentos dos comerciantes de artigos ordinários, medíocres e de mau gosto, tão do agrado dos turistas de verão. Tais aberrações estavam fechadas para o inverno. Mas, mesmo quando abertas, em pleno funcionamento, duvido muito de que consigam prejudicar o encanto dos vales de Wisconsin.

Fui passar a noite no alto de uma colina, que era um estacionamento para caminhões de um tipo muito especial. Ali descansaram gigantescos caminhões de transporte de gado, livrando-se dos resíduos deixados pelas cargas recentes. Havia montanhas de esterco, sobrevoadas por nuvens de moscas. Charley investigou tudo extasiado, farejando avidamente, como uma mulher americana numa loja de perfumes franceses. Não me atrevo a criticar o gosto dele. Algumas pessoas apreciam certas coisas, algumas apreciam outras. E, afinal, os odores podiam ser fortes e grosseiros, mas não chegavam a ser repulsivos.

Quando a noite caiu, caminhei com Charley por entre as montanhas de esterco até a crista da colina, contemplando o pequeno vale lá embaixo. Era uma visão perturbadora. Pensei que, de tanto guiar, minha visão estivesse deformada, e minha capacidade de julgamento, obliterada. Pois a terra escura lá embaixo parecia negra. Desci depressa, apenas para confirmar que se tratava de uma ilusão de ótica. O vale estava coberto por perus, talvez milhões deles, um número tão espantoso que chegava a esconder a terra. Senti um imenso alívio. Ali estava, evidentemente, um grande depósito para o Dia de Ação de Graças.

Acho que é da própria natureza dos perus reunirem-se assim, em grupos tão compactos, à noite. Lembro-me de que, no rancho em que passei a minha juventude, os perus se reuniam e empoleiravam nos ciprestes, fora do alcance dos linces e dos coiotes. É a única indicação que tenho de que os perus possuem um mínimo de inteligência. Conhecer os perus não significa admirá-los, pois são animais vaidosos e histéricos. Concentram-se em grupos vulneráveis e entram em pânico ao menor ruído estranho. Estão sujeitos a todas as doenças comuns às aves de terreiro, além de mais algumas particulares que inventaram para si. Os perus parecem ser aves maníaco-depressivas, sacudindo a papada vermelha, abrindo a cauda e batendo as asas numa bravata amorosa para, no momento seguinte, se encolherem na mais abjeta covardia. É difícil compreender como podem manter alguma relação de parentesco com seus primos selvagens, ariscos, espertos e desconfiados. Mas ali, naquele vale, eles cobriam o chão aos milhares, esperando o momento de se deitarem de costas nas travessas da América.

Sei que é uma vergonha o fato de eu, até aquela ocasião, ainda não conhecer as lindas Cidades Gêmeas de St. Paul e Minneapolis. Mas vergonha maior é até hoje não conhecê-las apesar de ter passado por elas. Ao aproximar-me, fui arrastado por uma onda de tráfego inexorável: furgões, caminhonetes e gigantescos caminhões trovejavam ao meu redor. Eu não sei por que, mas toda vez que planejo um roteiro com cuidado, tudo sai errado. Mas, se eu sigo em frente ao acaso, imerso na ignorância bem-aventurada do caminho, trilhando as estradas que mais me atraem, sempre consigo chegar sem maiores dificuldades. No início da manhã, eu estudara atentamente os mapas da região, traçando o caminho que desejava percorrer. Ainda tenho esse presunçoso plano de viagem. Eu iria até St. Paul pela Rodovia 10, depois atravessaria tranquilamente o Mississippi. O rio fazia uma curva em S ali, o que me daria a oportunidade de cruzá-lo três vezes. Depois dessa agradável excursão, eu planejava passar pelo Vale Dourado, atraído por seu nome. Parece uma viagem bastante fácil, e talvez seja viável. Para qualquer outra pessoa que não eu.

Primeiro veio o tráfego, que se abateu sobre mim e me arrastou adiante como um vagalhão impetuoso. Como um pequeno destroço à deriva, fiquei bloqueado à frente por um caminhão-tanque que tinha meio quarteirão de comprimento. Atrás de mim, uma gigantesca misturadora de cimento sobre rodas, revolvendo-se ruidosamente enquanto andava. À minha direita havia o que me pareceu ser um canhão atômico. Como sempre acontece em tais circunstâncias, entrei em pânico e me perdi. Como um nadador que vai perdendo as forças, virei à direita em uma rua tranquila, só para ser detido por um guarda, que me informou que caminhões e outras pragas do gênero não eram permitidos ali. Ele me empurrou de volta para a correnteza voraz.

Dirigi durante horas, sem conseguir tirar os olhos dos mamutes que me cercavam. Devo ter atravessado o rio, mas não cheguei a vê-lo. Não pude vê-lo, nunca o vi. Assim como não vi St. Paul, nem Minneapolis. Tudo o que vi foi um rio de caminhões, tudo o que ouvi foi o rugido de motores. O ar estava saturado de vapores de óleo, que entravam pelas minhas narinas, fazendo meus pulmões arderem. Charley teve um acesso de tosses e eu nem tive tempo de dar uns tapinhas em suas costas para aliviá-lo. Num sinal vermelho, descobri que estava em uma rota de evacuação. Levei algum tempo para compreender o que era aquilo, pois minha cabeça girava muito. Eu perdera todo e qualquer sentido de direção. Mas diversas placas continuavam a informar que ali era a "rota de evacuação". É claro: aquela era a rota de fuga prevista, fuga da bomba que ainda não fora lançada. Ali, em pleno Centro-Oeste, eu encontrava uma rota de fuga, uma estrada projetada pelo medo. Em minha mente, pude ver o que aconteceria, pois já vira pessoas em fuga. As estradas obstruídas até a imobilidade total, a debandada irrefreável para os penhascos do nosso próprio destino. E, de repente, pensei naquele vale dos perus e fiquei admirado do meu desplante em julgar que os perus eram estúpidos. Na verdade, eles têm uma vantagem sobre nós: são bons para comer.

Levei quase quatro horas para passar além das Cidades Gêmeas. Ouvi dizer que algumas de suas partes são muito bonitas. E também nunca encontrei o Vale Dourado. Charley não me ajudou nem um pouco. Ele não queria se envolver com uma raça capaz de construir uma coisa da qual depois teria que escapar. Ele não queria ir até a lua, só para estragar tudo o que existe por lá. Diante de toda a nossa estupidez, Charley aceita-a pelo que ela representa: apenas estupidez...

Em algum momento dessas horas de tumulto eu devo ter cruzado o rio outra vez, porque estava de volta à Rodovia 10 e seguia para o norte, na margem leste do Mississippi. Os campos se desdobraram à minha frente, e parei num restaurante de beira de estrada, exausto. Era um restaurante alemão, completo, com salsichões, chucrute e canecas de cerveja penduradas em fileiras por trás do balcão, refulgentes mas visivelmente sem uso. Àquela hora do dia, eu era o único freguês. A garçonete não era uma Brunhilde, mas uma mulher magra e morena, de cara fechada, de modo que até hoje não sei dizer se era uma jovem com problemas ou uma velha fagueira e lépida. Pedi salsichão e chucrute e vi o cozinheiro tirar o invólucro de celofane e jogar o salsichão na água fervente. A cerveja veio em lata. O salsichão estava horrível, e o chucrute era uma mistura aguada e ofensiva ao paladar.

– Será que poderia me ajudar? – perguntei à garçonete jovem-velha.

– Qual é o seu problema?

– Acho que estou um pouco perdido.

– O que está querendo dizer com "perdido"?

O cozinheiro meteu a cabeça pela janela e apoiou os cotovelos no balcão de servir, observando-nos.

– Eu quero ir para Sauk Centre, mas não sei como chegar lá.

– De onde o senhor está vindo?

140

– De Minneapolis.

– Então o que está fazendo deste lado do rio?

– Bem, é que parece que eu também me perdi em Minneapolis...

Ela olhou para o cozinheiro e disse:

– Ele se perdeu em Minneapolis.

– Ninguém se perde em Minneapolis – declarou o cozinheiro, taxativo. – Eu nasci lá e sei disso.

A garçonete concordou:

– Eu vim de St. Cloud e, por mais que eu queira, não posso me perder em Minneapolis.

– Acho que eu tenho um talento especial para me perder. Seja como for, quero ir para Sauk Centre.

O cozinheiro retrucou:

– Se conseguir se manter numa estrada, não há condição de se perder. O senhor está na 52. Passe por St. Cloud e continue na 52.

– Sauk Centre fica na 52?

– Não há outro lugar para ficar. O senhor deve ser estranho por aqui, para se perder desse jeito em Minneapolis. Não dá para ninguém se perder, nem de olhos vendados.

Já um tanto mal-humorado, respondi:

– Será que você não se perderia em Albany ou São Francisco?

– Eu nunca estive nesses lugares, mas aposto que não me perderia.

– Eu já estive em Duluth – informou a garçonete. – E vou passar o Natal em Sioux Falls. Tenho uma tia que mora lá.

– Não tem parentes em Sauk Centre? – perguntou-lhe o cozinheiro.

– Claro que tenho, mas não é tão longe quanto eu gostaria de ir. Meu ideal era fazer uma viagem até São Francisco, por exemplo. Meu irmão está na Marinha, servindo em San Diego. Conhece alguém em Sauk Centre?

A pergunta agora era para mim.

– Não. Só quero conhecer a cidade. Sinclair Lewis era de lá.

– Ah, sim... Eles têm uma placa lá, dizendo isso. Acho que muita gente vai até Sauk Centre só por causa dele. A cidade deve lucrar bastante.

– Ele foi o primeiro homem que me falou sobre esta parte do país.

– Ele quem?

– Sinclair Lewis.

– Ah, sim... O senhor o conhece?

– Não. Mas li tudo o que ele escreveu.

Tenho certeza de que ela ia dizer "Quem?", mas não lhe dei tempo:

– Quer dizer que devo virar em St. Cloud e permanecer na 52?

O cozinheiro comentou:

– Acho que esse fulano de quem falou não vive mais lá.

– Eu sei que não. Ele já morreu.

– Não me diga!

142

Havia de fato uma placa na entrada de Sauk Centre: Terra natal de Sinclair Lewis.

Por alguma razão que não entendo, passei por lá depressa e virei para o norte, pela 71, até Wadena. Já estava escurecendo quando cheguei a Detroit Lakes. Diante dos meus olhos pairava um rosto, magro e encarquilhado, como uma maçã que ficara tempo demais dentro do barril. Um rosto solitário que definhava de solidão.

Não o conheci muito bem, nunca o vi nos dias turbulentos em que ele era chamado de Red. No fim de sua vida, ele me procurou várias vezes em Nova York, e almoçamos no Algonquin. Eu o chamava de Mr. Lewis e ainda o faço, mentalmente. Ele já não bebia, não sentia o menor prazer na comida. Mas volta e meia seus olhos brilhavam como aço.

Li *Main Street* quando eu estava no ensino médio. Lembro-me muito bem do ódio violento que o livro provocou na cidadezinha em que ele nascera.

Será que ele algum dia voltou para lá?

Talvez tenha ido apenas de passagem, algumas vezes. O único escritor bom é o escritor morto. Então ele já não pode surpreender nem ferir ninguém. A última vez que o vi, ele parecia mais encarquilhado do que nunca. E me disse:

– Sinto frio. Parece que estou sempre com frio. Vou para a Itália.

Foi, e lá morreu. Não sei se é verdade ou não; mas ouvi dizer que ele morreu sozinho. E agora ele é bom para a cidade. Serve para atrair alguns turistas. Agora ele é um bom escritor.

Se houvesse espaço bastante em Rocinante, eu teria levado os Guias para os Estados da A.P.T.,* órgão executor do *New*

---

*Administração dos Projetos de Trabalho. (*N. do T.*)

Deal no governo Roosevelt, todos os 48 volumes. Tenho a coleção completa, e alguns desses guias são bastante raros. Se bem me lembro, Dakota do Norte imprimiu apenas oitocentos exemplares, e Dakota do Sul não fez mais que quinhentos. A coleção representa a mais completa descrição dos Estados Unidos posta no papel. De lá para cá não se fez nada que sequer se aproximasse dessa obra. Os guias foram preparados pelos melhores escritores da América durante a Depressão. Na época eles estavam, se é que isso era possível, mais deprimidos do que qualquer outro grupo, embora mantivessem o instinto inalienável de comer. Tais livros eram odiados pela oposição ao Sr. Roosevelt. Se os trabalhadores da A.P.T. se apegavam ferrenhamente a suas pás, os escritores se apegavam a suas penas. O resultado foi que, em alguns estados, as matrizes foram quebradas por opositores encarniçados depois de impressos alguns poucos exemplares. O que foi uma pena, porque esses guias eram repositórios, organizados, bem documentados e bem escritos, de informações sobre a América geológica, histórica e econômica. Se eu tivesse levado os guias comigo, por exemplo, teria procurado a referência a Detroit Lakes, Minnesota, onde parei, descobrindo, assim, a razão desse nome, quem o dera e por quê. Parei perto de lá tarde da noite. Charley também parou, e eu não sei mais sobre o lugar do que ele.

No dia seguinte, uma ambição que eu há muito cultivava começou a desabrochar, a tomar forma.

É curioso como um lugar em que a gente nunca esteve pode dominar nossa imaginação, de tal modo que a simples menção do nome faz soar uma campainha dentro da nossa cabeça. Para mim, um lugar desse tipo era Fargo, em Dakota do Norte. Talvez o primeiro impacto esteja no nome Wells-Fargo, mas meu interesse decerto vai muito além disso. Se pegarem um mapa dos Estados Unidos e o dobrarem no meio, de maneira que a extremidade leste se encontre com a extremidade oeste, irão descobrir que Fargo fica exatamente na dobra. Nos mapas em página dupla, a cidade às vezes desaparece na encadernação. Esse talvez não seja um método dos mais científicos para descobrir o meio exato da nação, o lugar em que o Leste e o Oeste se encontram. Mas, para mim, serve perfeitamente. Meu interesse, porém, não fica nisso. Para mim, Fargo se alinha entre aqueles lugares fabulosos da terra, parente das regiões fantasticamente remotas, mencionadas por Heródoto, Marco Polo e Mandeville. Desde que eu me recordo, quando havia um inverno rigoroso, Fargo era o lugar mais frio em todo o continente. Se o assunto era o calor, então os jornais informavam que Fargo era mais quente que qualquer outro lugar. Como também era o mais úmido ou o mais seco, ou o que se podia gabar de uma camada de neve mais espessa. Ou pelo menos essa é a impressão que ficou. Mas sei que meia dúzia ou meia centena de cidades vão se erguer numa fúria injuriada em protestos veementes, reivindicações e dados irretorquíveis, provando que tiveram um tempo muito mais pavoroso que o que assolou Fargo. Já peço desculpas por antecedência. E, para apaziguar os sentimentos ofendidos, devo admitir que, quando passei por Moorhead, Minnesota, e atravessei o rio Vermelho, entrando em Fargo, do outro lado, fazia um dia de sol de outono, comum a toda a região. E descobri que a cidade tinha um tráfego tão atravancado, tantos cartazes luminosos e fervilhava de atividade como qualquer outra cidade de 46 mil almas. Os campos ao redor em nada diferiam dos campos de Minnesota, do outro lado do rio. Passei pela cidade como sempre, vendo pouco além do caminhão à minha frente e do Thunderbird que vinha atrás. Não é nada agradável ver um mito abalado dessa forma. Será que Samarcanda, Cathay ou Cipango sofreriam o mesmo destino, se fossem visitadas? Logo que saí dos subúrbios da cidade, que rompi o anel exterior de vidro e metal, passando por Mapleton, encontrei um lugar muito agradável, à beira do rio Maple, não muito longe de Alice – que nome maravilhoso para uma cidade! Alice tinha 162 habitantes em

1950 e 124 no último censo. Nisso se resumia a sua explosão demográfica. Seja como for, adentrei um pequeno bosque no Maple, creio que de sicômoros, cujos galhos se estendiam sobre o rio. Parei ali para lamber as feridas mitológicas. E descobri, com a maior alegria, que a realidade de Fargo não perturbara de forma alguma a imagem mental que eu fazia do lugar. Eu podia continuar a pensar em Fargo como sempre pensara: semissoterrada pelas nevascas, assolada pelo calor, sufocada pela poeira. Sinto-me feliz em informar que, na guerra entre a realidade e a fantasia, a realidade não conseguiu ser mais forte.

Embora a manhã ainda estivesse na metade, preparei um almoço suntuoso, mas já não me lembro do quê. E Charley, que ainda trazia alguns vestígios do tratamento de beleza a que fora submetido em Chicago, entrou na água e recuperou a aparência suja e desleixada.

Depois do conforto e da companhia que eu desfrutara em Chicago, tinha que aprender outra vez a estar só. Demora um pouco. Ali, à beira do Maple, não muito longe de Alice, o dom da solidão começou a voltar. Charley já me perdoara, daquele jeito superior nascente, mas agora voltara a tratar de seus negócios. O lugar em que estávamos, à beira do rio, era bastante aprazível. Peguei o balde de lixo que me servia de máquina de lavar e fui enxaguar as roupas que estavam agitando lá dentro, com detergente, há dois dias. Depois, como soprava uma brisa quente e agradável, estendi os lençóis para secar em cima de alguns arbustos baixos. Não sei que tipo de arbustos eram, mas as folhas tinham um cheiro maravilhoso, parecido com o de sândalo, e não há nada que eu aprecie mais do que lençóis cheirosos. Fiz também algumas anotações sobre a natureza e as características de estar sozinho. Essas anotações, como acontece a todas as anotações, acabaram perdidas, no curso dos acontecimentos. Mas eu as descobri muito tempo depois, enroladas em um vidro de ketchup e presas com elástico. A primeira delas dizia: "Relação entre tempo e solidão." Lembro-me perfeitamente do que pensei a respeito. A presença de uma companhia nos fixa no tempo, que é o presente. Mas, quando estamos sós, quando aceitamos o fato e o destino de estarmos sós, o passado, o presente e o futuro se fundem, passando a fluir ao mesmo tempo. Uma recordação, um fato atual ou uma previsão estão todos no presente.

A segunda anotação estava praticamente ilegível, manchada de ketchup. Mas a terceira era terrível: "Reversão à base prazer-angústia." Era uma observação de outro tempo.

Há alguns anos, tive experiência de estar só. Durante dois anos consecutivos, passei sozinho o inverno inteiro, todos os oito meses, nas montanhas de Sierra Nevada, junto ao lago Tahoe. Durante os meses de inverno, quando nevava muito, eu tomava conta de uma propriedade de veranistas. E cheguei então a algumas conclusões. À medida que o tempo ia passando, minhas reações iam se tornando obtusas. Costumo ser muito assobiador. Parei de assobiar. Deixei de conversar com os cachorros. Tenho a impressão de que as sutilezas dos sentimentos começaram a desaparecer, até que, finalmente, passei a viver em uma base de prazer-angústia. Ocorreu-me que as nuanças delicadas dos sentimentos, das reações, são o resultado da comunicação, e tendem a desaparecer caso ela não exista. Um homem que nada tem a dizer não tem palavras para se expressar. Será que o inverso também pode ser verdadeiro, e um homem que não tem a quem dizer alguma coisa, também fica sem palavras, já que não precisa delas? Volta e meia surgem histórias de bebês criados por animais, como lobos.

E é comum relatarem que essas crianças andam de quatro, fazem estranhos sons aprendidos com os animais e que talvez até mesmo pensem como eles. Apenas por meio da imitação é que desenvolvemos as nossas faculdades até atingirmos a originalidade. Tomemos o caso de Charley, por exemplo. Ele sempre esteve ligado, tanto na França como na América, a gente culta, delicada e sensível. E Charley hoje é tão parecido com um simples cachorro quanto um gato. Não sei se ele é capaz de ler os pensamentos de outros cachorros, mas é perfeitamente capaz de ler os meus. Antes que eu termine de formular um plano, Charley já sabe de tudo a respeito, inclusive se está incluído ou não. Não há a menor dúvida quanto a isso. Conheço muito bem sua expressão de desespero e desaprovação quando chego à conclusão de que é melhor deixá-lo em casa. Mas, sobre as anotações manchadas de ketchup, é só o que tenho a dizer.

Logo Charley desceu pela margem do rio, acompanhando a correnteza, e descobriu alguns sacos de lixo jogados, que examinou meticulosamente. Enfiou o focinho pela abertura de uma lata vazia de feijões, farejou, e seguiu adiante. Abocanhou, então, o saco de papel e sacudiu-o de leve, para que outros tesouros se espalhassem pelo chão. Entre eles havia um pedaço de papel branco, todo amassado, formando uma bola.

Abri-o e alisei as dobras obstinadas que dificultavam a leitura. Era uma intimação judicial endereçada a Jack Fulano de Tal, informando-o de que, se não pagasse a pensão alimentícia, seria processado e poderia ir parar na cadeia. O tribunal era de uma cidade do Leste, e estávamos em Dakota do Norte. Algum pobre coitado fugia de um destino adverso. Mas ele não deveria ter deixado aquela pista, pois era possível que alguém estivesse à sua procura. Acendi meu isqueiro Zippo e queimei o papel, sabendo muito bem que, com isso, estava me tornando cúmplice do desconhecido. Bom Deus! As pistas que deixamos para trás! Suponhamos que alguém encontrasse o meu vidro de ketchup, tentasse reconstituir quem eu era pelas minhas anotações! Ajudei Charley a revirar o lixo, mas não havia qualquer outro papel escrito, apenas os recipientes de alimentos em conserva. O homem não era cozinheiro. Vivia à base de latas. Talvez tivesse adquirido o hábito com a ex-esposa.

Passava um pouco de meio-dia, mas eu me sentia tão relaxado e bem naquele lugar que detestava a ideia de seguir viagem.

– O que acha de passarmos a noite aqui, Charley?

Ele olhou para mim, inquisitivo, balançando o rabo da mesma forma que um professor costuma sacudir o lápis: uma vez para a esquerda, outra para a direita, de volta ao centro. Sentei-me na beira do rio, tirei as botas e as meias e mergulhei os pés na água, tão fria que parecia queimar, até que ficaram quase congelados e entorpecidos. Minha mãe acreditava que a água fria nos pés forçava o sangue para a cabeça, de forma que se podia pensar melhor.

– Está na hora de fazer uma análise, *mon vieux Chamal* – eu disse em voz alta. – O que é uma maneira de dizer que estou me sentindo confortavelmente preguiçoso. Eu me lancei nesta viagem para tentar aprender alguma coisa sobre a América. Estou ou não aprendendo alguma coisa? Se sim, não sei o que que é. Já estou em condições de voltar com um saco repleto de conclusões, um monte de respostas aos mais diversos enigmas? Duvido muito, mas é possível. Quando eu for para a Europa e me perguntarem o que é a América, que direi? Não sei. Quanto a você, meu amigo, usando seu método de investigação olfativa, o que descobriu até agora?

O rabo fez duas séries completas de abano. Bom, pelo menos ele não deixou a pergunta passar em branco.

– Acha que a América toda tem o mesmo cheiro? Ou será que existem cheiros regionais?

Charley começou a virar para a esquerda várias vezes, depois inverteu a direção e virou oito vezes para à direita, antes de finalmente deitar-se, pondo o focinho entre as patas, a cabeça ao alcance da minha mão. Para Charley, deitar é sempre difícil. Quando ele era novo, foi atropelado por um carro e fraturou o quadril. Usou um aparelho de gesso por bastante tempo. Agora, já bem mais velho, o quadril incomoda-o bastante quando está cansado. Mas, como ele se vira e rodeia uma porção de vezes antes de deitar, algumas vezes nós o chamamos de *poodle* rodopio, o que é uma vergonha. Se a regra da minha mãe for verdadeira, eu estava pensando com bastante lucidez. Mas ela também dizia: "Pés frios... coração quente." O que já é outra coisa.

Para poder pensar em paz, reconstituindo minhas andanças até ali, eu estacionara bem longe da estrada, de todo e qualquer tráfego. Não gosto de renunciar à minha indolência por umas poucas piadas divertidas. Eu partira com a intenção de descobrir o que é a América. E ainda não sabia ao certo se estava aprendendo alguma coisa. Verifiquei de repente que estava falando em voz alta com Charley. Ele até que gosta da ideia, mas a continuação sempre o deixa com sono.

— Só para começar, vamos falar disso que chamam de generalidades. As aparentes e as que não o são. Comecemos pela comida, já que a encontramos por toda parte. É mais do que possível que, nas cidades por que passamos, assoladas pelo tráfego implacável, existam restaurantes bons e variados, com cardápios admiráveis. Mas, nos lugares em que comemos ao longo das estradas, a comida tem sido invariavelmente limpa, insípida e até incolor, de uma mesmice absoluta. É quase como se os fregueses não tivessem o menor interesse pelo que comem, contanto que o alimento não tenha alguma qualidade que possa trazer consequências ruins. Isso se aplica a todas as refeições, menos ao desjejum, que é sempre maravilhoso, desde que a gente se atenha aos ovos com bacon e batatas fritas. Nos restaurantes de beira de estrada, ainda não comi um jantar ou um almoço que fosse realmente bom, e ainda não tomei desjejum que fosse realmente ruim. O bacon e as salsichas são sempre bons, empacotados nas fábricas, os ovos são sempre frescos ou conservados em frigoríficos.

Eu poderia até mesmo dizer que a beira da estrada na América é o paraíso do desjejum, não fosse um detalhe. Por diversas vezes, deparei-me com placas que diziam LINGUIÇA FEITA EM CASA ou TOUCINHO E PRESUNTO DEFUMADOS EM CASA ou OVOS FRESCOS. Parei e comprei alguns suprimentos. Depois,

150

preparando a minha própria comida e o meu próprio desjejum, ao acordar, descobri que a diferença era inconfundível. Os ovos frescos, comprados numa granja, não têm nem de longe o sabor dos ovos pálidos e produzidos em massa, conservados em refrigeradores. Essa linguiça feita em casa é deliciosa e picante, com muitos condimentos, e meu café é escuro, com gosto de felicidade. Então será que posso dizer que a América que eu vi colocou o asseio e a higiene em primeiro lugar, em detrimento do paladar? E será que posso dizer também, que todos os nossos nervos de percepção, inclusive o do paladar, são perfectíveis, mas também passíveis de trauma, que o sentido do paladar tende a desaparecer, e que os sabores fortes, picantes ou exóticos provocam desconfiança e repulsa e, por isso, acabarão sendo eliminados?

"Vamos nos aprofundar um pouco em outras áreas, Charley. Que tal analisar o caso dos livros, revistas e jornais que vimos expostos nos lugares onde paramos? A publicação dominante é a revista de histórias em quadrinhos. Existem alguns jornais locais, que comprei e li. Havia estantes com brochuras, alguns títulos muito bons, da melhor qualidade, mas quase sufocados diante da quantidade imensa de livros de sexo, sadismo e homicídio. Os jornais das grandes cidades exercem sua influência sobre extensas áreas ao redor. O *New York Times* atinge os Grandes Lagos, o *Chicago Tribune* chega até aqui, Dakota do Norte. Aqui, Charley, eu lhe faço uma advertência, caso se sinta atraído pelas generalidades. Se as pessoas atrofiaram as papilas gustativas de tal maneira a ponto de acharem uma comida insípida não apenas aceitável, como também desejável, o que dizer da vida emocional da nação? Será que julgam a cota de emoções tão insípida que precisam temperá-la com sexo e sadismo, através de livros ordinários? Mas, se assim é, por que não existem outros condimentos além de ketchup e mostarda, que deem mais sabor às comidas?

"Temos escutado as emissoras de rádio locais por todo o país. E, tirando algumas notícias sobre competições espor-

151

tivas, o estímulo intelectual das transmissões tem sido tão padronizado e tão insípido que parece até mesmo embalado, como os alimentos."

Cutuquei Charley com o pé, para mantê-lo acordado. Tenho me interessado em descobrir o que o povo pensa a respeito da política. Mas as pessoas com quem conversei não falaram sobre o assunto e, aparentemente, não tinham a menor disposição de fazê-lo. Isso me pareceu em parte cautela, em parte desinteresse. Mas o fato é que não ouvi opiniões firmes e convictas. Um merceeiro admitiu que tinha de fazer negócio com os dois lados e, por isso, não podia dar-se ao luxo de ter uma opinião. Ele era um homem triste, trabalhando em uma loja triste, que ficava em uma encruzilhada na estrada, onde parei para comprar uma caixa de biscoitos para cachorro e uma lata de fumo de cachimbo. Aquele homem e aquela loja podem ser encontrados em qualquer lugar da nação, mas estavam em Minnesota. O homem tinha um brilho remoto nos olhos, como se recordasse os tempos em que o bom humor não era contra a lei. Por isso, resolvi arriscar um comentário:

– A impressão que se tem é que a belicosidade natural das pessoas desapareceu. Mas eu não acredito nisso. Acho que vai apenas se manifestar por outro canal. Qual acha que poderá ser?

– Está se referindo às coisas em que todos poderão desabafar?

– Isso mesmo. Quais acha que serão?

Eu não estava enganado. O brilho estava em seus olhos, um brilho divertido, precioso.

– Ora, meu senhor, de vez em quando temos um crime por aqui, ou podemos ler a respeito de outros que foram cometidos mais longe. E também temos os jogos de beisebol pelo campeonato nacional. Sempre se pode provocar uma discussão acirrada sobre os Pirates ou os Yankees. Mas acho que o melhor que temos ainda são os russos.

– Os sentimentos com relação aos russos são muito fortes por aqui?

– Mas claro! Mal se passa um dia sem que alguém reclame deles.

Por alguma razão, ele estava mais descontraído. Permitiu-se até mesmo uma risadinha, que poderia facilmente transformar em um pigarro, caso a minha reação não fosse favorável.

Eu perguntei:

– Alguém por aqui conhece algum russo?

Ele não se conteve mais e soltou uma gargalhada.

– É claro que não! É por isso que eles são tão valiosos. Ninguém pode ir contra o senhor, se se limitar a criticar os russos.

– Será que é por que não estamos fazendo negócios com eles?

Ele pegou uma faca de queijo em cima do balcão. Com cuidado passou o polegar sobre o gume e a largou de volta no lugar.

– Talvez seja isso. Por Deus, talvez seja isso mesmo. Nós não estamos fazendo negócio com eles!

– Acha então que talvez estejamos usando os russos como bode expiatório para descarregar outras coisas?

– Eu ainda não havia pensado nisso, mas pode ter certeza de que é exatamente o que penso. Ora, eu me lembro do tempo em que as pessoas atribuíam todas as desgraças ao Sr. Roosevelt. Andy Larsen ficava com o rosto vermelho de criticar Roosevelt toda vez que suas galinhas tinham gosma.

Ele fez uma pausa rápida e prosseguiu, com entusiasmo crescente:

– É isso mesmo. Os russos têm que aturar muitas coisas. Um homem briga com a mulher e trata logo de culpar os russos!

– Talvez todo mundo precise dos russos. Aposto que até na própria Rússia precisam dos russos. Só que, lá, talvez os chamem de americanos.

Ele cortou uma fatia de um queijo redondo e estendeu-a para mim, na ponta da faca.

– Deu-me algo em que pensar, senhor, de uma forma um tanto indireta.

– Acho que foi justamente o inverso que aconteceu.

– Como assim?

– Ao me falar sobre negócios e opiniões.

– Talvez tenha razão. Sabe o que vou fazer? Da próxima vez em que Andy Larsen aparecer com o rosto vermelho de raiva, vou procurar saber se os russos estão perturbando as galinhas dele. Andy sofreu uma grande perda quando o Sr. Roosevelt morreu.

Não pretendo dizer que existe muita gente com a sensatez desse homem em relação às coisas que o cercam. Talvez não tenham, mas talvez tenham, e não só nas vidas particulares como também nos negócios.

Charley ergueu a cabeça e soltou um rugido de alerta, sem se dar ao trabalho de levantar. Ouvi um barulho de motor se aproximando. Ao tentar me levantar, descobri que meus pés estavam dormentes, mergulhados na água gelada. Eu não conseguia senti-los. Enquanto esfregava e massageava os pés e eles iam despertando, doloridos, como que espetados por milhões de agulhas, um sedã do ano, puxando um trailer parecido com um casco de tartaruga saiu da estrada e foi parar à beira do rio, a uns 50 metros de onde eu estava. Senti-me aborrecido e irritado com essa invasão da minha intimidade, mas Charley ficou deliciado. Ele foi avançando devagar, a passos solenes, para investigar o recém-chegado. E, à maneira dos cachorros e pessoas, não olhava para o objeto do seu interesse. Se acham que estou ridicularizando Charley, deviam ver como eu e o meu vizinho agimos na meia hora seguinte. Cada um de nós se pôs a cuidar da própria vida com uma lentidão deliberada, tomando cuidado para não olhar para o outro e, ao mesmo tempo, lançando olhares furtivos e avaliadores. Vi um homem de meia-idade, mas que caminhava a passos lépidos e ágeis. Ele estava vestido com uma calça verde-oliva e um blusão de couro. Tinha um chapéu de caubói na cabeça, com a copa achatada e a aba dobrada. Possuía um perfil clássico e, mesmo a distância, dava para ver que sua barba prolongava-se pelas costeletas, encontrando-se com os cabelos. A minha barba está restrita ao queixo. O ar esfriou depressa. Não sei se senti frio na cabeça ou se não quis continuar descoberto na presença de um estranho. Seja como for, pus o velho quepe da Marinha britânica, preparei um bule de café e sentei-me nos degraus da traseira de Rocinante, olhando interessado para tudo, menos para o meu vizinho, que varreu o trailer e jogou fora uma bacia cheia de água com espuma de sabão, continuando a me ignorar deliberadamente. O interesse de Charley foi atraído e mantido por diversos grunhidos e latidos que vinham do interior do outro veículo.

Acho que todo mundo tem uma noção do momento conveniente para a civilidade, pois eu acabara de tomar a decisão de ir falar com o vizinho e estava levantando para ir até ele quando ele veio em minha direção. Ele também sentira que o tempo de espera cortês já se esgotara. Andava de um jeito estranho, que me fazia lembrar de alguma coisa, embora eu não soubesse definir exatamente o quê. Havia uma espécie de majestade naquele homem. No tempo do mito da cavalaria, ele seria o mendigo que, no fim das contas, é filho do rei. Quando se aproximou, eu estava de pé para cumprimentá-lo.

Ele não fez uma mesura profunda, mas tive toda a impressão de que poderia ter feito. Ou isso ou uma continência formal.

– Boa tarde – disse. – Estou vendo que é da *profession*.*

Acho que fiquei de boca aberta. Fazia anos que eu não ouvia a expressão.

– Não, não sou – consegui responder finalmente.

---

*Profissão, gíria teatral americana para indicar a classe dos atores. (*N. do T.*)

Foi a vez dele de ficar perplexo.

– Não? Mas, se não é, meu caro companheiro, como conhece a expressão?

– É que tenho andado pelas adjacências.

– Ora, mas é claro! Pelos bastidores, sem dúvida. Direção, produção?

– Apenas alguns fiascos. Aceita um café?

– Seria delicioso.

Ele nunca se deixava abater. É uma das boas coisas dos que estão na profissão – raramente se abatem. Acomodou-se no divã por trás da mesa com uma graça que eu nunca consegui, em toda a minha viagem. Peguei duas canecas de café e dois copos, servi a bebida, e coloquei uma garrafa de uísque em cima da mesa, ao nosso alcance. Tive a impressão de que seus olhos ficaram embaçados de lágrimas, mas podem muito bem ter sido os meus.

– Fiascos! – disse ele. – Quem não os conheceu é porque jamais representou.

– Quer que eu o sirva?

– Por favor... não, sem água.

Ele limpou a boca com um gole de café e depois provou o uísque lentamente, enquanto seus olhos examinavam a minha habitação.

– Tem um lindo lugar aqui, muito bonito mesmo...

– Diga-me, por favor: o que o levou a pensar que eu era do teatro?

Ele deu uma risada seca.

– Elementar, meu caro Watson. Saiba que já representei isso. Os dois papéis principais. Bom, primeiro vi o seu *poodle*, depois observei sua barba. Em seguida, ao me aproximar, vi que usava um quepe com o emblema da Marinha Real Britânica.

– Foi por isso que passou a acentuar os aa?

– É possível, companheiro, é possível. Com frequência me ponho a falar assim, quase sem perceber que o faço.

Agora, de perto, eu podia ver que ele não era jovem. Seus movimentos eram exuberantes, mas a textura de sua pele e os cantos da boca indicavam, sem erro, a meia-idade, talvez um pouco além disso. E os olhos, grandes e calorosos, as íris castanhas sobre um branco já um pouco amarelado, confirmavam a suposição.

– À sua saúde – falei.

Esvaziamos os copos de plástico e, em seguida, tomamos o café. Enchi os copos outra vez.

Ele perguntou:

– Se não é muito pessoal ou doloroso demais recordar, poderia me dizer o que fez no teatro?

– Escrevi duas peças.

– Encenadas?

– Sim. E ambas foram um fiasco.

– Será que eu conheço seu nome?

– Duvido muito. Ninguém conhece.

Ele suspirou.

– É um ramo difícil. Mas, quando se está fisgado, não há escapatória. Eu fui fisgado por meu avô e meu pai prendeu o anzol com mais firmeza ainda.

– Eram ambos atores?

– Assim como minha mãe e minha avó.

– Céus! Mas isso é *show business* de verdade! Está descansando agora?

– Claro que não. Estou trabalhando.

– Mas, pelo amor de Deus, em que e onde?

– Sempre que consigo uma audiência. Em escolas, igrejas, clubes. Levo a cultura a toda parte, leio e interpreto textos. Creio que dá para ouvir o meu parceiro lá dentro, queixando-se. Ele também é muito bom. É mestiço de *airedale* com coiote. E sempre rouba o espetáculo, quando lhe dá na telha.

Comecei a me sentir encantado com aquele homem.

– Eu não sabia que essas coisas ainda aconteciam.

157

– E não acontecem. Pelo menos, não com facilidade.

– Há quanto tempo está nisso?

– Há três anos menos dois meses.

– Por todo o país?

– Onde quer que consiga reunir duas ou três pessoas. Eu estava há mais de um ano sem trabalhar, apenas percorrendo as agências e os escritórios de seleção de elenco. Vivia do seguro social. E eu não posso nem pensar em fazer outra coisa. É tudo o que sei fazer, tudo o que sempre soube e quis. Há muito tempo, havia uma comunidade de gente de teatro na ilha de Nantucket. Meu pai comprou um bom terreno lá e construiu uma casa de madeira. Eu vendi a casa e comprei o trailer. Desde então, ando de um lado para outro. E até que gosto dessa vida. Acho que jamais voltarei à monotonia de ficar sempre no mesmo lugar. Mas é claro que, se houvesse algum papel importante para mim... Mas, que diabo, quem haveria de se lembrar de me dar um papel, qualquer que fosse?

– As coisas não devem ser fáceis.

– Tem toda a razão. O teatro é uma coisa muito difícil.

– Espero que não pense que estou sendo curioso, embora eu seja. Mas gostaria de saber como o senhor faz. O que acontece? Como as pessoas o tratam?

– Todos me tratam muito bem. E não sei muito bem como eu faço. Não tenha um esquema definido. Às vezes preciso alugar uma sala, pôr anúncios. Outras vezes, falo com o diretor da escola local.

– Mas as pessoas não têm medo de ciganos, vagabundos e atores?

– Acho que sim, a princípio. E no começo acham que sou alguma espécie de excêntrico inofensivo. Mas sou honesto e não cobro muito. E logo o material que eu apresento se torna mais importante do que a minha pessoa. Eu respeito muito os textos que apresento, entende? E isso é que é importante. Não sou um charlatão, sou um ator. Bom ou mau, eu sou ator.

Ele fora, aos poucos, ficando vermelho, com o uísque e a veemência, ou talvez por poder falar com alguém que, pelo menos, parecia ter alguma experiência em teatro. Servi-lhe mais uísque e contemplei a maneira como ele o apreciou com satisfação. Ele bebeu e suspirou, comentando:

– Não é com muita frequência que tomo um uísque desses... Espero não lhe ter dado a impressão de que estou nadando em ouro. Às vezes não é nada fácil.

– Conte mais, por favor.

– Onde é que eu estava?

– Estava dizendo que tem o maior respeito pelo material que usa e que é um ator.

– Ah, sim... Tem mais uma coisa. Como deve saber, o pessoal de teatro, quando tem que representar no que chamam de meio do mato, sente o maior desprezo pelos caipiras. Levei algum tempo, mas, quando aprendi que não existe isso que eles chamam de caipiras, comecei a me dar muito bem. Aprendi a respeitar o público. E parece que ele compreende isso e trabalha comigo, não contra mim. A partir do momento em que os respeitamos, eles são capazes de compreender qualquer coisa que digamos.

– Conte sobre o repertório. O que costuma usar?

Ele contemplou as próprias mãos e vi que eram bem cuidadas e muito brancas, como se ele usasse luvas a maior parte do tempo.

– Espero que não pense que estou roubando o repertório alheio. Mas admiro muito a elocução de Sir John Gielgud. Vi-o declamar o monólogo *The Ages of Man*, de Shakespeare. Depois comprei o disco, para estudá-lo. É incrível o que ele consegue fazer com as palavras, as ênfases, as inflexões!

– E costuma aproveitar isso?

– Costumo. Mas não como plágio. Eu falo ao público sobre Sir John, a impressão que ele me causou. Depois informo que vou tentar repetir o monólogo como ele.

– Muito bom.

159

– Bem, ajuda, já que dá autoridade à performance. E, além do mais, Shakespeare não precisa de muita divulgação para ser aceito. Dessa forma, não estou imitando Sir John, mas sim homenageando-o. O que é, aliás, a minha intenção.

– E como o público costuma reagir?

– Creio que agora já me sinto tão à vontade que posso observar as palavras penetrarem a mente de cada um. Eles logo se esquecem de mim, e seus olhos parecem olhar para dentro. Eu deixo de ser um excêntrico, um esquisito. Então, o que acha de tudo isso?

– Acho que Gielgud ficaria muito satisfeito.

– Eu escrevi uma carta a ele, contando o que estava fazendo e como.

Ele pegou uma carteira volumosa no bolso de trás da calça e tirou um pedaço de papel encerado dobrado com cuidado. Abriu-o e, com dedos cuidadosos, tirou uma folha de bilhetes com o nome impresso no alto. O bilhete dizia:

Caro: agradeço a sua carta bondosa e tão interessante. Eu não seria um ator se não estivesse consciente do elogio sincero implícito em seu trabalho. Boa sorte, e que Deus o abençoe. John Gielgud.

Suspirei e fiquei observando os dedos reverentes dobrarem o bilhete, guardando-o outra vez na proteção encerada.

– Nunca mostro este bilhete a ninguém para conseguir um espetáculo – assegurou-me. – Jamais pensaria em fazer uma coisa dessas.

E tenho certeza absoluta de que ele jamais o faria mesmo.

Ele girou o copo de plástico na mão e contemplou o vestígio de uísque que havia lá dentro, um gesto geralmente destinado a chamar a atenção do anfitrião para o fato de que está na hora de oferecer outra dose. Destampei a garrafa.

– Não – disse ele. – Para mim, já chega. Aprendi, há muito tempo, que a mais importante e valiosa das técnicas de representar é saber sair de cena.

– Mas eu gostaria de fazer mais algumas perguntas.

– O que é mais uma razão para a minha saída.

Ele bebeu a última gota.

– Deixe-os perguntando e saia depressa – explicou. – Muito obrigado e boa tarde.

Observei-o caminhar na direção de seu trailer, cambaleando de leve. Sabia que ficaria atormentado por uma questão que não chegara a abordar. E gritei:

– Espere um instante!

Ele parou e virou-se.

– O que o cachorro faz?

– Alguns truques bobos. Ele retoma a simplicidade do espetáculo. Entra em cena quando o público já está começando a se cansar.

E prosseguiu em seu caminho.

O mundo continuava. Era uma profissão mais antiga que a de escrever, uma profissão que provavelmente sobreviverá muito depois que a palavra escrita tiver desaparecido. As maravilhas estéreis do cinema, da televisão e do rádio não tinham conseguido acabar com aquela profissão. Um homem ao vivo, em contato direto com o público. Mas como ele vivia? Quem eram seus companheiros? O que haveria em sua vida particular? Ele estava certo. Sua saída deixava as perguntas no ar, servindo só para aguçar a curiosidade.

A noite estava carregada de presságios. O céu escuro e sombrio transformou a superfície do pequeno lago em uma espécie de metal ameaçador e, logo em seguida, o vento começou a soprar. Não o vento da costa que eu conheço, de rajadas curtas e violentas, mas um vento ininterrupto, constante, sem nada para estorvá-lo por mais de 1.000 quilômetros, em qualquer direção. Como era um vento estranho e, portanto, misterioso, despertou em mim reações igualmente misteriosas. Em termos de razão, foi estranho apenas porque assim o achei. Mas uma boa parte das experiências que julgamos inexplicáveis deve ser assim. Pelo que sei, muitas pessoas escondem determinadas experiências, com medo de se exporem ao ridículo. Quantas já não terão visto, ouvido ou sentido alguma coisa que se choca com o seu senso do que deve ser, e então logo a afastam, como se varressem o pó para debaixo do tapete?

Quanto a mim, procuro manter-me aberto até mesmo às coisas que não consigo compreender ou explicar, embora tal atitude nem sempre seja fácil. E, naquela noite, em Dakota do Norte, experimentei uma relutância em seguir viagem que beirava o medo. Ao mesmo tempo, Charley queria partir. E provocou tamanho rebuliço por causa disso que tentei argumentar com ele:

– Escute aqui, cachorro. Sinto um impulso muito forte em ficar, como que em obediência a uma ordem celestial. Se eu conseguisse dominar meu impulsos e partíssemos, apenas para que uma grande nevasca caísse sobre nós mais adiante, eu passaria a considerar o fato como um aviso desrespeitado. Se ficarmos e uma grande nevasca cair, então eu terei certeza de que possuo o dom da profecia.

Charley espirrou, caminhando de um lado para outro irrequieto.

– Está certo, *mon cur,* vamos analisar o seu lado. Você está querendo partir. Suponhamos que isso aconteça e, durante a noite, uma árvore caia bem aqui onde estamos. Neste caso, você é que estaria merecendo a atenção dos deuses. E tenha certeza de que tal possibilidade sempre existe. Eu poderia contar muitas outras histórias sobre animais fiéis que salvaram seus donos, mas creio que, no momento, você está se sentindo simplesmente entediado, por isso não vou lisonjeá-lo.

Charley lançou-me o seu olhar mais cético. Acho que ele não é nem romântico nem místico.

– Eu sei o que está pensando. Se partirmos e nenhuma árvore cair, se ficarmos e nenhuma nevasca cair... e daí? Eu vou lhe explicar. Nós trataremos de esquecer todo o episódio, e o campo da profecia não será prejudicado. Voto por ficarmos. Você vota por partirmos. Mas, já que eu estou mais perto do pináculo da criação do que você, além de presidindo o debate, cabe-me o voto decisivo.

Ficamos, e não nevou nem caiu árvore alguma. Esquecemos toda a história, com a maior naturalidade, e continuamos acessíveis a novos sentimentos místicos, quando chegarem. Pela manhã o céu estava claro e limpo. Escorregamos na camada grossa de geada ao nos prepararmos para a partida. A caravana das artes estava apagada, mas o cachorro latiu quando seguimos para a estrada.

Alguém deve ter me falado a respeito do rio Missouri, em Bismarck, Dakota do Norte. Ou então devo ter lido alguma coisa. Seja como for, eu não estava prestando muita atenção. E de repente fiquei aturdido quando cheguei lá. Ali é que devia ser a dobra do mapa. Pois ali é que está a verdadeira fronteira entre o Leste e o Oeste. No lado de Bismarck há uma paisagem típica do Leste, com a relva, a aparência e o cheiro do Leste americano. Do outro lado do Missouri, em Mandan, é o típico

Oeste, a relva mais para o castanho, muitas nascentes, rochas aflorando à superfície. Os dois lados do rio podiam muito bem estar separados por 1.500 quilômetros de distância. Assim como eu não estava preparado para a fronteira do Missouri, também não estava preparado para as Badlands.* Elas bem que merecem este nome. Parecem a obra de uma criança diabólica. O lugar que os anjos caídos poderiam ter criado, para desdenhar do Paraíso. Era seco e inóspito, desolado e perigoso, além de, para mim, repleto de agouros. A impressão que se tem é de que aquele lugar não gosta da presença de humanos. Mas, sendo os humanos o que são, e sendo eu humano, segui pela estrada, sempre em frente, passando por um vale árido, por entre morros isolados, embora com um certo constrangimento, como se estivesse interrompendo uma festa. A superfície da estrada tentava, maldosa, rasgar meus pneus, e fazia as molas de Rocinante, sobrecarregada, gemerem de angústia. Que lugar seria aquele para uma colônia de trogloditas! Ou, melhor ainda: de espíritos sobrenaturais! E devo ressaltar algo estranho. Assim como eu me sentia indesejável naquela terra, também sinto alguma relutância em escrever a respeito dela.

Pouco depois vi um homem encostado numa cerca de arame farpado. O arame farpado não estava preso a estacas, mas a galhos de árvores tortos, fincados na terra. O homem usava um chapéu preto e calça e casaco de zuarte azul, desbotados por muitas lavagens e quase brancos nos joelhos e cotovelos. Os olhos claros pareciam congelados pelo brilho do sol, os lábios eram escamosos como pele de cobra. Ao lado dele, encostado na cerca, estava um rifle calibre .22. No chão havia uma pequena pilha de peles e penas, coelhos e pequenas aves. Parei para falar com ele, vi seus olhos percorrerem Rocinante, absorvendo todos os detalhes e em seguida voltarem à posição

---

*Terras Más. (*N. do T.*)

inicial. Foi quando percebi que nada tinha a dizer. As frases usuais, "Parece que vamos ter o inverno mais cedo" ou "Tem algum bom lugar para se pescar por aqui?", não pareciam adequadas às circunstâncias. Assim ficamos, apenas olhando um para o outro por um momento, ambos pensativos.

– Boa tarde – falei, por fim.

– Boa tarde.

– Há algum lugar perto daqui onde eu possa comprar ovos?

– Perto mesmo não tem, a menos que queira ir até Galva ou subir até Beach.

– Eu estava querendo comprar ovos de galinha do mato.

– Minha patroa usa ovo em pó.

– Vive aqui há muito tempo?

– Vivo.

Fiquei esperando que ele perguntasse ou dissesse alguma coisa, mas ele não o fez. E, como o silêncio continuava, ficou cada vez mais impossível pensar em alguma coisa para dizer. Fiz mais uma tentativa:

– Os invernos por aqui são muito frios?

– Bastante.

– Puxa, como você fala!

Ele sorriu.

– É o que minha patroa diz.

– Até a próxima.

Engrenei o carro e parti. Pelo espelhinho retrovisor, verifiquei que ele não ficou olhando para mim. Talvez ele não fosse um típico habitante das Badlands, mas foi um dos poucos que encontrei.

Um pouco além, parei diante de uma casinha que mais parecia um segmento de alojamento excedente de guerra. Mas estava pintada de amarelo e tinha na frente os vestígios de um jardim, com gerânios e alguns canteiros de crisântemos queimados pela geada. Subi pelo caminho, com a certeza de que alguém me observava por trás da cortina branca da janela.

165

Uma velha atendeu à minha batida na porta e deu-me o copo de água que eu pedi, pondo-se então a falar pelos cotovelos. Ela estava ansiosa para conversar, até mesmo frenética, sobre seus parentes, amigos, sobre como não se acostumara àquele lugar. Pois ela não era nativa dali, não pertencia àquele lugar. Viera de uma terra de leite e de mel, de vegetação exuberante, com a sua cota de pavões. A voz dela tremia, como se estivesse aterrorizada em antecipação pelo silêncio que voltaria assim que eu partisse. E, enquanto a mulher falava, percebi que ela sentia medo daquele lugar, e que o mesmo acontecia comigo. Senti que não gostaria de que a noite me surpreendesse por ali.

Lancei-me numa espécie de fuga, desesperado para escapar daquela paisagem fantasmagórica. E foi então que o fim de tarde mudou tudo. Quando o sol se inclinou no horizonte, e os morros isolados, as ravinas, os penhascos e as colinas esculpidas começaram a perder a aparência opressiva, pavorosa e causticante, refulgindo em amarelo e castanho, além de uma centena de variações de vermelho e prateado, com algumas estrias negras como carvão. Era tão bonito que parei perto de um grupo de cedros raquíticos e entortados pelo vento. E no mesmo instante em que parei, fui capturado pelas cores. Fiquei deslumbrado com a claridade da luz. Contra o sol poente, o relevo era escuro, bem recortado e definido. A leste, para onde a luz se despejava, inclinada, sem qualquer obstáculo, a estranha paisagem explodia em cores. E a noite, longe de ser assustadora, era a coisa mais maravilhosa que se podia imaginar, pois as estrelas pareciam bem perto. Embora não houvesse lua, a simples luz das estrelas lançava um brilho prateado no céu. O ar frio e seco cortava minhas narinas. Apenas por prazer, reuni uma pilha de galhos secos de cedro e acendi uma pequena fogueira. Eu queria sentir o perfume da madeira queimando, ouvir os estalidos alegres dos galhos. A fogueira projetou uma luz amarela sobre mim. Ali perto, ouvi o guincho de uma coruja caçando, mais além soaram os gritos dos coiotes. Não uivos, mas ladridos curtos e bruscos de lamento à lua nova. Foi um dos poucos lugares que conheci em que a noite era mais aprazível e amistosa do que o dia. E é por isso que posso compreender perfeitamente por que as pessoas se sentem atraídas de volta às Badlands.

Antes de dormir, abri um mapa em cima da cama. Beach não ficava muito longe e lá eu chegaria ao fim de Dakota do Norte. Em seguida vinha Montana, onde eu nunca estivera. Aquela noite foi tão fria que vesti uma ceroula por baixo do pijama. E depois que Charley cumpriu todas as suas obrigações, comeu seus biscoitos e bebeu o galão de água habitual, indo finalmente enroscar-se em seu lugar debaixo da cama, peguei um cobertor extra e cobri-o, deixando de fora apenas a ponta do focinho. Ele suspirou e contorceu-se todo, deixando escapar um grunhido de conforto extasiado. E eu pensei em como todas as generalidades indubitáveis que eu fazia durante minha viagem eram logo canceladas por novas impressões. De noite, as Badlands haviam se transformado em Goodlands. Não sei explicar. Mas foi exatamente o que aconteceu.

A parte que se segue da minha viagem é um caso de amor. Estou apaixonado por Montana. Por outros estados tenho admiração, respeito, reconhecimento, até mesmo afeição. Mas, com Montana, é amor. E é difícil analisar o amor, quando se está apaixonado. Quando eu era criança, fiquei extasiado e deslumbrado com a Rainha do Mundo. Meu pai perguntou por que, e pensei que ele fosse louco por não ver. É claro que agora sei que ela era uma moça de cabelos emaranhados, nariz sardento, joelhos ralados, voz esganiçada como os guinchos de um morcego, e a delicadeza de um monstro-de-gila, Mas, naquela ocasião, ela iluminou a paisagem ao seu redor e a mim. A impressão que eu tenho é de que Montana transborda de esplendor. Talvez pareça exagero, mas não é. A terra é fecunda em vegetação e cores, as montanhas são suaves. Se algum dia coubesse a mim criar montanhas, seria assim que eu as faria. Montana me parece ser o que um garotinho pensaria do Texas ao ouvir tudo o que os texanos dizem de seu estado natal. Ali, pela primeira vez, ouvi um sotaque regional definido, não afetado pela fala da televisão, uma maneira de falar lenta e arrastada, impregnada de calor humano. E tive também a impressão de que a agitação frenética da América não estava em Montana. Seus habitantes não parecem ter medo de sombras, no sentido proposto pela Sociedade de John Birch. A serenidade das montanhas e das planícies onduladas deve ter passado parar os habitantes. Era a temporada de caça, quando passei por lá. Os homens com quem conversei não pareciam motivados por um frenesi de carnificina sazonal, mas dispostos apenas a caçar a carne que pudessem comer. Devo ressaltar que minha atitude talvez esteja sendo influenciada pelo amor, mas pareceu-me que as cidades eram lugares ideais para viver, em vez de colmeias nervosas e agitadas. As pessoas tinham tempo para fazer uma pausa em suas ocupações, dedicando-se à arte, já em extinção, da boa vizinhança.

Descobri que não passei correndo pelas cidades, para acabar logo com aquela etapa da minha viagem. Cheguei mesmo a descobrir coisas para comprar, só para me demorar mais um pouco nos lugares. Em Billings, comprei um chapéu, em Livingston, um casaco, em Butte, um rifle de que eu não precisava, um Remington automático calibre .222 de segunda mão, mas em excelente estado. Depois encontrei um visor telescópico que eu precisava ter e fiquei esperando que fosse montado no rifle. Enquanto isso, conheci todos que estavam na loja e os novos fregueses que entraram. Depois que o visor foi montado, apontamos para uma chaminé a três quarteirões dali, ajustando-o para essa distância. Mais tarde, quando comecei a atirar com ele, não vi razão alguma para alterar o ajuste. Passei uma boa parte da manhã assim, especialmente porque eu queria ter um motivo para ficar por ali. Vejo agora que o amor, como sempre, não consegue ser expresso com muita clareza. Montana exerce um fascínio sobre mim. Tem esplendor e calor humano. Se Montana fosse banhado pelo mar, ou se eu pudesse viver longe do mar, me mudaria para lá na mesma hora, solicitando humildemente a minha admissão. De todos os estados, é o meu predileto, a minha paixão.

Em Custer, fizemos uma pequena jornada para o sul, a fim de prestar as nossas homenagens ao General Custer e a Touro Sentado, no campo de batalha de Little Big Horn. Não creio que haja um só americano que não tenha uma reprodução do quadro de Remington mostrando a defesa final da coluna do centro do Sétimo Regimento da Cavalaria. Tirei o chapéu em memória dos bravos homens que ali morreram. Charley, à sua maneira, também saudou os heróis. E com o devido respeito, na minha opinião.

Toda a parte leste de Montana e a parte oeste das duas Dakotas estão juncadas de recordações como terra dos índios, recordações que, aliás, não são muito antigas. Há alguns anos tive como vizinho Charles Erskine Scott Wood, que escreveu *Heavenly Discourse*. Ele já era um homem muito velho quando o conheci. Quando jovem, tenente recém-saído de uma academia militar, fora destacado para servir sob o comando do General Miles e participara da campanha contra o Chefe Joseph. E as recordações que tinha desse tempo eram muito nítidas e muito tristes. Ele me disse que foi uma das mais corajosas retiradas de toda a história. O chefe Joseph e os Nez Percés, com mulheres, crianças, cachorros e todas as suas posses, bateram em retirada sob o fogo cerrado. Correram por mais de 1.500 quilômetros, tentando escapar para o Canadá. Wood contou que lutaram pelo caminho todo em grande inferioridade, até que finalmente foram cercados pela cavalaria do General Miles, depois que a maior parte foi dizimada. Wood disse ainda que foi o mais triste dever que ele teve de cumprir, e que nunca perdeu o respeito pelas qualidades combativas dos Nez Percés.

– Se eles não tivessem levado suas famílias, nós nunca os teríamos apanhado – garantiu. – E, se houvesse um número igual de homens e armas, jamais conseguiríamos derrotá-los. Eles eram homens, homens de verdade.

Devo confessar uma certa negligência da minha parte com relação aos parques nacionais. Talvez seja porque eles contenham o singular, o espetacular, o surpreendente. A maior cachoeira, o cânion mais profundo, o penhasco mais alto, as mais belas obras do homem ou da natureza. Prefiro ver uma boa fotografia de Brady a ir visitar pessoalmente o monte Rushmore. Pois sou da opinião que preservamos e celebramos apenas as anormalidades de nossa nação e de nossa civilização. O Parque Nacional de Yellowstone não é mais típico da América do que a Disneylândia.

Sendo essa a minha atitude natural, não sei o que me levou a fazer uma curva brusca para o sul e atravessar uma fronteira estadual para dar uma olhada em Yellowstone. Talvez tenha sido o medo dos meus vizinhos. Posso ouvi-los dizendo:

– Está querendo dizer que esteve perto de Yellowstone e não foi até lá? Você deve estar doido!

Talvez seja essa a tendência americana em matéria de viagem. As pessoas vão aos lugares não para admirá-los, mas para contar depois. Qualquer que tenha sido o meu propósito ao ir a Yellowstone, estou contente por tê-lo feito, porque assim descobri uma coisa a respeito de Charley que, de outra maneira, talvez nunca viesse a saber.

Um simpático funcionário do Parque Nacional recebeu-me na entrada e perguntou:

– E o cachorro? Eles não são permitidos aqui dentro, a não ser quando acorrentados.

– Por quê?

– Por causa dos ursos.

– Meu caro senhor, este cachorro não tem igual. Ele não vive pelos dentes. Chega ao ponto de respeitar o direito dos gatos de serem gatos, muito embora não os admire. Ele prefere sair do caminho para não incomodar uma lagarta. Seu grande receio é que alguém lhe aponte um coelho e sugira que ele o persiga. Este cachorro é um apóstolo da paz e da tranquilidade. Tenho a impressão de que o pior para os seus ursos será o ressentimento por serem completamente ignorados por Charley.

O rapaz riu.

– Eu não estava muito preocupado com os ursos. Mas é que nossos ursos criaram tamanha intolerância por cachorros que um deles pode querer demonstrar seus preconceitos com uma patada no focinho de seu cão e então .. adeus, cachorro!

– Eu o deixarei trancado na traseira do caminhão Prometo-lhe que Charley não provocará a menor perturbação no mundo dos ursos, assim como eu, um velho observador de ursos, também não o farei.

– Era meu dever avisá-lo – explicou. – Não tenho a menor dúvida de que o seu cachorro tem as melhores intenções. Mas, por outro lado, os nossos ursos têm as piores. Não deixe nenhuma comida à vista. Eles não apenas têm o costume de roubá-la, como também se mostram bastante críticos para com as pessoas que procuram repreendê-los. Em outras palavras: não acredite nos rostos suaves dos ursos, senão o senhor pode acabar se machucando. E não deixe seu cachorro passear pelo parque. Os ursos não conversam primeiro.

E seguimos em frente, por aquela terra de maravilhas onde a natureza perdeu o juízo. Peço que acreditem na veracidade do que vou lhes contar. Sei, contudo, que a única maneira que eu teria de provar seria capturar um urso e trazê-lo comigo para confirmar tudo.

Menos de 1 quilômetro após a entrada, vi um urso à beira da estrada. Ele avançou pesadamente, como se pretendesse me atacar. No mesmo instante, houve uma mudança em Charley. Ele ganiu de raiva. Os beiços se arreganharam, deixando à mostra os dentes tortos que nem sequer conseguem mastigar um biscoito direito. Ele começou a latir insultos para o urso, que, ouvindo-o, ergueu-se sobre as patas traseiras, dando-me a impressão de que estava mais alto do que Rocinante. Em desespero, fechei as janelas e dei uma guinada rápida para a esquerda, passando de raspão pelo urso. Disparei em frente, enquanto Charley esbravejava e se esgoelava ao meu lado, descrevendo em detalhes o que faria com o urso, se o agarrasse. Nunca fiquei tão surpreso em toda a minha vida. Ao que eu soubesse, Charley nunca vira um urso. E, em toda a sua história, sempre demonstrava grande tolerância para com todo e qualquer ser vivo. Além de tudo, Charley é um covarde, um covarde tão irrecuperável que chegou ao extremo de inventar toda uma técnica para ocultar sua covardia. No entanto, naquele momento, ele mostrava todos os sinais de que de fato desejava sair de Rocinante, ir lá para fora e matar um urso, que pesava mil vezes mais do que ele. Não dava para entender.

Um pouco mais adiante apareceram dois ursos, e o efeito foi duplo. Charley transformou-se num maníaco homicida. Pulava em cima de mim, gania, latia, gritava, rosnava. Eu não tinha ideia de que ele sabia rosnar. Onde teria aprendido? Há um bom suprimento de ursos em Yellowstone, e a estrada tornou-se um pesadelo. Pela primeira vez na vida, Charley resistiu à razão, resistiu até mesmo a um tapa na orelha. Naquele momento, ele era um assassino primitivo, sedento do sangue de seu inimigo. Ele que até então jamais tivera um inimigo sequer. Em um trecho da estrada onde não se viam ursos, abri a cabine, peguei Charley pela coleira e fui trancá-lo na casa na traseira. Mas de nada adiantou. Ao passarmos por outros ursos, ele pulou em cima da mesa e arranhou as janelas desesperado, tentando sair para atacá-los. Eu podia ouvir a barulheira das latas de alimentos caindo no chão enquanto ele se entregava à sua fúria. Os ursos simplesmente traziam à tona o Mr. Hyde que existia em meu cachorro Dr. Jekyll. O que teria causado aquela reação de Charley? Seria uma memória de raça, do tempo em que o lobo estava dentro dele? Conheço Charley a fundo. De vez em quando ele tenta um blefe, mas a mentira é sempre perceptível. Entretanto, juro que a reação dele em Yellowstone não foi nenhuma mentira. Tenho certeza de que, se o soltasse, ele atacaria cada urso por que passássemos, até a vitória ou a morte.

Era um espetáculo chocante, e angustiante, ver um amigo velho e sereno perder o juízo. Não havia a menor condição de as maravilhas naturais, os penhascos abruptos, as águas cascateantes, as fontes fumegantes, atraírem a minha atenção enquanto houvesse aquele pandemônio lá atrás. Desisti após o quinto encontro, fiz a volta com Rocinante e retornei por onde viera. Se eu tivesse passado a noite ali, e os ursos tivessem se aproximado, atraídos por minha comida, não me atrevo a pensar no que poderia acontecer.

No portão, quando eu saí, o mesmo guarda disse:

– Não ficou muito tempo. Onde está o cachorro?

– Trancado lá atrás. E devo-lhe desculpas. Aquele cachorro tem a alma e o coração de um matador de ursos. E eu não sabia disso. Até hoje, um bife mal passado sempre o deixou muito sensível.

– Eu já imaginava. Isso acontece de vez em quando. Foi por isso que o avisei. Um cão caçador de ursos saberia de suas chances, mas já vi um Lulu da Pomerânia atacar um urso com ferocidade. E um urso adulto pode lançar um cachorro longe, como se fosse uma bola de tênis.

Afastei-me dali o mais rápido possível. E, mesmo alguns quilômetros, depois, relutei em acampar para passar a noite, temendo que pudesse haver algum urso fora da jurisdição do governo por perto. Passei aquela noite em um lindo acampamento para trailers, perto de Livingston. Jantei em um restaurante e, em seguida, me acomodei em uma poltrona confortável, com um drinque na mão, os pés descalços e banhados em cima de um tapete com rosas vermelhas. Foi então que examinei Charley. Ele parecia aturdido. Tinha os olhos distantes e parecia exausto, sem dúvida emocionalmente. Lembrava um homem que tivesse recém-saído de uma bebedeira completa e prolongada, esgotado, vazio, à beira do colapso. Ele não comeu seu jantar e recusou o passeio noturno. Assim que entramos, desabou no chão e dormiu. De madrugada, ouvi-o ganir. Quando acendi a luz, vi que suas patas se agitavam como se ele corresse, o corpo tremia todo, os olhos estavam arregalados. Era um urso que vagava por seus sonhos. Acordei-o e ofereci um pouco de água. Desta vez, ele caiu em um sono profundo e não se mexeu pelo resto da madrugada. De manhã, ainda parecia cansado. Por que será que julgamos que os pensamentos e emoções dos animais são muito simples?

Lembro-me de que, quando criança, li ou ouvi as palavras THE GREAT DIVIDE* e fiquei admirado com o som glorioso, um som apropriado para a espinha dorsal de granito de um continente. Mentalmente, vislumbrei montanhas escarpadas que se erguiam até as nuvens, uma espécie de Grande Muralha da China natural. As Montanhas Rochosas são grandes, extensas, e importantes demais para precisarem ser imponentes. Em Montana, para onde eu voltara, a elevação é gradual. E, não fosse por uma placa, eu nunca teria sabido quando as cruzei. Ainda avancei alguns metros depois de ver a placa, mas parei logo adiante e voltei. Saltei do carro e fiquei parado bem na crista. E ali, olhando para o sul, o impacto foi tremendo, pois pensei que se caísse chuva no meu pé direito, iria desaguar no oceano Pacífico, enquanto que os pingos que batessem em meu pé esquerdo seguiriam lentamente, por muitos e muitos quilômetros, até o Atlântico. O lugar, no entanto, não era imponente o bastante para corresponder a um fato espetacular como este.

É impossível parar no alto desse espinhaço sem pensar nos primeiros homens que o cruzaram, os exploradores franceses, os homens de Lewis e Clark. Hoje nós o sobrevoamos em cinco horas, atravessamos, de um lado a outro, de automóvel, em uma semana. Se formos lentos, percorremos tudo em um mês ou seis semanas. Mas Lewis e Clark e seus homens partiram de St. Louis em 1804 e voltaram em 1806. E se, por acaso, pensamos que somos homens resolutos, devemos recordar que, nos dois anos e meio em que eles avançaram por uma região

---

*A Grande Divisória. (*N. do T.*)

selvagem e desconhecida até o oceano Pacífico, voltando em seguida, apenas um homem morreu e um desertou. E nós nos irritamos se o leite é entregue com atraso e quase morremos do coração se o elevador enguiça. O que teriam pensado aqueles homens, ao verem aquele mundo realmente novo que se desdobrava diante deles? Ou será que o avanço era tão lento que todo o impacto se diluiu? Não posso acreditar que eles tenham sido indiferentes. E o relatório que enviaram ao governo é, de fato, um documento empolgado e empolgante. Eles não estavam confusos. Sabiam bem o que haviam encontrado.

Atravessei o polegar levantado de Idaho e as montanhas de verdade, que se erguiam, de repente, com as encostas guarnecidas de pinheiros e os picos cobertos de neve. Meu rádio parou de funcionar e pensei que tivesse enguiçado, mas é que os picos elevados cortavam as ondas sonoras. A neve começou a cair, mas minha sorte continuou, porque era apenas uma nevasca ligeira e alegre. O ar estava mais ameno do outro lado das Montanhas Rochosas. Se bem me lembro, li em algum lugar que correntes de ar quente, vindas do Japão, avançavam terra adentro. A vegetação baixa era espessa e muito verde e havia água correndo por toda parte. As estradas estavam desertas, a não ser por um ou outro grupo de caçadores, de chapéus vermelhos e blusões amarelos, às vezes com um veado ou um alce amarrados na capota do carro. Viam-se cabanas incrustadas nas encostas íngremes, mas não muitas.

Eu tinha que parar muitas vezes, por causa de Charley. Ele estava encontrando dificuldades crescentes em esvaziar a bexiga, o que é um eufemismo para descrever os tristes sintomas de não conseguir urinar direito. Isso, às vezes, lhe causava dores terríveis e, invariavelmente, provocava um grande constrangimento. Imaginem um cachorro como ele, de grande *élan*, de atitudes impecáveis, de *ton*, enfim, um cachorro quase aristocrata, tendo que enfrentar tais problemas. Ele não apenas sofria o mal-estar, como também ficava com os sentimentos ultrajados. Eu parava ao lado da estrada e deixava-o dar uma volta, virando-lhe as costas por delicadeza. Ele demorava bastante tempo para urinar. Se isso acontecesse a um homem, eu pensaria que se tratava de prostatite. Charley era um cavalheiro idoso, natural da França. E as duas únicas moléstias que os franceses admitem são a prostatite e a cirrose.

E assim, enquanto esperava por ele, fingindo examinar plantas e cursos d'água, eu procurava reconstituir a viagem como um todo, uma peça única, não como uma série de incidentes. O que eu estava fazendo de errado? Tudo estava acontecendo como eu desejava? Antes de partir, fui orientado, instruído, esclarecido, sofri uma verdadeira lavagem cerebral, por muitos dos meus amigos. Entre eles, um famoso e altamente respeitado repórter político. Ele percorrera o país com candidatos presidenciais. Quando o vi, ele não se sentia feliz, porque amava seu país e pressentia nele uma doença qualquer. Devo acrescentar que ele é um homem realmente honesto.

Ele me disse, amargurado:

– Se em algum ponto de sua viagem se deparar com um homem de coragem, anote o lugar. Faço questão de ir até lá conhecê-lo. Há muito que não vejo em nossa terra outra coisa que não covardia e oportunismo. Esta já foi uma nação de gigantes. Para onde eles foram? Não se pode defender uma nação com uma junta de diretores. É preciso contar com homens. Mas, onde será que eles estão?

– Devem estar em algum lugar – respondi.

– Pois tente desencavar uns poucos. Precisamos desesperadamente deles. Juro por Deus que as únicas pessoas deste país que parecem ter alguma coragem são os negros. Não que eu ache que os negros não possam nem devam ser heróis, mas não quero que monopolizem o mercado. Encontre dez americanos brancos e sãos que não sintam medo de ter uma convicção, uma ideia ou uma opinião sobre algo impopular. E poderei formar o núcleo de um exército permanente.

178

Fiquei bastante impressionado com a evidente preocupação e, por isso, tratei de escutar e procurar por toda parte onde passei. E é verdade que não ouvi muita gente expressar suas opiniões. Assisti apenas a duas brigas de verdade, de punhos cerrados, mas um entusiasmo carente de objetividade, e ambas por causa de mulher.

Charley aproximou-se, pedindo desculpas por precisar de mais algum tempo. Desejei poder ajudá-lo, mas ele preferia ficar sozinho. Lembrei-me de outra coisa que meu amigo dissera:

– Antigamente, havia neste país uma coisa ou produto de que dispúnhamos em grande quantidade. Era chamado de povo. Descubra para onde foi o povo. Não estou me referindo às pessoas de olhos vidrados e cabelos pintados, ou às do carro novo custe o que custar. Nem às do sucesso à custa das coronárias. Talvez essas pessoas nunca tenham existido. Mas, se existiram algum dia, era precisamente a elas que a Declaração de Independência e o Sr. Lincoln se referiram. Falando nisso, acho que conheci algumas. Não muitas. Não seria muito engraçado se a constituição, ao falar em povo, se estivesse referindo tão somente a um jovem cuja vida se resume aos assovios e piscadelas para as moças que passam?

Eu me lembro de responder:

– Talvez o povo seja sempre aquelas pessoas que viveram na geração anterior.

Charley não estava nada bem, e tive que ajudá-lo a subir para a cabine de Rocinante. Continuamos a subir pela montanha. Uma neve fina, mais como uma poeira branca, começou a soprar na estrada. Tive a impressão de que a noite estava chegando mais cedo. Pouco antes de atravessar o passo no alto da montanha, parei para encher o tanque de gasolina em um conjunto de posto de serviço, restaurante e pequenas cabanas, simples caixas quadradas com um alpendre, uma porta e uma janela, sem qualquer vestígio de jardim ou caminho de cascalho até elas. Por trás das bombas de gasolina havia uma construção que era ao mesmo tempo loja, oficina e restaurante, sem nada de especial, tão pouco atraente quanto as muitas outras que eu encontrara pelo caminho. Os cartazes em azul do restaurante eram antigos e autografados pelas moscas de muitos verões passados. TORTAS COMO MAMÃE FARIA, SE ELA SOUBESSE COZINHAR. NÃO SE ACEITAM CHEQUES, A MENOS QUE SEJAM ACOMPANHADOS PELAS IMPRESSÕES DIGITAIS. Eram os mesmos cartazes de sempre. Ali, a comida não estaria envolta em celofane.

Ninguém apareceu nas bombas de gasolina, por isso entrei no restaurante. Ouvi uma discussão no cômodo dos fundos, que provavelmente era a cozinha. Uma voz rouca e outra mais fina, também de homem, faziam-se ouvir. Ambas gritavam.

– Tem alguém aqui? – berrei.

A discussão cessou. Um homem corpulento apareceu na porta, a cara ainda amarrada da rixa.

– Deseja alguma coisa?

– Encher o tanque. E, se tiver uma cabana vaga, posso passar a noite?

– Escolha a que quiser. Não há ninguém por aqui.

– Posso tomar um banho?

– Eu levarei um balde de água quente. A diária de inverno é de dois dólares.

– Certo. Posso arrumar alguma coisa para comer?

– Presunto e feijão, além de sorvete.

– Ótimo. Eu estou com um cachorro.

– Este é um país livre. Todas as cabanas estão abertas. Escolha a que quiser. Se precisar de alguma coisa, basta gritar.

Não haviam poupado esforços para tornar as cabanas desconfortáveis e horríveis. O colchão da cama era cheio de caroços, as paredes de um amarelo sujo, e as cortinas pareciam a combinação de uma mulher desorganizada. O armário cheirava a ratos e umidade, mofo e poeira muito antigos. Mas os lençóis estavam limpos, e só de arejar um pouco o ambiente dissiparam-se as recordações dos antigos ocupantes. Uma lâmpada nua pendia do teto, e o quarto era aquecido por uma estufa a querosene.

Bateram à porta e deixei entrar um rapaz em torno dos 20 anos, com uma calça cinza de flanela, sapatos de duas cores, um lenço de pontinhos brancos no pescoço e um blazer com o emblema de uma escola de Spokane. Os cabelos pretos e lustrosos constituíam uma verdadeira obra-prima de penteado, a parte de cima dirigida para trás, cruzando com os fios que vinham das orelhas. Foi um choque para mim, depois do ogro que me recebera no balcão do restaurante.

– Aqui está sua água quente.

Reconheci a outra voz da discussão. A porta estava aberta, e vi os olhos dele vagarem até Rocinante e se deterem na placa de Nova York.

– É mesmo de Nova York?

– Sou.

– Eu gostaria de ir para lá, algum dia.

– E todo mundo de lá gostaria de vir para cá.

– Para quê? Não há nada aqui. É um lugar onde a gente só consegue apodrecer.

– Se a pessoa está apenas querendo apodrecer, pode fazê-lo em qualquer lugar.

– Estou querendo dizer é que aqui não há a menor oportunidade para uma pessoa progredir.

– Progredir para o quê?

– Sabe, é que aqui não há teatro, não há musica, não há ninguém... com quem conversar. Ora, é até difícil conseguir os últimos números das revistas, a não ser que se faça uma assinatura.

– Então você lê *The New Yorker*?

– Como foi que adivinhou? Tenho uma assinatura.

– E a revista *Time*?

– Também.

– Então não precisa ir a lugar nenhum.

– Como assim?

– Você tem o mundo inteiro nas pontas dos dedos, o mundo da moda, o mundo da arte, o mundo do pensamento. Sem precisar sair de casa. Se for até lá, isso só servirá para deixá-lo confuso.

– Eu gostaria de ver por mim mesmo.

Juro que ele disse exatamente isso.

– Aquele é seu pai?

– É, sim. Mas eu mais pareço um órfão. Ele só gosta de pescar, caçar e beber.

– E do que você gosta?

– Eu quero progredir na vida. Estou com 20 anos. Tenho que pensar no meu futuro. Lá está ele berrando para mim. Não consegue dizer nada sem gritar. Vai comer conosco?

– Claro.

Tomei um banho demorado com a água quente do balde enferrujado. Por um momento pensei em tirar do fundo do baú algumas roupas que eu usava em Nova York e vesti-las em homenagem ao rapaz. Mas deixei de lado a ideia e acabei vestindo uma calça de algodão e uma camisa de tricô.

O rosto do proprietário corpulento estava vermelho como morango maduro quando eu entrei no pequeno restaurante. Ele esticou o queixo na minha direção.

– Como se eu já não tivesse bastantes problemas, o senhor ainda tinha que ser de Nova York.

– E isso é tão ruim assim?

– Para mim, é. Eu acabei de acalmar o garoto, e o senhor aparece para pôr caraminholas na cabeça dele.

– Mas eu não falei bem de Nova York.

– Isso não faz a menor diferença. Bastou saber que o senhor veio de lá para ele ficar de cara fechada outra vez. Mas o que vou fazer? Ele não serve mesmo pra nada por aqui. Vamos indo. O senhor pode muito bem comer com a gente, lá atrás.

182

Lá atrás era a cozinha, despensa, copa, sala de jantar e o catre a um canto, coberto com mantas do Exército, indicava que o cômodo servia também de quarto. No outro canto havia um fogão de lenha antigo, roncando baixinho. Íamos comer em uma mesa quadrada, coberta por um oleado branco, cheio de cicatrizes. O rapaz bem penteado pegou em cima do fogão uma terrina de feijão fumegante, com diversos pedaços de toucinho.

– Será que poderia me arrumar um abajur para ler?

– Não vai ser possível. Sempre desligo o gerador quando vamos deitar. Mas posso arrumar um lampião. Vamos, sirva-se. Tem presunto em lata cozinhando no forno.

O rapaz, mal-humorado, serviu o feijão. O homem de rosto vermelho pôs-se a falar:

– Pensei que ele ia acabar o ginásio e pronto. Mas ele não, não Robbie! Resolveu fazer um curso noturno... Vá entender uma coisa dessas! E olhe que não foi no ginásio! E pagou do próprio bolso. Não sei como arrumou o dinheiro.

– Parece uma iniciativa muito ambiciosa.

– Ambiciosa? Não faz ideia de qual foi o curso! De cabeleireiro! Isso mesmo! De cabeleireiro, não de barbeiro, de cabeleireiro, para mulheres! Agora talvez entenda por que eu ando tão nervoso!

Robbie estava cortando o presunto. Ele virou-se ligeiramente para o pai. A mão que empunhava a faca estava contraída. Ele me fitou, em busca da expressão de desdém que esperava encontrar em meu rosto.

Esforcei-me por parecer firme, pensativo, sem me comprometer de jeito nenhum. Cocei a barba, que é um gesto apropriado para indicar concentração.

– Não importa o que eu diga, um dos dois vai ficar com raiva de mim. Vocês me puseram no meio da briga.

O pai aspirou fundo e deixou o ar escapar devagar.

– Por Deus, o senhor tem toda a razão!

Ele soltou uma risadinha e a tensão se desvaneceu. Robbie trouxe os pratos de presunto para a mesa e sorriu para mim. Creio que estava grato.

– Agora que os espíritos já estão desarmados, o que acha desse negócio de cabeleireiro de mulher? – perguntou o pai.

– Não vai gostar de saber o que eu penso.

– Como é que eu vou saber, se não disser o que é?

– Está certo, eu vou dizer. Mas me deixe primeiro comer depressa, para o caso de ter que sair daqui correndo depois de falar.

Comi os feijões e metade do presunto antes de responder à pergunta.

– Muito bem, vamos à resposta. Eu já pensei bastante a respeito desse assunto. Conheço uma porção de mulheres, de todas as idades, de todos os tipos, diferentes em tudo. Não existem duas iguais, exceto numa coisa: o cabeleireiro. A minha opinião é que o cabeleireiro é o homem mais influente em qualquer comunidade.

– O senhor está querendo zombar de mim.

– Não estou, não. Falo sério. Estudei muito esse assunto. Quando as mulheres vão ao cabeleireiro, e todas vão, se têm dinheiro para isso, alguma coisa acontece a elas. Elas lá se sentem seguras, inteiramente à vontade. Não precisam simular coisa alguma. O cabeleireiro sabe como é o rosto delas por baixo da maquiagem, sabe que idade elas têm, se já estão com rugas ou não. Por isso, as mulheres contam ao seu cabeleireiro coisas que não teriam coragem de confessar a um padre, e falam com toda a franqueza de assuntos que procuram ocultar dos médicos.

– Essa não!

– É a pura verdade. Estou dizendo que sou um estudioso desse problema. Quando as mulheres entregam todos os seus segredos ao cabeleireiro, ele passa a ter e a desfrutar de um prestígio que poucos homens conseguem alcançar. Já ouvi cabeleireiros falarem com toda a convicção e autoridade sobre arte, literatura, política, economia, educação de crianças e moral.

– Acho que está brincando comigo, mas tenta fingir que fala sério.

– Pode estar certo de que falo sério. Nem mesmo sorrio ao dizer tudo isso. Uma coisa eu posso afirmar: um cabeleireiro inteligente, sensato e ambicioso dispõe de um poder além da compreensão da maioria dos homens.

– Jesus Cristo! Ouviu isso, Robbie? Você sabia de tudo isso?

– De alguma coisa. No curso que eu fiz, havia até mesmo uma cadeira de psicologia.

– Pois eu nunca havia pensado nisso – disse o pai. – Ei, o que me diz de um drinque?

– Obrigado, mas não esta noite. Meu cachorro não está passando muito bem. Quero partir bem cedo e ver se descubro um veterinário.

– Vou fazer uma coisa: Robbie vai arrumar uma lâmpada para você ler e deixarei o gerador ligado a noite inteira. Vai querer comer alguma coisa amanhã?

– Não, obrigado. Pretendo partir bem cedo.

Quando voltei à minha cabana, depois de tentar ajudar Charley a sair de sua dificuldade, encontrei Robbie prendendo uma lâmpada forte na cabeceira de ferro da minha cama desolada.

Ele disse, devagar:

– Senhor, não sei se acredita realmente em tudo o que disse. Mas pode estar certo de que me fez um grande favor.

– Sabe, Robbie, acho que uma grande parte talvez seja verdade. E, se for, é uma grande responsabilidade, não acha?

– Claro que é – disse ele, solene.

Passei uma noite horrível, inquieta. Eu alugara uma cabana que não tinha nem de longe o conforto da minha casa ambulante. E, assim que me instalei, interferi em algo que não era da minha conta. Embora seja verdade que as pessoas raramente agem em decorrência dos conselhos alheios, a não ser que já estejam predispostas a fazer o que é aconselhado, havia uma ligeira possibilidade de que, em meu entusiasmo pela tese sobre os cabeleireiros, eu tivesse contribuído para o nascimento de um monstro.

No meio da noite, Charley acordou-me com um ganido baixinho, como quem pede desculpas. Como ele não é um cachorro dado a lamúrias, levantei-me na mesma hora. Ele estava passando mal, muito mal mesmo. Tinha o abdome distendido, o focinho e as orelhas muito quentes. Levei-o para fora e fiz companhia, mas ele não conseguiu aliviar a pressão.

Eu gostaria de saber alguma coisa de veterinária. Há um sentimento de impotência quando se está com um animal doente. Ele não pode explicar o que está sentindo. Por outro lado, também não pode mentir, inventar sintomas, entregar-se aos prazeres da hipocondria. Não estou querendo dizer que os animais não sejam capazes de fingir. O próprio Charley, que é honesto e franco como nenhum outro, costuma mancar, quando alguém fere sua sensibilidade. Eu gostaria que alguém escrevesse um livro bom e compreensível sobre primeiros socorros a cachorros doentes. Eu mesmo escreveria, se tivesse as qualificações necessárias.

Charley estava de fato doente e ia piorar ainda mais, a menos que eu conseguisse encontrar algum meio de aliviar sua pressão crescente. Uma sonda resolveria o problema, mas como arrumar uma no meio das montanhas, em plena madrugada? Eu tinha um tubo de plástico para fazer sifão e passar a gasolina dos meus galões de reserva para o tanque de Rocinante. Mas o diâmetro era grande demais. Então me lembrei de algo que eu lera, a pressão aumentando a tensão muscular, que aumenta a pressão e vai por aí. Portanto, a primeira coisa que eu devia fazer era cuidar do relaxamento muscular de Charley. Minha caixa de remédios não estava preparada para a clínica geral, mas eu levava comigo um vidro de pílulas para dormir

– seconal, de 100 miligramas. Qual seria, porém, a dosagem aconselhável para Charley? Era num caso desses que o livro de veterinária caseira poderia ser de grande valia. Abri uma das cápsulas, tirei a metade do que havia lá dentro, e tornei a juntá-la. Enfiei a cápsula na garganta de Charley, por cima da língua, até um ponto em que ele não poderia cuspi-la. Depois levantei a cabeça dele e, massageando-lhe a garganta, fui fazendo a cápsula descer. Em seguida, coloquei-o na cama e cobri-o. Depois de uma hora, não houve mudanças. Por isso, abri uma segunda cápsula e dei-lhe outra metade. Creio que, para o peso dele, a dose era bastante forte, mas Charley devia ter um alto grau de tolerância. Ele resistiu durante 45 minutos, até que, finalmente, sua respiração tornou-se mais regular, e ele adormeceu. Eu devo ter cochilado também. A próxima coisa de que me lembro é que ele caiu no chão, de tão drogado, e as pernas se vergaram. Ele se levantou, tropeçou, caiu, levantou-se outra vez. Abri a porta e deixei-o sair. O método funcionou, mas até hoje não compreendo como um cachorro de porte médio como Charley podia armazenar tanto líquido. Por fim ele voltou para dentro da cabana, cambaleando, e desabou em cima do tapete, adormecendo no mesmo instante. Ele estava tão apagado que comecei a ficar preocupado com a dosagem de seconal que lhe dera. Mas a temperatura dele baixara, a respiração estava regular, o coração batia firme e forte. Consegui dormir um pouco, um sono inquieto. Quando a madrugada chegou, vi que Charley ainda não se movera. Despertei-o, e ele se mostrou bastante afável quando me viu. Sorriu, bocejou e voltou a dormir.

Levei-o para a cabine de Rocinante e segui o mais depressa possível para Spokane. Não me recordo de absolutamente nada do caminho. Nos arredores da cidade, procurei o nome de um veterinário na lista telefônica, pedi uma orientação e levei Charley às pressas para a mesa de exames, como uma emergência. Não vou mencionar o nome do veterinário, mas ele é uma razão a mais para que se escreva um livro sobre os cuidados veterinários básicos com um cachorro. O veterinário era, se não idoso, pelo menos avançado em anos. Mas, quem sou eu para dizer que ele estava de ressaca? O fato é que a mão dele estava trêmula quando abriu a boca de Charley e levantou uma das pálpebras, deixando-a cair no mesmo instante.

– O que há com ele? – perguntou, sem demonstrar o menor interesse.

– É justamente para isso que estou aqui... para descobrir o que há com ele.

– Ele parece dopado. É um cachorro velho. Talvez tenha tido um derrame.

– Ele está com a bexiga dilatada ao máximo. E, se parece dopado, é porque lhe dei uma cápsula de seconal.

– Para quê?

– Para relaxá-lo.

– E ele está mesmo relaxado agora.

– Será que a dosagem não foi muito forte?

– Não sei.

– Quanto daria a um cachorro do tamanho dele?

– Eu não daria coisa alguma.

– Vamos começar do início. O que há de errado com ele?

– Deve ser um resfriado.

– Mas será que um resfriado iria interferir com a bexiga dele?

– Se a constipação se estendesse até lá, claro que sim.

– Olhe, eu estou de viagem. Gostaria de um diagnóstico mais preciso.

Ele soltou uma risadinha desdenhosa.

– Ora, ele é um cachorro velho. E os cachorros velhos sentem dores e mazelas de todo tipo. É assim mesmo, e não tem jeito.

Eu devia estar muito nervoso por causa da noite horrível que passara, pois respondi:

– O mesmo acontece com os homens que já estão velhos, o que não os impede de tomarem alguma providência.

E creio que, pela primeira vez, consegui atingi-lo em cheio.

– Vou dar um remédio para aliviar os rins dele. O que ele tem é apenas um resfriado

Peguei as pílulas que ele me estendeu, paguei a conta e saí de lá o mais depressa possível. Não é que aquele veterinário não gostasse de animais. Ele não gostava era de si mesmo. E, quando isso acontece, geralmente o sujeito precisa encontrar alguma coisa que não seja ele próprio para descarregar toda a sua aversão. Do contrário, ele teria que admitir o autodesprezo.

Por outro lado, não cedo a ninguém a primazia na aversão ao falso apaixonado por cachorros, o tipo que acumula suas frustrações e depois procura transmiti-las a um cachorro. São as pessoas que conversam com os cachorros como se estivessem falando com um bebê, sem perceberem que são animais amadurecidos e inteligentes. Tais pessoas procuram transmitir suas características piegas ao cachorro, até que o animal se transforma, em sua mente, em uma espécie de *alter ego*. Pensando que estão sendo bondosas, elas são capazes de infligir torturas prolongadas e de efeitos duradouros a um animal, negando-lhe todos os desejos e instintos naturais. E, se o cachorro tem uma personalidade fraca, logo torna-se um animal gordo, asmático, um feixe de neuroses. Sempre que um estranho se dirige a Charley como se falasse com um bebê, Charley o evita. Pois Charley não é humano, ele é um cachorro e gosta de sê-lo. Sente que é um cachorro de primeira classe e não tem a menor vontade de se tornar um humano de segunda. Quando o veterinário alcoólatra tocou-o com a mão trêmula e inepta, vi uma expressão velada de desprezo nos olhos de Charley. Tive a impressão de que ele sabia como era aquele homem. Talvez o veterinário também soubesse que Charley sabia. É provável que esse tenha sido justamente o problema. Pois deve ser terrível saber que os pacientes não depositam a menor confiança em sua capacidade.

Depois de Spokane, o perigo das primeiras nevascas passou, e o ar mudou completamente com o sopro forte do Pacífico. Eu levara pouco tempo para vir de Chicago até ali, mas as dimensões descomunais da terra, a variedade das paisagens e os muitos incidentes e pessoas que encontrei pelo caminho haviam prolongado o tempo além de todos os limites. Não é verdade que um período monótono do passado seja recordado com a mesma velocidade. Pelo contrário, são necessários fortes acontecimentos para dar dimensão às recordações do passado. A monotonia faz ruir a noção do tempo.

O Pacífico é o meu oceano natal. Conheci-o primeiro, fui criado em suas praias, recolhi animais marinhos ao longo de sua costa. Conheço seus humores, a sua cor, sua índole. E eu ainda estava bem longe da costa quando senti o primeiro cheiro do Pacífico. Quando a pessoa passa muito tempo no mar, o cheiro da terra vem cumprimentá-la ainda muito longe de chegar. O mesmo acontece quando a pessoa passa muito tempo no interior. Creio que senti o cheiro dos rochedos marinhos, das algas, das ondas espumantes, do iodo, o odor penetrante das conchas, muito antes de me aproximar do mar. Esse cheiro distante e que desperta recordações pungentes se manifesta sutilmente, de tal forma que a pessoa não percebe que está sentindo. É mais uma animação eletrizante, uma energia que se libera, uma alegria esfuziante. Sem perceber, segui pelas estradas de Washington o mais rápido possível, tão impelido para o mar quanto qualquer lemingue migrador.

Eu me lembrava da exuberância e das paisagens maravilhosas da região leste de Washington, do majestoso rio Columbia, que tanto impressionou a Lewis e Clark. E, embora existissem represas e cabos de transmissão de energia elétrica ao longo do rio, que eu antes não conhecia, a paisagem não tinha mudado muito do que eu me lembrava. Foi só quando me aproximei de Seattle que percebi melhor a incrível mudança.

É claro que eu já lera bastante sobre a explosão demográfica na Costa Oeste. Mas, quando se fala em Costa Oeste, quase todo mundo se refere ao enxame humano da Califórnia, com suas cidades dobrando e triplicando em número de habitantes, enquanto os órgãos do governo se desesperam ante a crescente necessidade de melhorar os serviços públicos e de tomar conta de um novo fluxo de indigentes. Foi em Washington que notei o drama da situação pela primeira vez. Eu me lembrava de Seattle como uma cidadezinha entre colinas, junto a um porto incomparável. Sobrava espaço, lá. Havia muitas árvores e jardins, e as casas combinavam com o cenário. Mas o quadro já não é assim. Os topos das colinas foram raspados, para dar lugar aos viveiros de coelhos do presente. As rodovias com oito faixas de rolamento cortam a terra árdua, como geleiras implacáveis. A Seattle de hoje não tem a menor relação com a Seattle que eu conhecia. O tráfego é de uma intensidade criminosa. Nos arredores da cidade, que outrora eu conhecia tão bem, não consegui encontrar o caminho e acabei me perdendo. Ao longo das antigas estradinhas rurais, férteis de morangos, amoras e framboesas, existem agora altas cercas de arame e fábricas que se estendem por quilômetros. Por toda parte paira a fumaça amarelada do progresso, resistindo aos esforços do vento que sopra do mar tentando expulsá-la para longe.

Falando assim, parece que sou um saudosista a lamentar o passado perdido, o que é uma preocupação dos muito velhos. Ou então que cultivo uma oposição a toda e qualquer mudança, o que é a moda atual entre os ricos e os néscios. Aquela Seattle não indicava uma mudança com relação à Seattle que eu conhecera. Era uma cidade inteiramente nova. Se eu descesse ali sem saber que era Seattle, não conseguiria dizer onde estava. Por toda parte havia um crescimento frenético, cancerígeno. Tratores imensos derrubavam as florestas verdes, e o refugo era levado para longe, para ser queimado. As madeiras brancas arrancadas das formas de concreto estavam empilhadas junto às paredes cinzentas. Às vezes eu me admiro de o progresso ter tanta relação com a destruição.

No dia seguinte, fui até o porto de Seattle, e vi peixes, caranguejos e camarões muito bem arrumados em cima de camadas brancas de gelo picado. Legumes e verduras lavados e cintilantes estavam expostos como em quadros. Bebi suco de mariscos e comi os coquetéis de caranguejo que são servidos em barraquinhas à beira do cais. Ali quase não houvera mudanças, embora as coisas estivessem um pouco mais deterioradas e encardidas do que há vinte anos. E aqui faço uma generalização sobre o crescimento das cidades americanas, aparentemente aplicável a todos os casos. Quando uma cidade começa a crescer e a se expandir do centro para a periferia, o centro, que já foi a glória do lugar, fica, de certa forma, parado no tempo. Os prédios vão se tornando cada vez mais escuros, o lugar entra em decadência. As pessoas mais pobres mudam-se para lá, à medida que os aluguéis vão baixando, e o pequeno comércio toma o lugar de estabelecimentos outrora vigorosos e prósperos. O bairro ainda é bom demais para ser demolido, mas fora de moda o bastante para ser desejável. Além disso, toda a energia se concentra nos novos bairros, nos supermercados semirrurais, nos cinemas ao ar livre, nas novas casas com amplos gramados à frente e nas escolas de alvenaria, onde as crianças são mantidas na ignorância. O velho porto, de ruas de paralelepípedos estreitas, enegrecido pela fuligem do tempo, entra em um estado de desolação, habitado à noite pelas ruínas de homens ociosos que todos os dias se empenham em atingir a inconsciência através do álcool. Quase todas as cidades que eu conheço possuem esses antros agonizantes de violência e desespero, onde a noite absorve quase que completamente o clarão dos lampiões de rua, e onde os guardas são obrigados a andar em duplas. E então, um dia, a prefeitura vem, rasgando o tumor e construindo em seu lugar um monumento ao passado.

Durante o resto da minha estada em Seattle, o estado de Charley melhorou bastante. Eu me pergunto se, pela idade avançada, a causa do problema não teria sido a vibração constante da picape.

Quase que naturalmente, à medida que fomos descendo pela linda costa do Pacífico, meu método de viagem mudou. Ao cair da tarde, eu procurava algum motel agradável para descansar. Havia muitos, todos novos, surgidos nos últimos anos. Começo a notar agora uma tendência na costa do Pacífico que talvez eu esteja demasiado velho para aceitar. É o princípio do "faça-você-mesmo". No café da manhã, há uma torradeira em cada mesa. Se você quer torradas, trate de prepará-las. Hospedei-me em um desses paraísos de conforto e comodidade. Registrei-me, mostraram-me o quarto e paguei – adiantado, é claro. Foi o fim de todo e qualquer contato com a administração. Não havia garçons, não havia serventes. As camareiras entravam e saíam, sempre invisíveis. Se eu queria gelo, tinha uma máquina perto do escritório. Eu precisava ir buscar o gelo, os jornais. Tudo era prático, fácil, – e muito solitário. Eu vivia no mais extremo luxo. Outros hóspedes passavam por mim sem falar. Se alguém os cumprimentava com um "Boa noite", eles se mostravam um tanto confusos, mas acabavam respondendo "Boa noite". Pareciam me olhar como se procurassem algum lugar em mim onde inserir a moeda.

Em algum ponto do Oregon, em um domingo de chuva, a galante Rocinante solicitou minha atenção. Quase não tenho falado do meu fiel veículo, a não ser em termos formais, elogios de passagem. Não é o que sempre acontece? Nós apreciamos a virtude, mas não gostamos de discuti-la. O contador honesto, a esposa fiel e o aluno aplicado não chamam tanto a nossa atenção como o escroque, a meretriz e o mau estudante. Se Rocinante foi negligenciada neste relato, é que em todos os momentos sempre se portou muito bem. A negligência, contudo, não se estendeu aos cuidados mecânicos. Troquei o óleo todas as vezes que isso se fez necessário, e com muita atenção, e jamais me descuidei da lubrificação. Detesto ver um motor negligenciado, maltratado ou exigido além da capacidade.

Rocinante sempre reagiu aos meus cuidados como devia. O motor roncava baixinho e tinha um desempenho impecável. Mas em uma coisa fui imprudente. Ou antes pequei por excesso de zelo. Eu levava demais de tudo, comida demais, livros demais, ferramentas suficientes para montar um submarino. Se encontrava uma fonte de água cristalina, tratava de encher o tambor de reserva, e trinta galões de água pesam cerca de 150 quilos. Um botijão de gás de reserva, como medida de segurança, pesa mais ou menos 30 quilos. As molas estavam bastante baixas, mas pareciam seguras. Nas estradas mais esburacadas, eu ia devagar, não forçava muito. E, por causa da disposição e da generosidade de Rocinante, tratei-o como ao contador honesto e à esposa fiel: ignorei-o. No Oregon, em um domingo de chuva, atravessando uma estrada interminável que era uma poça de lama contínua, o pneu traseiro direito estourou, provocando uma explosão líquida. Já conheci e possuí carros de natureza perversa, capazes de uma coisa dessas por pura maldade. Mas não foi o caso de Rocinante.

Essas coisas acontecem, pensei. Quando a bola quica, a gente nunca sabe que direção vai tomar. Só que aquela bola tomara a direção de 30 centímetros de água enlameada, e o estepe debaixo da cabine também estava submerso. As ferramentas para trocar o pneu estavam debaixo do chão, sob a mesa, de forma que eu teria que descarregar uma porção de coisas para apanhá-las. O macaco novo, nunca usado e ainda brilhando com a tinta da fábrica, era duro e difícil de manejar, não muito apropriado para suspender um veículo como Rocinante. Deitei-me de barriga para cima e me arrastei por baixo da picape, mantendo o nariz um pouco acima da superfície da água. O cabo do macaco estava escorregadio por causa da graxa e da lama. A lama grudou em minha barba. Deitado ali, ofegante, parecendo um pato ferido, praguejando sem parar, empurrei o macaco para a frente, procurando o eixo da roda com o tato, já que estava debaixo d'água. Depois, com esforço sobre-humano, grunhindo e resmungando, os olhos quase saltando das órbitas, consegui levantar aquele peso gigantesco. Eu podia sentir os músculos se rasgando em tiras, separando-se dos ossos a que estavam presos. Na verdade, não levei mais de uma hora para trocar o pneu. Eu estava irreconhecível, escondido sob muitas camadas de lama. Minhas mãos estavam cortadas e sangravam. Rolei o pneu furado até uma elevação próxima e examinei-o. Um dos lados rasgara. Foi então que olhei para o pneu traseiro esquerdo e, horrorizado, descobri uma bolha de borracha no lado e outra mais adiante. Era mais do que óbvio que o outro pneu poderia estourar a qualquer momento. E era domingo, estava chovendo e eu estava em Oregon. Se o outro pneu estourasse, ficaríamos presos ali, naquela estrada inundada e solitária, sem outro recurso que não o de irromper em lágrimas e esperar pela morte inevitável. Talvez alguns pássaros pudessem cobrir os nossos corpos com folhas. Tirei a lama e as roupas ao mesmo tempo e vesti roupas limpas, que ficaram enlameadas no processo.

Nunca um carro mereceu um tratamento tão bajulador quanto Rocinante, ao avançarmos lentamente por aquela estrada. Cada irregularidade na estrada parecia me ferir diretamente. Nos arrastamos a não mais do que 10 quilômetros por hora. E mais uma vez provou ser verdadeiro o dito antigo de que, quando se precisa encontrar uma cidade, elas ficam mais separadas do que nunca. Eu precisava mais que de uma cidade. Eu precisava de dois pneus traseiros novos. Os homens que haviam projetado a picape decerto não tinham previsto a carga que eu transportaria.

Depois de quarenta anos naquele deserto molhado e desolador, sem nenhuma nuvem durante o dia ou coluna de fogo durante a noite para servir de guia, chegamos a uma cidadezinha úmida e fechada para balanço, cujo nome me escapa, provavelmente porque nunca cheguei a sabê-lo. Tudo estava fechado, tudo menos um pequeno posto de serviço. O proprietário era um gigante com o rosto coberto de cicatrizes e um olho branco diabólico. Se se tratasse de um cavalo, eu não o teria comprado. Ele não era de falar muito.

– Está com azar...

– Nem me diga. Quer dizer que não vende pneus?

– Não do tamanho desses. Tenho que mandar buscar em Portland. Posso telefonar amanhã e talvez eles cheguem aqui depois de amanhã.

– Não há outro lugar nesta cidade onde se possa comprar pneus?

– Há mais dois. Ambos estão fechados. E não creio que tenham pneus deste tamanho. Vai precisar de pneus maiores.

Ele coçou a barba, contemplou as bolhas no pneu traseiro do lado esquerdo por um longo tempo, cutucou-as com a ponta do dedo. Por fim, foi para o pequeno escritório, pôs de lado uma porção de lonas de freio, correias de ventilador e catálogos de peças, tirando um telefone que estava por baixo de tudo. E, se algum dia a minha fé nas virtudes básicas da espécie humana ficar abalada, hei de me lembrar daquele homem de aparência maligna.

Depois de três telefonemas, ele encontrou um revendedor que tinha um pneu do tipo e do tamanho necessário. Mas o homem estava ocupado em um casamento e não podia sair de lá. Três telefonemas depois, ele ficou a par de um rumor sobre a existência de outro pneu, só que a uns 15 quilômetros dali. A chuva não parava de cair. O processo era interminável, porque, entre cada telefonema, havia uma fila de carros esperando para serem abastecidos, e tudo tinha que ser feito com uma lentidão solene.

O dono do posto finalmente ligou para um cunhado que tinha uma fazenda mais adiante, à beira da estrada. O cunhado não queria sair na chuva, mas o meu santo de aparência maligna exerceu algum tipo de pressão sobre ele. O cunhado foi aos dois lugares, bem distantes um do outro, onde talvez existissem os pneus, encontrou-os, trouxe-os até o posto. Em pouco menos de quatro horas, Rocinante já estava com pneus novos, mais fortes e maiores que os anteriores, de um tipo que eu deveria ter usado desde o início. Eu poderia ter me ajoelhado na lama e beijado as mãos do homem em gratidão, mas não o fiz. Em vez disso, dei-lhe uma gorjeta realmente generosa. Em resposta, ele disse:

– Não precisava. Agora não se esqueça de uma coisa. Esses pneus novos são maiores que os antigos. Vão alterar o registro do velocímetro. Estará sempre indo mais depressa do que o ponteiro indica. E, se encontrar algum guarda sarnento pelo caminho, ele pode agarrá-lo.

Eu me senti invadido por tamanha gratidão que mal consegui falar. Isso aconteceu em um domingo, no Oregon, debaixo de chuva. E rezo para que o homem daquele posto de serviço viva mil anos e povoe a Terra com sua prole.

Eu não tinha a menor dúvida de que Charley estava se tornando um perito em árvores, com vasta experiência. Ele poderia até mesmo encontrar um emprego de consultor em um plano nacional de reflorestamento. Mas, desde o início, eu deliberadamente não lhe forneci qualquer informação a respeito das gigantescas sequoias. Parecia-me que um *poodle* de Long Island que fizesse suas necessidades numa *Sequoia sempervirens* ou numa *Sequoia gigantia* ficaria para sempre segregado dos outros cachorros, podendo até mesmo tornar-se como o Galahad que viu o Santo Graal. Depois de tal experiência, ele poderia ser transportado para outro plano de existência, para outra dimensão, assim como as sequoias parecem estar deslocadas no tempo, além do nosso pensamento comum. A experiência poderia até mesmo levá-lo à loucura. Eu tinha pensado nisso. Por outro lado, também poderia transformá-lo em um pedante consumado. Um cachorro com uma experiência dessas poderia transformar-se num pária, em todos os sentidos da palavra.

As sequoias, depois de vistas, deixam uma marca ou criam uma visão que permanece com a gente para o resto da vida. Ninguém jamais conseguiu, com pleno sucesso, pintar ou fotografar devidamente uma delas. Os sentimentos que elas produzem não são transferíveis. Delas vêm o silêncio e o respeito. Não é apenas a altura inacreditável, ou a sua cor, que parece mudar diante dos nossos olhos. Não, não é só isso. Elas não são como as árvores que conhecemos. São embaixadoras de uma outra época. Possuem o mistério das samambaias que desapareceram há um milhão de anos no carvão da era paleozoica. Possuem luz e sombra próprias. O mais vaidoso, egocêntrico e irreverente dos homens, na presença das sequoias, vê-se dominado por um encantamento de admiração e respeito. Respeito, esta é a palavra certa. Sente-se a necessidade de se curvar perante soberanos incontestáveis. Conheço as gigantescas sequoias desde a infância, vivi entre elas, acampei e dormi ao abrigo aconchegante de seus corpos gigantescos. Por maior que tenha sido a convivência, jamais, se insinuou dentro de mim sequer a possibilidade de desprezo ou indiferença. E esse sentimento não está limitado a mim.

Há alguns anos, um estrangeiro mudou-se para a região onde eu nasci e vivia, perto de Monterey. Os sentidos dele deviam estar embrutecidos e atrofiados pelo dinheiro e pela ganância. Ele comprou um vale povoado de sequoias, perto da costa. Depois, como era o seu direito de proprietário, derrubou-as e vendeu a madeira, deixando no solo os destroços da chacina. O choque e a afronta dominaram a cidade. Aquilo não era apenas um crime, era também um sacrilégio. Desde aquele dia, todos nós passamos a olhar para aquele homem com repulsa, e ele ficou marcado até o dia de sua morte.

É claro que muitos dos antigos bosques de sequoias foram derrubados, e os troncos, vendidos. Mas muitos desses monumentos majestosos ainda permanecem e permanecerão para sempre, por uma boa razão. Estados e governos locais não podem comprar e proteger todas essas árvores santas. Assim sendo, clubes, organizações e até mesmo indivíduos compraram-nas e dedicaram-nas ao futuro. Não conheço nenhum outro caso parecido. Este é o impacto das sequoias sobre a mente humana. Mas qual seria o impacto sobre Charley?

Ao me aproximar da região das sequoias, no sul do Oregon, mantive Charley no compartimento de trás de Rocinante, quase que segregado. Passei por diversos bosques de sequoias e segui adiante, achando que não era o que eu procurava. E então, no meio de uma campina, junto a um córrego, estava o avô de todas as sequoias, isolado, 100 metros de altura, o perímetro de um pequeno prédio de apartamento. Os galhos, com as folhas achatadas, muito verdes, só começavam a 50 metros de altura. Para baixo, havia uma coluna reta, ligeiramente afilada, cuja cor variava do vermelho ao púrpura e ao azul. A copa era imponente, fendida pelo relâmpago de alguma tempestade de outras eras. Saí da estrada e fui parar a uns 15 metros daquela árvore que parecia divina, tão perto que tive de curvar a cabeça para trás e erguer os olhos para poder avistar os galhos. Era aquele o momento pelo qual eu estava esperando. Abri a porta traseira e deixei Charley sair. Fiquei parado, em silêncio, observando-o, pois aquele poderia ser o paraíso dos melhores sonhos de um cachorro.

Charley farejou o ar e se sacudiu. Foi até um arbusto deixou ali uma amostra, depois foi até a beira do córrego e bebeu. Em seguida olhou ao redor, à procura de novas coisas para fazer.

Eu gritei:

– Charley! Olhe só!

Apontei para o avô. Ele abanou o rabo, bebeu mais um pouco.

– Mas é claro! – exclamei. – Ele não pode levantar a cabeça o suficiente para ver os galhos e saber assim que é uma árvore.

Fui até ele e levantei seu focinho.

– Olhe, Charley, é a árvore das árvores. É o fim da busca.

Charley teve um acesso de espirros, como acontece com todos os cachorros quando têm o focinho muito levantado. Senti a raiva e o ódio que costumamos reservar aos indiferentes, àqueles que, através da ignorância, destroem um plano acalentado com ternura. Arrastei-o até o tronco e esfreguei seu focinho ali. Ele fitou-me com frieza e perdoou-me, perambulando em seguida até uma aveleira.

– Se eu descobrir que ele está fazendo isso por desdém ou brincadeira, acho que vou matá-lo – murmurei para mim mesmo. – Mas não posso continuar a viver sem ter certeza.

Peguei meu canivete e abri-o, indo até a beira do córrego, onde cortei um galho pequeno de um salgueiro em forma de forquilha. Aparei as extremidades do galho e depois afiei a ponta. Fui até o sereno avô dos titãs e finquei o galho na terra, de forma a que a folhagem ficasse encostada na casca áspera e avermelhada. Depois assobiei para Charley e ele atendeu com a maior cordialidade. Deliberadamente, não olhei para ele. Ele se aproximou distraidamente, até que viu o galho de salgueiro e deu um estremecimento de surpresa. Eu o observava pelo canto dos olhos. Charley farejou as folhas recém-cortadas com delicadeza e, virando-se de um lado para outro, calculando a distância e a trajetória, colocou-se em posição e disparou.

Passei dois dias no meio das gigantescas sequoias. Não encontrei excursionistas, nem grupos animados e faladores, com máquinas fotográficas ou de filmar. Reina ali um silêncio de catedral. Talvez os troncos imensos absorvam os ruídos e criem uma zona de silêncio. As árvores se erguem em linha reta até o céu, e não há horizonte. A aurora começa cedo e permanece até que o sol esteja no alto. A folhagem, que lembra a das samambaias, absorve a luz do sol, distribuindo-a até lá embaixo em feixes ou, melhor, em tiras de luz e sombras. Depois que o sol passa do ápice, já é a tarde, e logo a noite vem, precedida de um crepúsculo tão prolongado quanto a aurora.

O tempo e as divisões normais do dia se alteram por completo. Para mim, a aurora e o crepúsculo são as horas mais tranquilas do dia. Mas ali, entre as sequoias, quase que o dia inteiro é dominado pela quietude. Os passarinhos voam à luz difusa ou resplandecem por um momento, como centelhas, ao passarem por um raio de sol. Mas quase não fazem barulho. O chão é um colchão de folhas, ali depositadas ao longo de 2 mil anos. Não dá para ouvir o ruído de passos. A sensação que experimento ali é de algo remoto, enclausurado. Deixamos de falar por temor de perturbar alguma coisa. Mas o quê? Já na mais distante infância, eu sentia que alguma coisa acontecia nos bosques de sequoias, algo do qual eu não fazia parte. E se vim a esquecer esse sentimento, recuperei-o no mesmo instante em que lá voltei.

À noite, a escuridão é total, interrompida apenas por uma mancha cinzenta lá no alto, pelo brilho ocasional de uma estrela. E há uma respiração em meio à escuridão, pois essas coisas gigantescas que controlam o dia e habitam a noite são vivas, têm presença, talvez até sentimento. Lá no fundo, bem lá no fundo, talvez haja percepção, até mesmo comunicação. Por toda a vida convivi com elas. É estranho como a palavra "árvore" não parece se aplicar, e raramente é usada. Posso aceitá-las, assim como ao poder de que dispõem e à idade que têm, porque desde muito cedo estive exposto a elas. As pessoas que carecem de tal experiência experimentam aqui, de início, um sentimento de inquietação, de perigo, de que estão cercadas, aprisionadas, esmagadas. Não é apenas o tamanho das sequoias que as assusta, mas também a estranheza delas. E por que não? Pois ali estão os últimos remanescentes de uma raça que floresceu por quatro continentes durante um período geológico tão recuado no tempo como o jurássico superior. Fósseis desses gigantes datam da era cretácea, enquanto no eoceno e no mioceno eles se espalhavam pela Inglaterra, Europa e América. Depois as geleiras começaram a descer para o sul e destruíram os titãs para além de qualquer possibilidade de recuperação. E apenas esses poucos restaram, uma lembrança assombrosa do que o mundo foi há muito tempo. Será que não amamos esses titãs porque nos fazem lembrar que somos muito jovens e verdes, habitando um mundo que já era velho quando surgimos? E será que opomos uma resistência tenaz à certeza que eles nos proporcionam de que um mundo vivo continuará a existir quando não mais o habitarmos?

Descubro que é difícil escrever a respeito do lugar em que eu nasci, a Califórnia setentrional. Deveria ser mais fácil, porque eu conhecia aquela faixa de terra junto ao Pacífico melhor do que qualquer outro lugar do mundo. Mas é que recebo não apenas uma impressão, mas muitas, cada uma se sobrepondo à outra, até que fica tudo misturado e indistinto. O que é está deformado pela recordação do que foi e do que me aconteceu ali. Resta o conjunto, tão confuso que a objetividade é algo quase impossível. Essa rodovia de concreto de quatro pistas, cortada por carros em alta velocidade, era um caminho que subia pelas montanhas, estreito e sinuoso, por onde as parelhas de mulas teimosas arrastavam troncos imensos, anunciando a aproximação com o doce e alto repicar dos sinos da canga. Aqui havia um vilarejo com uma loja que vendia de tudo e uma oficina de ferreiro junto a uma grande árvore. Havia um banco de madeira, no qual a gente podia sentar e ficar ouvindo o clangor do martelo na bigorna. Agora existem casinhas, todas muito parecidas com as vizinhas, ainda mais porque tentam ser diferentes. Elas se estendem por quilômetros e quilômetros, em todas as direções. Aquela colina era coberta de vegetação, com carvalhos frondosos, de um verde escuro, a se destacarem na relva dourada, onde os coiotes uivavam, nas noites de lua cheia. O topo da colina foi raspado e lá agora há uma estação retransmissora de televisão, apontando sua torre para o céu e fornecendo uma imagem frenética a milhares de casinhas agrupadas como pulgões ao longo das estradas.

E não é essa a queixa típica? Eu nunca resisti às mudanças, mesmo quando eles recebem o nome de progresso. Apesar disso, fiquei ressentido contra os estranhos que invadiram o que eu considerava a minha terra, trazendo barulho, confusão, espalhando o lixo inevitável. É claro que esses novos moradores sempre reagem aos moradores ainda mais novos. Eu me lembro como, quando garoto, experimentávamos uma antipatia natural pelos recém-chegados. Nós, que havíamos nascido ali, assim como nossos pais, sentíamos uma estranha superioridade sobre os novos, os bárbaros, os *forestieri*. E eles, os forasteiros, ficavam igualmente ressentidos com nossa antipatia, chegando até mesmo a fazer um poeminha grosseiro a nosso respeito:

> *Chegou o mineiro, em quarenta e nove,*
> *Em cinquenta e um as rameiras vieram.*
> *Então, quando eles se reuniram,*
> *O Filho Nativo fizeram.*

E nós éramos uma afronta aos mexicanos de origem espanhola, que, por sua vez, também o eram para os índios. Será que é por isso que as sequoias deixam as pessoas tão nervosas? Já eram árvores adultas quando ocorreu uma execução política no Gólgota. Já se encaminhavam para a meia-idade quando César destruiu a república romana, em um esforço para salvá-la. Para as sequoias, todo mundo é um estranho, um bárbaro.

Às vezes, a visão da mudança é deformada por uma mudança ocorrida na própria pessoa. O quarto que parecia tão grande encolhe misteriosamente, a montanha transforma-se em uma colina. Mas, no caso, não havia qualquer ilusão. Eu me lembro de Salinas, a minha cidade natal, quando orgulhosamente anunciava ter uma população de 4 mil habitantes. Agora tem 80 mil e continua crescendo sem parar, em uma espécie de progressão matemática: terá 100 mil habitantes dentro de três anos, e talvez 200 mil dentro de dez anos, sem que haja um fim à vista. Mesmo as pessoas que se deliciam com os números e se impressionam com a grandeza estão começando a ficar preocupadas aos poucos, tomando consciência de que deve existir um ponto de saturação e que o progresso talvez seja um avanço na direção do estrangulamento final. E ainda não se encontrou uma solução. Não se pode proibir as pessoas de nascerem – pelo menos, ainda não.

Já mencionei o surgimento da casa trailer, da unidade residencial móvel, de algumas vantagens de que os seus proprietários desfrutam. Eu julgava que existissem muitas casas assim no Leste e no Centro-Oeste. Mas, na Califórnia, elas proliferam como sardinhas. Por toda parte há acampamentos para trailers, escalando as encostas das colinas, derramando-se pela beira dos rios. Trazem consigo um problema novo. Essas pessoas partilham de todos os serviços públicos locais, como hospitais, escolas, proteção da polícia, programas de bem-estar social. Mas não pagam impostos. Os serviços públicos locais são financiados pelos impostos territoriais e prediais, dos quais a casa móvel está isenta. É verdade que o estado cobra uma taxa para a licença de tais casas, mas esse dinheiro não chega às cidades ou aos condados, a não ser para a manutenção e ampliação da rede de estradas. Assim, os donos de propriedades imobiliárias encontram-se na contingência de sustentar enxames de hóspedes, o que os deixa, é claro, furiosos. Mas nossas leis fiscais e a maneira como as encaramos levaram muito tempo para chegar aonde estão. Recuamos ante a ideia de uma taxa por pessoa, de uma taxa pela utilização dos serviços públicos. O conceito da propriedade imobiliária como fonte e símbolo de riqueza está profundamente arraigado em nós. E agora um grande número de pessoas descobriu como burlá-lo. Isso poderia até ser aplaudido, já que admiramos, de um modo geral, as pessoas que conseguem esquivar-se ao pagamento de impostos, não fosse o fato de que o fardo dessa liberdade, cada vez mais pesado, está sendo posto nos ombros de outros. É claro que, em pouco tempo, terá que ser criado um sistema inteiramente novo de taxação, caso contrário os impostos das propriedades imobiliárias serão tão elevados que ninguém mais poderá dar-se ao luxo de possuí-las. Longe de uma fonte de lucros, a propriedade imobiliária será um castigo, o que constituirá o ápice de uma pirâmide de paradoxos. No passado, fomos forçados, embora relutantes, a efetuar mudanças em decorrência do tempo, de calamidades, de pragas. Agora a pressão deriva do nosso sucesso biológico como espécie. Superamos todos os nossos inimigos, menos a nós mesmos.

Quando eu era criança, em Salinas, chamávamos São Francisco de "*the City*", "a Cidade". É claro que era a única cidade que conhecíamos. Mas até hoje ainda penso nela como a *City*. E o mesmo acontece com todos que a ela estão ligados. Essa palavra, *city*, é estranha e exclusiva. Além de São Francisco, apenas partes pequenas de Londres e Roma são consideradas também como *city*. Os nova-iorquinos dizem que estão indo para a *town* (cidade menor que *city*). Paris é simplesmente Paris, e a Cidade do México é a Capital.

Houve um tempo em que conheci a *City* a fundo, ali passei a minha juventude, enquanto outros constituíam uma geração perdida em Paris. Tornei-me gente em São Francisco, escalei seus morros, dormi em seus parques, trabalhei em suas docas, marchei e gritei em suas revoltas. De certa forma, sentia que possuía a *City* tanto quanto ela me possuía.

São Francisco embelezou-se para mim. Vi-a do outro lado da baía, da grande estrada que contorna Sausalito e entra pela Golden Gate Bridge. O sol da tarde pintava-a de branco e dourado, erguendo-se sobre as colinas, como a cidade maravilhosa de um sonho feliz. Uma cidade entre colinas costuma crescer nas superfícies planas. Nova York faz suas próprias colinas, com os arranha-céus. Mas aquela acrópole dourada e branca, elevando-se em ondas sucessivas contra o azul do céu do Pacífico era uma visão atordoante, deslumbrante, como um quadro de cidade medieval italiana. Subia pelas encostas, uma cidade que não pode ter jamais existido. Parei em um estacionamento para contemplá-la junto ao colar cintilante que era a ponte, à entrada do mar. Sobre as colinas verdes mais altas, ao sul, vinha rolando o nevoeiro do fim de tarde, como rebanhos de carneiros procurando abrigo na cidade dourada. Quando eu era criança e sabia que ia até a *City*, passava várias noites sem conseguir dormir, de tão animado. Ela nos deixa uma marca indelével.

Depois atravessei a ponte e entrei na cidade que conhecia tão bem.

Ela permanecera a *City* de que eu me lembrava, tão segura de sua grandeza que podia dar-se ao luxo de ser generosa. Fora generosa comigo nos dias da minha pobreza, não ficara ressentida com a minha solvência. Eu poderia ter permanecido ali para sempre, mas precisava ir a Monterey para votar depois de tão longa ausência.

Quando eu era jovem, no condado de Monterey, 150 quilômetros ao sul de São Francisco, todo mundo era republicano. Minha família era republicana. E eu ainda seria republicano, se lá tivesse permanecido. O presidente Harding atraiu-me para o Partido Democrata, o presidente Hoover me fixou nele. Se eu me permito falar da minha história política pessoal, é porque creio que minha experiência talvez não seja única.

Cheguei a Monterey, e as brigas logo começaram. Minhas irmãs ainda são republicanas. A guerra civil é, supostamente, a mais acirrada das guerras, a mais encarniçada. E, sem dúvidas, as discussões políticas familiares são as mais veementes e virulentas. Posso discutir política, de forma fria e analítica, com estranhos. Mas isso não é possível com minhas irmãs. Terminamos cada discussão ofegantes, exauridos pela raiva. Em nenhum momento sequer se cogita um meio-termo. Não se dá, nem se pede trégua.

Todas as noites prometemos:

– Vamos ser apenas amigos. Esta noite não falaremos de política.

E dez minutos depois estamos gritando.

– John Kennedy era isto e aquilo...

– Pois se essa é sua atitude, como pode tolerar Richard Nixon?

– Tenhamos calma. Afinal de contas, somos pessoas racionais. Vamos analisar as coisas objetivamente.

– Já analisei tudo. O que me diz do uísque escocês?

– Já que prefere essa linha, o que me diz da mercearia em Santa Ana?

– Papai se reviraria no túmulo se ouvisse você falar assim!

– Não meta papai nisso, porque ele hoje seria um democrata.

– Mas, escute aqui! Bobby Kennedy está correndo por aí, comprando votos!

– Vai me dizer que nenhum republicano jamais comprou um voto? Ora, não me faça rir!

A discussão era encarniçada e interminável. Desenterrávamos armas e insultos obsoletos e convencionais.

– Você fala como um comunista!

– E você parece Gengis Khan!

Era terrível. Um estranho que nos ouvisse teria chamado a polícia, para evitar derramamento de sangue. E não creio que fôssemos os únicos assim. Creio que isso estava acontecendo por todo o país, em particular. Devia ser apenas em público que a nação preferia ficar calada.

O objetivo principal desse retorno ao lar parecia ser discutir política. Mas, nos intervalos, visitei os velhos lugares que eu tinha frequentado. Houve uma reunião comovente no bar de Johnny Garcia, em Monterey, com lágrimas e abraços, discursos e demonstrações de afeto, no *poco* espanhol da minha juventude. Lá estavam representantes dos índios jolón iguaizinhos ao que eu lembrava. Os anos se desvaneceram. Dançamos à maneira tradicional, com as mãos cruzadas atrás das costas. E cantamos o hino nacional da região: "Havia um rapaz de Jolón cansado de ficar sozinho. Ele foi a King City em busca de uma boneca *Puta chingada cabrón*." Há anos que eu não ouvia a canção. Estava em casa outra vez. Os anos pareceram sumir. Era a mesma Monterey que costumava pôr um touro selvagem e um urso pardo para se enfrentarem na arena, um lugar de violência doce e sentimental, de uma inocência sábia, um lugar ainda desconhecido e, portanto, a salvo da mentalidade destruidora.

Sentamo-nos no bar, e Johnny Garcia fitou-nos com os olhos marejados de lágrimas. A camisa dele estava aberta no peito, e uma medalha de ouro, presa por uma corrente também de ouro, pendia de sua garganta. Ele se inclinou sobre o balcão e disse ao homem mais próximo:

– Olhe só para isto! Foi Juanito aqui quem me deu, anos atrás. Trouxe do México. La Morena, La Virgincita de Guadeloupe. E olhe só!

Ele virou a medalha de ouro, apontando orgulhosamente:

– Meu nome e o dele!

Eu disse:

– Rabiscados com um alfinete.

– Eu nunca a tirei! – afirmou Johnny.

Um *paisano* grande e moreno, que eu não conhecia, levantou-se, inclinou-se sobre o balcão e disse:

– *Favor?*

Sem olhar, Johnny estendeu a medalha. O homem beijou-a.

– *Gracias.*

E saiu depressa pela porta de vaivém. O peito de Johnny se estufou de orgulho, os olhos úmidos de emoção.

– Juanito, volte para casa! – exclama. – Volte para os amigos! Nós gostamos muito de você. E precisamos de você. Aqui é o seu lugar, *compadre*. Não o deixe vago.

Devo dizer que também me senti invadido por uma onda de ternura e oratória, apesar de não ter uma gota de sangue espanhol. Mas disse, tristonho:

– *Cuñado mio*, agora moro em Nova York.

210

– Eu não gosto de Nova York – declarou Johnny.

– Você nunca esteve lá.

– Eu sei. E é por isso que eu não gosto de lá. Você tem que voltar. Você pertence a este lugar.

Bebi um gole demorado e de repente me vi fazendo um discurso. As velhas palavras, que há tanto tempo não eram usadas, voltaram-me à boca, atropelando-se:

– Deixe que o seu coração tenha ouvidos, meu tio, meu amigo. Eu e você já não somos mais crianças. O tempo resolveu alguns dos nossos problemas.

– Silêncio! – pediu ele. – Não quero ouvir nada. Você ainda adora o vinho, você ainda adora as mulheres. O que mudou? Eu o conheço muito bem. *No me jades, niño.*

– *Te jodo nunca.* Houve um grande homem chamado Thomas Wolfe, que escreveu um livro chamado *Não se pode voltar para casa*. E isso é verdade.

– Mentira! – berrou Johnny. – Aqui é o seu berço, o seu lar!

De repente ele bateu em cima do balcão com o pequeno taco de carvalho que usava durante as discussões, para manter a ordem.

– E quando o tempo chegar, talvez dentro de uns cem anos, aqui também será o seu túmulo.

O taco caiu de suas mãos, e ele desandou a chorar, pensando na perspectiva do meu futuro falecimento. Eu também me entristeci ao pensar nisso.

Olhei para o copo vazio.

– Esses *gallegos* não têm modos.

– Pelo amor de Deus me perdoe! – disse Johnny, logo enchendo o meu copo.

Ao longo do balcão, os rostos morenos estavam silenciosos, com uma falta de expressão cortês.

– À sua volta, *compadre!* – disse Johnny.

– *Conejo de mi Alma* me escute!

O homem grande e moreno voltou da rua, inclinou-se sobre o balcão, beijou outra vez a medalha de Johnny, tornou a sair.

Um tanto irritado, falei:

– Houve um tempo em que um homem conseguia se fazer ouvir. Tenho que comprar um tíquete agora? Será que um homem precisa marcar hora para poder contar uma história?

Johnny virou-se para os outros fregueses, todos calados.

– Silêncio! – berrou, pegando o taco outra vez.

– Agora vou lhe contar toda a verdade, meu cunhado. Pise na rua. Há estranhos, forasteiros, milhares deles. Olhe para as colinas. Mais parecem pombais. Hoje andei por Alvarado Street de ponta a ponta e voltei pela Calle Principal. Só vi estranhos. Esta tarde eu me perdi no Peter's Gate. Fui até o Parque do Amor, atrás da casa de Joe Duckworth, junto ao Ball Park. É agora um estacionamento para a compra e venda de carros usados. Fui até o vale de Carmel, onde antigamente a gente podia disparar uma carabina em qualquer direção. Hoje não se pode atirar uma bola de gude sem correr o risco de ferir um forasteiro. Eu não me importo tanto assim com as pessoas, Johnny. Você sabe disso. Mas essas pessoas são ricas. Plantam gerânios em vasos grandes. Fizeram piscinas onde antes havia poços com sopas e lagostins. Não, meu bom amigo. Se esse fosse meu lar, como eu poderia me perder? Se aqui fosse o meu lar, eu poderia passear pelas ruas sem que ninguém falasse comigo?

Johnny encostou-se distraidamente atrás do balcão.

– Mas aqui dentro, Juanito, continua a mesma coisa. Não os deixamos entrar.

Fitei atentamente as rugas do rosto dele.

– Tem razão, aqui dentro é melhor. Mas posso passar a minha vida inteira num banco de bar? Não vamos nos enganar. O que conhecíamos está morto. E talvez a maior parte do que já fomos esteja morta, também. O que há lá fora é novo, e talvez até muito bom, mas não é nada do que conhecíamos.

Johnny colocou a cabeça entre as mãos. Os olhos estavam injetados de sangue.

– Onde estão os grandes que conhecemos? Onde está, por exemplo, Willie Trip?

– Morto – respondeu Johnny, desolado.

– E onde estão Pilon, Johnny, Pom Pom, Miz Cragg, Stevie Field?

– Mortos, mortos, mortos...

– E onde está Ed Ricketts, onde está Sonny Boy? E Ankle Varney, Jesus María Corcoran, Joe Portagee, Shorty Lee, Flora Wood e aquela garota que guardava aranhas no chapéu?

– Mortos, todos mortos... – gemeu Johnny.

Ele fez uma pausa, pensativo, e acrescentou:

– É como se estivéssemos presos no meio de fantasmas.

– Não, eles não são os verdadeiros fantasmas. Nós é que somos.

O homem grande entrou outra vez, e Johnny estendeu a medalha para que ele a beijasse, sem que lhe fosse pedido.

Johnny virou-se e aproximou-se do espelho grande, atrás do balcão. Examinou seu rosto por um momento, pegou uma garrafa, tirou a rolha, cheirou, provou. Depois olhou para as unhas. Houve um murmúrio de inquietação ao longo do bar, ombros se curvando, pernas se descruzando.

Vai haver encrenca, comentei comigo mesmo.

Johnny voltou e colocou a garrafa com delicadeza em cima do balcão, entre nós dois. Seus olhos estavam arregalados, sonhadores. Ele sacudiu a cabeça.

– Acho que você não gosta mais da gente, Juanito. Acho que está pensando que é bom demais para nós.

Os dedos dele arrancaram acordes lentos de um teclado imaginário no balcão.

Por um momento, senti-me tentado. Cheguei a ouvir o gemido das trombetas, o chocar das armas. Mas que diabo!

Já estou velho demais para isso. Cheguei à porta em dois passos. Virei-me.

– Por que ele beija a sua medalha?

– Porque está fazendo apostas.

– Entendo. Até amanhã, Johnny.

A porta dupla ficou balançando atrás de mim. Eu estava em Alvarado Street, açoitada por anúncios luminosos a gás néon. Ao meu redor, só havia estranhos.

Sob os efeitos de um furor nostálgico, prestei um desserviço à península de Monterey. É um lugar muito bonito, limpo, bem-administrado, progressista. As praias são limpas, quando outrora viviam cheias de vísceras de peixes apodrecidas e de moscas. As fábricas de conservas de antes, que exalavam um cheiro insuportável, desapareceram, dando lugar a restaurantes, lojas de antiguidades e outras. Agora, pesca-se para os turistas, mas não sardinhas e outras espécies próximas da extinção. Carmel, fundada por escritores famintos e pintores indesejáveis, é hoje uma comunidade de gente próspera e de aposentados. Se os fundadores de Carmel pensassem em voltar, não teriam condição financeira para viver lá. E é provável que nem conseguissem chegar. Seriam presos como tipos suspeitos na mesma hora e deportados para além dos limites da cidade.

O lugar em que eu nasci também mudara. Mas, como eu fui embora, não mudei com ele. Na minha memória, continuava como antigamente. Talvez por isso a sua aparência exterior tanto me tenha confundido e irritado.

O que vou dizer agora deve ser uma experiência comum a muitos homens desta nação, que tanto vagueiam de um lado para outro durante anos, voltando um dia ao lugar em que nasceram. Procurei os meus velhos e queridos amigos. Achei que os cabelos deles escasseavam um pouco mais que os meus. Os cumprimentos foram calorosos. As recordações transbordaram. Velhos crimes e antigos triunfos foram evocados e espanados da poeira do tempo. E, de repente, minha atenção começou a desviar-se para longe dali. Observando o amigo com quem por acaso conversava na ocasião, descobri que a atenção dele também se desviara. Era verdade o que eu dissera a Johnny Garcia, o fantasma era eu. Minha cidade crescera e mudara, meu amigo mudara com ela. Voltando agora, tão mudado para o meu amigo quanto a minha cidade estava mudada para mim, eu distorcia as imagens dele, turvava as memórias. Eu morrera ao partir, tornando-me assim fixo e inalterável. Minha volta causou apenas confusão e inquietação. Embora não o dissessem, meus velhos amigos queriam que eu fosse embora, para então poder voltar ao lugar apropriado em suas recordações. Eu queria partir também, pela mesma razão. Tom Wolfe estava certo. Não se pode voltar ao lar, porque o lar deixou de existir, exceto nos escaninhos cheios de naftalina da memória.

Minha partida foi mais uma fuga, mas, antes de virar as costas ao lugar em que nascera, eu tinha que fazer uma coisa formal e sentimental. Subi até o pico de Fremont, o ponto culminante da região. Escalei os últimos espigões de rocha até o topo. Ali, por entre aqueles afloramentos enegrecidos de granito, o general Frémont resistira bravamente a um poderoso exército mexicano e acabara derrotando-o. Quando eu era menino, encontrávamos, de vez em quando, balas de canhão e baionetas enferrujadas na região. Daquele pico de rocha se descortina toda a minha infância e juventude. O grande vale de Salinas, que se estende para o sul, por quase 150 quilômetros, a cidade de Salinas, onde eu nasci, e que agora se espalha na direção das colinas mais próximas. O monte Toro, na cordilheira irmã a oeste, era arredondado e suave. Ao norte refulgia a baía de Monterey, como uma travessa azul. Senti, cheirei e ouvi o vento soprar do vale sem fim. Senti o cheiro das colinas cobertas de vegetação.

Lembrei-me de como um dia, naquela parte da juventude profundamente preocupada com a morte, desejei ser enterrado naquele pico, onde, mesmo sem olhos, eu poderia ver tudo o que conhecia e amava, pois naquele tempo não existia mundo algum além das montanhas. Lembrei-me também da emoção que me dominava ao pensar em meu próprio funeral. É estranho e talvez seja até bom que, à medida que nos aproximamos

216

dele, o interesse pelo nosso próprio fim se atenue. A morte torna-se um fato, mais do que um cerimonial. Ali, no alto daquele pico, o mito da minha memória finalmente foi reparado. Charley, depois de explorar toda a área, veio sentar-se a meus pés. Suas orelhas agitavam-se ao vento como roupas penduradas em um varal. O focinho, úmido de curiosidade, farejava sem parar os odores trazidos pelo vento que nascia a 150 quilômetros de distância.

– Você não poderia saber, meu caro Charley, mas lá embaixo, naquele valezinho, fui muitas vezes pescar trutas com o seu xará, meu tio Charley. E ali mais adiante, vê para onde estou apontando? Lá, minha mãe atirou num lince. Mais além, a 70 quilômetros daqui, ficava o rancho da nossa família, um rancho que mal dava para não morrermos de fome. Está vendo aquele lugar mais escuro ali? Pois saiba que é um pequeno cânion com um córrego lindo, de água cristalina, margeado por azaleias silvestres e grandes carvalhos. Num desses carvalhos, meu pai gravou, com um ferro em brasa, seu nome e o da moça a quem amava. Com o passar dos anos, a casca do carvalho foi crescendo por cima da gravação e acabou por escondê-la. E há bem pouco tempo um homem cortou aquele carvalho para fazer lenha. Ao rachá-lo, o machado descobriu o nome do meu pai. E o homem mandou o pedaço do tronco para mim. Na primavera, Charley, quando o vale está atapetado de flores azuis, um mar azul, pode-se sentir o cheiro do paraíso, o verdadeiro cheiro do paraíso...

Mais uma vez gravei em meus olhos aquele cenário, Sul, Oeste e Norte. Depois afastamo-nos depressa do passado permanente e imutável, onde minha mãe está sempre atirando em um lince, e meu pai, gravando sua paixão em um tronco de carvalho com um ferro em brasa.

Seria um prazer poder dizer isso a respeito das minhas andanças com Charley:

– Saí para descobrir a verdade sobre o meu país e a encontrei.

E depois, com a maior simplicidade, poderia alinhavar minhas descobertas, recostando-me confortavelmente em uma poltrona, com o sentimento de ter descoberto as verdades, transmitido-as aos meus leitores. Gostaria de que as coisas fossem assim tão fáceis. Mas, na minha cabeça e nas minhas percepções mais profundas, o que havia e o que há é uma confusão total. Há muito tempo, recolhendo e classificando animais marinhos, descobri que o que eu encontrava se relacionava diretamente com a maneira como eu me sentia no momento. A verdade é que a realidade exterior sempre dá um jeito de não ser tão exterior assim.

Esta terra que é um monstro, a mais poderosa das nações. Este produto do futuro é, no final das contas, o macrocosmo de um microcosmo que sou eu. Se um francês, um inglês ou italiano percorressem o mesmo caminho que eu, vissem o que eu vi, ouvissem o que eu ouvi, seus relatos não apenas seriam diferentes do meu, também seriam diferentes entre si. Se outros americanos que me lerem acharem que este relato é verídico, a concordância significa apenas que somos parecidos em nosso americanismo.

Do princípio ao fim da minha viagem, não encontrei estrangeiros. Se os tivesse encontrado, poderia tê-los descrito com maior objetividade. Mas o que encontrei foi meu povo, no meu país. Se encontrei motivos para criticar e deplorar, é porque essas são as tendências que ora existem dentro de mim. Se me coubesse apontar uma generalidade impecável, à prova de erro, seria a seguinte: apesar dos enormes contrastes e distâncias geográficas, apesar de todo o nosso regionalismo, apesar da mistura de raças provindas de toda parte do mundo étnico, somos uma nação, uma nova raça. Os americanos são muito mais americanos do que são nortistas, sulistas, do Leste ou do Oeste. Os descendentes de ingleses, irlandeses, italianos, judeus, alemães e poloneses possuem essência americana. Não se trata de nenhum ufanismo patriótico: é um fato cuidadosamente observado. Os chineses da Califórnia, os irlandeses de Boston, os alemães do Wisconsin e os negros do Alabama têm mais coisas em comum do que de diferente. E isso se torna ainda mais notável por ter acontecido tão depressa. É um fato incontestável que os americanos de todas as regiões, de todas as origens raciais, são mais parecidos entre si que os galeses com os ingleses, os naturais de Lancashire com os londrinos, até mesmo que os nascidos nas terras baixas da Escócia com os naturais das terras altas. É surpreendente que isso tenha ocorrido em menos de duzentos anos, e a maior parte nos últimos cinquenta. A identidade americana é um fato que pode ser comprovado com facilidade.

Ao começar o retorno, eu já tinha compreendido que não poderia ver tudo. O meu reservatório de impressões estava começando a transbordar. Resolvi então conhecer mais duas regiões e depois declarar encerrada a viagem: o Texas e uma amostra do Extremo Sul. Do que eu lera, ficara-me a impressão de que o Texas está emergindo como uma força em separado, enquanto o Sul se encontra em trabalho de parto, ainda sem saber como será a futura criança. E também parecia que o trabalho de parto era tão angustiante e difícil que já tinham esquecido da criança por completo.

Minha viagem era comparável a uma refeição *au grand complet*, com muitos pratos, servida a um homem esfomeado. A princípio ele tenta comer de tudo. Mas, à medida que a refeição se desdobra, ele descobre que deve abster-se de algumas coisas para manter o apetite e as papilas gustativas em funcionamento.

Saí da Califórnia com Rocinante pelo caminho mais curto possível, um caminho que eu conhecia bem, dos velhos tempos da década de 1930. De Salinas segui para Los Banas, atravessando Fresno e Bakersfield, cruzando a passagem e entrando no deserto de Mojave, um deserto abrasador, sufocante. Mesmo naquela época do ano, as colinas se erguiam em pilhas de rochas magmáticas, e o solo estava seco e rachado pelo sol implacável. Hoje é muito fácil atravessá-lo pela estrada de alta velocidade, em carros confortáveis e seguros, com pontos de parada para descansar à sombra, todos os postos de gasolina anunciando um ar-condicionado perfeito. Mas ainda consigo me lembrar do tempo em que entrávamos nele com uma prece nos lábios, sempre atentos a qualquer ruído diferente que indicasse um problema nos motores velhos e cansados, deixando para trás o rastro de vapor que saía dos radiadores ferventes. Um enguiço qualquer no meio da estrada era um problema de verdade, a menos que não demorasse a aparecer alguém oferecendo ajuda. Nunca cruzei o Mojave sem partilhar um pouco dos sentimentos daquelas famílias de pioneiros que o cruzaram a pé, que enfrentaram aquele verdadeiro inferno terrestre, deixando um rastro de esqueletos esbranquiçados de cavalos e bois, que ainda hoje assinalam as trilhas das antigas caravanas.

O Mojave é um deserto imenso e assustador. Era como se a natureza quisesse testar a resistência e a perseverança dos homens, verificar se eram bons o bastante para chegarem à Califórnia. O calor seco, fazendo o ar tremeluzir, provoca visões de água na planície interminável. E, mesmo dirigindo a toda velocidade, as colinas que marcam os limites do deserto parecem recuar à medida que se avança. Charley, que sempre foi um cachorro insaciável por água, ofegava, asmático, e seu corpo todo sacudia-se com o esforço. Uns 20 centímetros de língua pendiam para fora da boca, gotejando. Saí da estrada e parei em uma pequena ravina para dar-lhe um pouco de água do tambor de trinta galões. Antes de ele beber, porém, despejei água em cima dele e em cima de mim, nos cabelos, ombros e camisa. O ar é tão seco que a evaporação faz com que sintamos frio de repente.

Peguei uma lata de cerveja na geladeira e sentei dentro de Rocinante, mantendo a porta aberta, contemplando a planície castigada pelo sol e pontilhada aqui e ali por moitas raquíticas.

Dois coiotes pararam a cerca de 50 metros, observando-me. A pelagem fulva parecia se fundir à areia e ao sol. Eu sabia que, ao menor movimento brusco ou suspeito da minha parte, eles desapareceriam subitamente, tornando-se invisíveis. Lentamente, peguei o meu rifle novo, aquele com o visor telescópico, que estava pendurado em cima da cama. E mais lentamente ainda fui levantando o rifle. Talvez eu estivesse semiescondido ali no interior de Rocinante, por causa da luz ofuscante lá fora. O visor telescópico do rifle abrangia uma área extensa. Os coiotes ainda não haviam se mexido.

Focalizei os dois, no campo de visão do telescópio.

A lente trouxe-os para bem perto. As línguas deles pendiam para fora, de tal forma que pareciam exibir sorrisos zombeteiros. Eram animais bem dotados e não pareciam famintos. Eram, ao contrário, até um pouco gordos, o pelo dourado riscado por fios mais escuros. Os olhos pequenos, cor de limão, estavam bem visíveis. Mirei o peito do animal que estava à direita e puxei a trava de segurança. Os cotovelos apoiados na mesa firmavam o rifle. A mira ficou parada no peito do animal. E então o coiote se sentou igual a um cachorro, erguendo a pata direita traseira para coçar o ombro direito.

Meu dedo relutava em puxar o gatilho. Devo estar ficando muito velho, minha disposição antiga deve estar se dissipando. Os coiotes não prestam. Eles roubam galinhas, atacam as perdizes e todas as outras aves de caça, dizimando-as. Matar um coiote é um mérito. Eles são o inimigo. Meu primeiro tiro derrubaria o animal que estava sentado. O outro coiote iria virar, para fugir. Eu podia muito bem liquidá-lo com um tiro em movimento, o que não seria nada difícil, pois sou um bom atirador.

Mas não disparei. Meu sentimento tradicional dizia:

– Atire!

Mas minha idade respondia:

– Não há uma só galinha num raio de 50 quilômetros. E, mesmo que haja, não são minhas galinhas. E esta região é árida, não é lugar de perdizes. Esses bichos devem estar se mantendo gordos assim com ratos e coelhos do deserto. É bicho que não presta comendo bicho que não presta. Por que deveria interferir?

Meu condicionamento insistia:

– Mate-os! Todo mundo mata coiote. É um serviço público.

Meu dedo se moveu no gatilho. A mira continuava no peito do coiote à direita, um pouco abaixo da língua estendida. Eu podia imaginar o impacto do aço, o pulo do coiote, que se debateria até que o coração dilacerado parasse. Depois, não muito depois, a sombra de um abutre surgiria no chão, depois outro e mais outro. A esta altura eu já estaria longe dali, fora do deserto, atravessando o rio Colorado. Ao lado do arbusto ficaria um esqueleto, um crânio sem olhos, uns poucos ossos pontudos, uma mancha escura de sangue seco, alguns fragmentos de pelo dourado.

Acho que estou ficando velho e lerdo demais para ser um bom cidadão. O segundo coiote estava parado ao lado da mira. Apontei o rifle para o ombro dele. Não havia como errar àquela distância. Os dois animais eram meus. Suas vidas me pertenciam. Empurrei outra vez a trava de segurança e apoiei o rifle na mesa. Sem o auxílio do telescópio, os animais não pareciam tão perto assim. O calor intenso fazia o ar tremeluzir.

222

Lembrei-me de algo que me haviam contado há muito tempo, e que espero ser verdade. Era um costume tradicional na China, conforme afirmou meu informante. Quando um homem salvava a vida de outro, tornava-se responsável por aquela vida até o fim de sua existência. O salvador, tendo interferido no curso dos acontecimentos, não podia esquivar-se da responsabilidade. Isso sempre fez sentido para mim.

Agora eu era responsável pelas vidas de dois coiotes saudáveis. No mundo delicado dos relacionamentos, estamos presos mutuamente para todo o sempre. Abri duas latas de comida de cachorro e deixei-as ali, como oferenda.

Já percorri muitas vezes o Sudoeste de carro, e sobrevoei-o outras tantas. É uma região vasta, erma e misteriosa, castigada pelo sol e impiedosa. É um mistério, esconde alguma coisa à espera de ser descoberta. Parece deserta, livre do parasita humano, mas não é bem assim. Seguindo pela linha dupla deixada por pneus, na areia e nas rochas, encontra-se uma habitação aninhada em algum lugar protegido, umas poucas árvores apontando as raízes para a água por baixo da terra, uma horta de milho e abóbora raquíticos, tiras de charque penduradas em uma corda. Há uma raça de homens do deserto, gente que não foi para lá para se esconder, e sim em busca de um refúgio dos pecados e da balbúrdia da civilização.

À noite, naquele ar seco, as estrelas descem até a terra, ficando quase ao alcance de nossas mãos. Num lugar assim é que viviam os eremitas das igrejas primitivas, contemplando o infinito com mentes abertas. Parece que os grandes conceitos da unidade e da ordem nasceram no deserto. A contagem das estrelas e a observação de seus movimentos começaram nos desertos. Conheci habitantes do deserto que escolhem o lugar em que vão viver com calma e vagar, rejeitando o nervosismo apressado de um mundo inundado em água. Tais homens em nada mudaram com os novos tempos. E, quando morrem, são sempre substituídos por outros iguais.

E há sempre mistérios no deserto, histórias contadas e recontadas, sobre lugares secretos e misteriosos nas montanhas, onde grupos sobreviventes de eras mais antigas aguardam o momento de voltar. Em geral esses grupos são guardiães de tesouros ocultos às ondas de conquista, artefatos de ouro de um Montezuma arcaico, uma mina tão rica que sua descoberta seria capaz de mudar o mundo.

Se um forasteiro descobre tais lugares, na mesma hora é morto ou absorvido, nunca mais sendo visto. Essas histórias giram sempre em torno do mesmo tema e jamais são alteradas pela pergunta inevitável: mas, se ninguém volta, como é que se sabe o que existe por lá? Ora, tem toda a razão. Ainda assim, se alguém descobrir um desses lugares, pode ter certeza de que nunca mais será visto.

Há também outra lenda que jamais se altera. Dois garimpeiros que trabalhavam em sociedade descobrem uma mina de riqueza fantástica, repleta de ouro, diamantes ou rubis. Pegam o máximo que podem carregar e marcam o local na memória, usando os mais diversos pontos de referência. Depois, a caminho do mundo exterior, um deles morre de sede e exaustão. Mas o outro continua se arrastando em frente, resoluto, livrando-se da maior parte do tesouro pelo caminho, pois ficara fraco demais para carregá-lo. Por fim, chega a um povoado, ou é encontrado por outros garimpeiros. Examinam as amostras que ele trouxera, na maior animação. Às vezes, na história, o sobrevivente morre, depois de dar as devidas orientações a seus salvadores. Outras vezes, é tratado e recupera as forças. Depois, um grupo bem equipado se põe a caminho, em busca do tesouro. O que jamais acontece. É esse o fim invariável da história – a mina nunca mais é encontrada. Já ouvi contarem-na muitas vezes, e a estrutura básica jamais se altera. O deserto é propício ao surgimento dos mitos, mas os mitos sempre costumam ter raízes em alguma realidade.

Há segredos de verdade no deserto. Na guerra que o sol e a aridez travam contra todos os seres vivos, a vida possui seus segredos de sobrevivência. Sinto-me atraído por alguns expedientes que a vida utiliza no deserto para lograr os raios fatais do sol conquistador. A terra desolada parece derrotada e morta, mas apenas na aparência. Uma organização vasta e inventiva de matéria viva consegue sobreviver, apenas aparenta ter perdido a guerra. A vegetação desbotada e poeirenta usa uma armadura oleosa para proteger a pouca umidade interior. Algumas plantas armazenam toda a água que conseguem, nas raras chuvas, para uso futuro. A vida animal se reveste de uma pele dura e seca ou de uma carapaça exterior para desafiar a desidratação. Pequenos répteis e roedores escavam um buraco ou se abrigam à sombra dos afloramentos. Os movimentos são lentos, para preservar a energia, e é raro um animal que possa desafiar o sol por muito tempo. Uma cascavel morre se ficar exposta por uma hora inteira. Alguns insetos, mais inventivos, idealizaram sistemas pessoais de refrigeração. Os animais que têm primordial necessidade de água costumam obtê-la em segunda mão: os coelhos encontram-na na umidade das folhas, os coiotes, no sangue dos coelhos.

Durante o dia, a procura por criaturas vivas, no deserto, é em vão. Mas, quando o sol se põe e a noite dá seu consentimento, todo um mundo de criaturas desperta, em intrincados padrões. Aparecem os que são caçados e os que caçam, e então os caçadores dos caçadores. A noite desperta para os zumbidos, os gritos estridentes, uivos.

Quando já ia bem adiantada a história do nosso planeta, ocorreu o incrível acidente da vida, um equilíbrio de fatores químicos combinados com temperaturas específicas, em quantidades e qualidades tão delicadas que mais parecem impossíveis. Da combinação de tudo isso no embalo do tempo, emergiu uma coisa nova sob o sol, uma coisa desamparada e desprotegida para enfrentar o mundo selvagem da ausência de vida. Ocorreram então os processos de mudança e variação nos organismos, de forma que cada espécie ficou diferente de todas as outras. Mas um ingrediente, talvez o mais importante de todos, está plantado em todas as formas de vida: o instinto de sobrevivência. Não há criatura que não o possua. A vida não existiria sem essa fórmula mágica. É claro que cada forma de vida desenvolveu seu próprio mecanismo de sobrevivência. Algumas fracassaram e desapareceram, enquanto outras povoavam a terra. A primeira vida poderia facilmente ter sido suprimida, e o acidente poderia nunca mais acontecer. Mas, a partir do momento em que começa a existir, a principal qualidade, dever, obrigação, preocupação, orientação e finalidade de cada ser vivo é continuar a viver. Assim é e assim será, até que algum outro acidente suprima toda a vida que existe. E o deserto, o deserto seco e assolado pelo sol, é uma boa escola, na qual se pode observar a astúcia e a variedade infinita de técnicas de sobrevivência, nas condições mais adversas e impiedosas. A vida não podia mudar o solo ou encher o deserto de água. Assim, adotou a solução de alterar a si mesma.

O deserto, por ser um lugar indesejado, talvez seja o último baluarte da vida contra a ausência da vida. Pois nas regiões férteis do mundo, úmidas e cobiçadas, a vida se choca contra si mesma. Em sua confusão, acaba por se aliar ao inimigo, a não vida. E o que não foi atingido pelas armas da seca, do congelamento e do envenenamento, a que a não vida recorreu, talvez seja abençoado pelo simples fato de as táticas de sobrevivência terem se deteriorado. Se a mais versátil das formas de vida, o ser humano, tem que lutar agora por sua sobrevivência, ele pode destruir, no processo não apenas a si, mas a todas as outras espécies de vida. E, se a situação se agravar, se o processo se tornar irreversível, é bem possível que lugares como o deserto se transformem no berço rude do repovoamento. Pois os habitantes do deserto estão bem treinados e bem armados para enfrentar a devastação. O homem solitário e sua esposa curtida pelo sol, que resistem nas sombras de um lugar árido e indesejado, podem muito bem, junto com seus irmãos coiotes, o coelho do deserto, cascavéis, exércitos de insetos blindados, fragmentos de vida bem treinados e testados na adversidade... Podem muito bem, repito, ser a última esperança da vida contra a não vida. O deserto já produziu muitas coisas prodigiosas.

Já falei das diferenças que se notam nas fronteiras entre os estados, no inglês das placas rodoviárias, nos estilos de cada uma, nas velocidades permitidas. Os direitos dos estados, garantidos pela Constituição Federal, parecem estar sendo exercidos com afinco e alegria. A Califórnia revista os veículos à procura de legumes e frutas que possam carregar insetos nocivos e pragas de toda espécie. Tais regulamentos são cumpridos com uma seriedade quase religiosa.

Conheci, há alguns anos, uma família alegre e inventiva de Idaho. Planejando visitar parentes na Califórnia, eles resolveram levar um carregamento de batatas para vender ao longo do caminho, a fim de ajudar nas despesas. Já haviam vendido metade da carga quando foram detidos na fronteira da Califórnia, onde proibiram a entrada das batatas. Financeiramente, eles não estavam em condições de deixar as batatas para trás. Assim, jovialmente, acamparam à beira da estrada, a pouca distância da fronteira, onde ficaram comendo batatas, vendendo batatas, trocando batatas. Após duas semanas, o caminhão estava vazio. Então passaram pelo posto da fronteira, sem qualquer dificuldade, continuando a viagem.

As diferenças entre os estados, que já foi amargamente chamada de "balcanização", criam muitos problemas. É difícil dois estados terem o mesmo imposto sobre a gasolina, e é esse imposto que, em grande parte, financia a construção e manutenção das estradas. Os gigantescos caminhões interestaduais usam as estradas e, devido a seu peso e velocidade, aumentam os custos de manutenção. Assim, os estados têm postos de pesagem para os caminhões, onde as cargas são verificadas e taxadas. E, se existe alguma diferença no imposto sobre a gasolina, os tanques são medidos e o dinheiro é devidamente cobrado. As placas diziam: PARADA OBRIGATÓRIA PARA TODOS OS CAMINHÕES. Como eu tecnicamente dirigia um caminhão, parei também, mas me fizeram sinal para seguir adiante. Não estavam procurando picapes como a minha, mas algumas vezes parei para conversar com os inspetores, quando não estavam muito ocupados. O que me leva a falar sobre o problema da polícia estadual. Como a maioria dos americanos, eu também não sou grande apreciador da polícia. E as constantes investigações de denúncias de suborno, brutalidade e outros malfeitos das forças municipais não contribuem em nada para me tranquilizar. Contudo, minha hostilidade não se estende aos patrulheiros estaduais, atualmente em ação na maior parte do país. Pelo simples expediente de recrutar homens inteligentes e instruídos, pagando-lhes adequadamente e pondo-os acima de coação política, muitos estados conseguiram criar um corpo policial de elite, integrado por homens conscientes de sua dignidade e orgulhosos de seu serviço. Há de chegar o dia em que nossas cidades sentirão a necessidade de reorganizar as forças policiais, dentro do mesmo esquema das polícias estaduais. Mas isso jamais acontecerá enquanto organizações políticas detiverem o poder, por menor que seja, de recompensar ou punir.

Do outro lado do rio Colorado, em frente a Needles, erguem-se os baluartes escuros e denteados do Arizona, recortados contra o céu. Por trás deles estende-se uma imensa planície, um pouco inclinada, que se ergue suavemente na direção da espinha dorsal do continente. Conheço muito bem esse caminho, já o atravessei muitas vezes. Kingman, Ash Fork, Flagstaff, com suas montanhas escarpadas por trás, depois Winslow, Holbrook, Sanders, montanha abaixo e de novo montanha acima. E o Arizona tinha acabado. As cidades eram um pouco maiores e mais iluminadas do que eu me lembrava. Os motéis eram maiores e mais luxuosos.

Entrei no Novo México, passei por Gallup à noite e fui acampar no sopé das Montanhas Rochosas, que são muito mais espetaculares do que ao norte. A noite estava muito fria e seca, e as estrelas pareciam pedaços de vidro lapidado. Entrei em um pequeno cânion, ao abrigo do vento, indo parar junto a uma montanha de garrafas, principalmente de uísque e de gim, milhares delas. Não sei por que estavam ali.

Fiquei sentado na cabine e resolvi enfrentar o que eu procurava esconder de mim mesmo. Eu estava seguindo a toda velocidade, devorando os quilômetros, porque já não era capaz de ver ou ouvir. Passara do meu limite de apreender as coisas. Como um homem que continua a comer e está empanturrado, eu me sentia incapaz de assimilar o que os meus olhos viam. Cada montanha se parecia com a anterior. Eu me sentira assim no Museu do Prado, em Madri, depois de admirar cerca de cem quadros. Sentia uma incapacidade total de ver mais qualquer coisa.

Era o momento de encontrar um lugar abrigado e ermo, à beira de um córrego, para descansar e renovar as forças. Charley, sentado a meu lado no escuro, mencionou uma certa dificuldade com um pequeno suspiro, quase um gemido. Eu me esquecera completamente dele. Deixei-o sair, e ele se encaminhou para a colina de garrafas quebradas, farejou-as e tomou outra direção.

O ar da noite estava muito frio. Acendi a luz da parte traseira de Rocinante e passei para lá, acendendo o gás para esquentar. Ali reinava a maior confusão. Minha cama estava por fazer, havia pratos sujos na pia. Sentei-me na cama e fiquei olhando para aquela desolação. Por que eu tinha de pensar que poderia aprender alguma coisa a respeito da América fazendo uma viagem daquelas? Nos últimos 200 quilômetros, procurara evitar as pessoas. Mesmo nas paradas necessárias para reabastecer da gasolina, eu me limitara a respostas monossilábicas, sem guardar qualquer imagem na mente. Meus olhos e meu cérebro estavam falhando. Eu procurava apenas enganar a mim mesmo, esforçando-me para acreditar que

230

aquela viagem era importante, ou mesmo instrutiva. Havia um remédio de efeito imediato ao meu alcance. Estendi a mão e peguei a garrafa de uísque, sem nem me levantar. Enchi meio copo, cheirei e despejei o uísque de volta na garrafa. Aquilo não era um remédio.

Charley ainda não voltara. Abri a porta de trás e assoviei para ele, mas não obtive resposta, o que me deixou preocupado. Peguei a lanterna e iluminei o cânion. A luz refletiu em dois olhos, a cerca de 50 metros de distância. Subi correndo pelo caminho e encontrei Charley parado, olhando para o vazio, exatamente como eu fizera um pouco antes.

– Qual é o problema, Charley? Não está se sentindo bem?

A cauda dele abanou devagar, como que em resposta.

– Estou, sim. Acho que estou.

– Por que não veio quando eu assoviei?

– Não ouvi o assovio.

– O que você está olhando?

– Não sei. Acho que nada.

– Não vai querer jantar?

– Não estou com muita fome. Mas acho que posso comer um pouco.

De volta a Rocinante, ele se estendeu no chão e colocou a cabeça entre as patas.

– Suba na cama, Charley. Vamos ficar infelizes juntos.

Ele obedeceu, sem muito entusiasmo. Passei os dedos pelo topete dele, por trás das orelhas, do jeito como ele gosta.

– Está bom assim?

Ele virou um pouco a cabeça.

– Um pouco mais para a esquerda. Assim... Esse é o lugar.

– Temos sido uns péssimos exploradores, Charley. Alguns dias de viagem e já estamos imersos na mais profunda melancolia. O primeiro homem branco que passou por aqui... creio que se chamava Narváez e que seu pequeno passeio demorou seis anos. Chegue um pouco para lá, para eu poder ver. Não,

231

foram oito anos, de 1528 a 1536. E o próprio Narváez não chegou tão longe assim. Mas quatro de seus homens chegaram. Será que eles também ficaram melancólicos, como nós? Nós somos muito moles, Charley. Talvez esteja na hora de demonstrarmos um pouco de coragem. Quando é o seu aniversário?

– Não sei. Talvez seja como o dos cavalos, no dia 1º de janeiro.

– Acha que pode ser hoje?

– Quem sabe?

– Eu podia fazer um bolo para você. Tem que ser um bolo simples, porque é o que eu tenho. Mas podemos pôr bastante calda em cima, e uma vela.

Charley observou os preparativos com algum interesse. O rabo dele, em movimentos lentos e delicados, prosseguia a conversa:

– Se alguém visse você preparar um bolo de aniversário para um cachorro que nem mesmo sabe o dia em que nasceu, com certeza pensaria que está louco.

– Se você comete tantos erros gramaticais assim com o rabo, então é melhor mesmo que não saiba falar.

Saiu um bolo muito bom, de quatro camadas, com calda de maçã e uma vela em cima. Bebi um trago de uísque puro à saúde de Charley, enquanto ele comia e lambia a calda. Depois, nós dois nos sentimos melhor. Só que não podíamos esquecer os homens de Narváez. Oito anos: havia homens de verdade, naqueles tempos.

Charley lambeu a calda dos bigodes.

– Por que está tão melancólico?

– Porque parei de ver as coisas. E, quando isso acontece, a gente começa a pensar que nunca mais vai voltar a fazê-lo.

Ele se levantou e espreguiçou.

– Vamos dar uma volta até o alto da colina – sugeriu. – Talvez você comece a ver de novo.

Inspecionamos a pilha de garrafas quebradas e depois nos embrenhamos pela trilha. O ar seco e gelado fazia com que a nossa respiração saísse em nuvens de vapor. Algum animal bastante grande desceu a encosta depressa, à nossa frente. Ou talvez tenha sido um animal pequeno e uma avalanche.

– O que seu faro diz que era?

– Nada que eu reconhecesse. Um cheiro almiscarado. Também não é nada que eu possa perseguir.

A noite estava tão escura que inúmeros pontos pequenos de um brilho intenso se sobressaíam. A luz da lanterna refletiu em alguma coisa brilhante, na encosta rochosa da colina. Escalei-a, escorregando, perdi o reflexo de luz e voltei a encontrá-lo. Era uma pedra lascada há pouco tempo, com um pedaço de mica incrustado. Não era nenhuma fortuna, mas em todo caso uma boa coisa para ter. Guardei-a no bolso e fomos para a cama.

Parte IV

Parte IV

Quando comecei esta narrativa, sabia que mais cedo ou mais tarde teria que ir até o Texas e depois falar a respeito, e receava esse momento. Eu poderia ter contornado o Texas com a mesma facilidade com que um viajante espacial pode evitar a Via Láctea. Uma faixa de terra estreita se estende para o norte, e o resto do estado segue ao longo do rio Grande. Depois que chegamos ao Texas, parece que levamos uma eternidade para sair de lá. Algumas pessoas nunca conseguem.

Permitam dizer, antes de mais nada, que mesmo que eu quisesse evitar o Texas não poderia fazê-lo, pois casei-me com esse estado, e ele povoa toda a minha vida. E manter-se afastado de lá, geograficamente, não adianta coisa alguma, pois o Texas avança até nossa casa em Nova York, vai até nosso chalé de verão em Sag Harbor. E, quando tínhamos um apartamento em Paris, o Texas também estava lá. O Texas se espalha pelo mundo com uma intensidade ridícula. Certa vez, em Florença, ao conhecer uma linda princesinha italiana, disse para o pai dela:

– Mas ela não parece italiana. Pode soar estranho, mas ela parece uma índia americana.

Ao que o pai respondeu:

– E por que não deveria parecer? O avô dela casou-se com uma cheroqui no Texas.

Os escritores que falam sobre o Texas acabam afundando em generalidades. Eu não sou exceção. O Texas é um estado de espírito. O Texas é uma obsessão. Acima de tudo, o Texas é uma nação, em todos os sentidos da palavra. E aí está, para começar, todo um bando de lugares-comuns. Um texano, fora de sua terra natal, é um estrangeiro. Minha esposa refere-se a si mesma como a texana que escapou. Mas isso só é verdade em

237

parte. Ela praticamente não tem sotaque, mas basta conversar com um texano para voltar ao que era antes. Não é preciso escavar muito fundo para descobrir sua origem. Ela pronuncia palavras *yes* e *air* com duas sílabas – *yayus, ayer*. Às vezes, quando ela está cansada, *ink* transforma-se em *ank*.

Tenho estudado o problema do Texas sob muitos ângulos e por muitos anos. E é claro que cada uma das minhas verdades inabaláveis é cancelada pela seguinte. Fora do seu estado, tenho a impressão de que os texanos ficam um pouco assustados e inibidos. Daí a ostentação, a arrogância e a complacência ruidosa, manifestações típicas das crianças tímidas. Em casa, porém, os texanos não são nada disso. Os que eu conheci são afáveis, cordiais, generosos e calados. Já em Nova York é frequente ouvi-los se gabarem de alguma singularidade que preservam com carinho. O Texas é o único estado que ingressou na União através de um tratado. Conserva o direito de separar-se, quando assim o desejar. E ouvimos os texanos ameaçarem uma separação com tanta frequência que formei uma organização entusiástica – Amigos Americanos para a Secessão do Texas. Isso faz com que eles mudem de assunto na mesma hora. Os texanos querem ter o direito de se separar da União quando quiserem, mas não admitem que ninguém deseje que eles se separem.

Como a maioria das nações arrebatadas, o Texas possui sua própria história, baseada em fatos, mas não por estes limitada. A tradição dos sertanejos valentes e versáteis é verdadeira, mas não exclusiva. Poucas pessoas sabem que, na Virgínia de antigamente, quando ela estava no esplendor de sua glória, havia três punições para os crimes mais graves: a morte, o exílio para o Texas e a prisão, nesta ordem. E alguns dos deportados devem ter deixado descendentes.

Há outras coisas. A gloriosa defesa até o último homem do Álamo, contra as hordas de Santa Anna é um fato. Os texanos de fato lutaram com bravura para conquistar sua independência do México, e as palavras liberdade e independência são sagradas no Texas. Mas é preciso ir ter com os historiadores europeus contemporâneos para se encontrar uma opinião não texana sobre a natureza da tirania que os levou à revolta. Os observadores estrangeiros afirmam que havia duas espécies de pressão. Os texanos, dizem eles, não queriam pagar impostos. Além disso, o México abolira a escravidão em 1829. E, como o Texas fazia parte do México, os texanos estavam obrigados a libertar seus escravos. É claro que houve outras causas para a revolta, mas essas duas parecem espetaculares para os europeus, e é raro serem mencionadas por aqui.

Já disse eu que o Texas é um estado de espírito, mas acho que é mais do que isso. É quase místico, algo próximo de uma religião. E isso é verdade à medida que as pessoas amam ou odeiam o Texas apaixonadamente. E, como acontece em outras religiões, poucas pessoas se atrevem a analisar seus sentimentos, com receio de perdê-los diante do mistério e dos paradoxos. Quaisquer observações minhas podem ser logo anuladas por opiniões ou contraobservações. Mas creio que quase ninguém irá contestar uma das impressões que tenho sobre o Texas. Apesar de sua enorme extensão, apesar de todas as disputas, dissensões e hostilidades internas, o Texas possui uma coesão que deve ser mais forte do que a de qualquer outra região da América. Quer se trate das zonas ricas ou das pobres, da faixa de terra que se estende pelo norte adentro ou da costa do Golfo, das cidades ou dos campos, o Texas é a obsessão, o centro das atenções e a propriedade apaixonante de todos os texanos. Alguns anos atrás, Edna Ferber escreveu um livro sobre um grupo muito pequeno de texanos ricos. Pelo que sei, a descrição foi bastante exata. Mas ela deu ênfase ao descrédito desse grupo. E, no mesmo instante, o livro foi atacado por texanos de todos os grupos, classes e posses. Atacar um texano é atrair o fogo de todos os texanos. Por outro lado, a pilhéria no Texas é uma insti-

239

tuição reverenciada, em muitos casos tendo como objetivo o próprio Texas.

A tradição do criador de gado do sertão é carinhosamente acolhida no Texas, assim como a gota de sangue normando na Inglaterra. E, embora seja verdade que muitas famílias descendem de colonos contratados, não muito diferentes dos *braceros* da atualidade, todos acalentam o sonho distante dos novilhos à solta, dos horizontes intermináveis, sem cercas. Quando um homem ganha uma fortuna com o petróleo ou contratos do governo, com a indústria química ou comércio atacadista, sua primeira providência é comprar um rancho, o maior que puder, pondo-se a criar algum gado. Um candidato a qualquer cargo público que não possua rancho tem poucas possibilidades de sucesso. A tradição da terra está profundamente arraigada na mentalidade do Texas. Homens de negócios usam botas de salto alto que nunca conheceram um estribo. Milionários que têm casas em Paris e com frequência saem para caçar galos silvestres na Escócia referem-se a si mesmos como simples caipiras, gente da roça. Seria fácil gracejar de tal atitude, se não soubéssemos que, dessa maneira, eles procuram manter o vínculo com a força e a simplicidade da terra. Instintivamente, eles sabem que essa é tanto fonte de riqueza quanto de energia. E a energia dos texanos é ilimitada e explosiva. O homem bem-sucedido, com seu rancho tradicional, não é proprietário ausente, pelo menos na minha experiência. Ele trabalha no rancho, supervisiona os cuidados do rebanho, preocupa-se em aumentá-lo. A energia, num clima tão quente quanto desconcertante, também é desconcertante. E a tradição de trabalho árduo é mantida, qualquer que seja a fortuna ou a ausência dela.

A força de uma atitude é surpreendente. Entre outras tendências que se destacam, o Texas é uma nação militarista. As forças armadas dos Estados Unidos estão repletas de texanos e muitas vezes são dominadas por texanos. Até mesmo os esportes espetaculares, tão apreciados no Texas, são dirigidos, quase como operações militares. Em nenhum lugar existem bandas maiores ou mais organizações de marcha, com regimentos de moças fantasiadas girando bastões reluzentes. Os jogos regionais possuem a glória e o desespero da guerra. E, quando uma equipe do Texas entra em campo para enfrentar um adversário de outro estado, é como se fosse um exército com as bandeiras tremulando ao vento.

Se eu falo tanto da energia do Texas, é porque a conheço muito bem. Tenho a impressão de que essa energia se assemelha ao impulso de dinamismo que possibilitou a povos inteiros emigrarem e conquistarem, em eras anteriores. A massa de terra do Texas é rica em despojos recuperáveis. Se não fosse assim, creio que a energia incansável dos texanos os teria levado a conquistar outras terras. Esta convicção está, de certa forma, relacionada com as mudanças irrequietas da capital do estado. Mas até agora, pelo menos, as conquistas texanas se efetivaram através da compra, em vez da guerra. Os desertos ricos em petróleo do Oriente Médio e as terras virgens da América do Sul já sentiram a presença e o vigor dos texanos. E há também as conquistas pela força do capital: fábricas no Centro-Oeste, de alimentos e ferramentas, complexos madeireiros, centros produtores de celulose e papel. Até mesmo algumas editoras já foram acrescentadas aos despojos legítimos dos modernos conquistadores texanos do século XX. Não insinuo qualquer moralismo nestas observações, nenhuma advertência. A energia tem que encontrar um escoadouro, e é inevitável encontrá-lo.

Em todas as épocas, nações ricas, vigorosas e bem-sucedidas, depois de conquistarem a sua posição de destaque no mundo, sentiram ânsia de arte, de cultura, até mesmo de instrução e beleza. As cidades do Texas dispararam para cima e para fora. As universidades transbordam de presentes e doações. Teatros e orquestras sinfônicas surgem da noite para o dia. Em qualquer explosão gigantesca e exuberante de energia e entusiasmo não pode deixar de haver erros e imprevisões, até mesmo julgamento e gosto deficientes. E sempre existe à margem a fraternidade estéril de críticos para depreciar e ridicularizar, para tudo receber com horror e desprezo. O que atrai o meu interesse é o simples fato de essas coisas serem feitas. Sem a menor dúvida, acontecerão incontáveis fracassos vergonhosos. Mas a história do mundo mostra que os artistas são atraídos para os lugares em que são bem recebidos e bem tratados.

Por sua natureza e seu tamanho, o Texas nos induz a generalidades, que quase sempre representam paradoxos – o "velho caipira" ouvindo uma sinfonia, o rancheiro de botas e calça de zuarte na Neiman-Marcus comprando peças de jade chinesas.

Na política, o Texas mantém o seu paradoxo. Tradicional e nostalgicamente, continua a ser um estado democrata do Sul. O que não impede que vote em republicanos conservadores nas eleições nacionais, ao mesmo tempo em que elege liberais para os cargos nas cidades e nos condados. Minha declaração inicial ainda está de pé: tudo no Texas talvez seja anulado por alguma outra coisa.

A maioria das regiões do mundo podem ser situadas em latitude e longitude, descritas quimicamente no que diz respeito ao solo, ar e água, povoadas por floras identificadas e faunas conhecidas, sempre com limites. Mas há outras regiões em que a fábula, o mito, o preconceito, o amor ou a saudade interferem, deformando toda e qualquer análise fria e imparcial, instalando uma confusão desconcertante e exuberante, que passa a imperar para sempre. A Grécia é assim, como também aquelas partes da Inglaterra por onde andou o rei Arthur. Uma característica de tais lugares é, como estou procurando definir, o fato de serem em grande parte pessoais e subjetivas. O Texas é um desses lugares.

Percorri o Texas de ponta a ponta e sei que, dentro de suas fronteiras, há muitos tipos de campo, relevo, clima e conformação, abrangendo todas as variações que existem no mundo,

242

à exceção do Ártico – mas um bom vento do norte pode vir a cobrir de gelo uma parte do Texas. As planícies da faixa de terra que se estende para o norte são muito diferentes das pequenas colinas cobertas de árvores e dos córregos suaves das montanhas Davis. Os pomares de frutas cítricas do vale do rio Grande não têm qualquer relação com as pastagens do Sul do Texas. O ar quente e úmido da Costa do Golfo não tem qualquer semelhança com o ar frio e seco do Norte. E Austin, nas colinas, junto aos lagos, é tão diferente de Dallas que bem poderia estar situada do outro lado do mundo.

O que estou tentando dizer é que não existe unidade física ou geográfica no Texas. A unidade é um estado de espírito. E não apenas para os texanos. A palavra Texas é um símbolo no mundo inteiro. Não há a menor dúvida de que esse Texas da imaginação é quase sempre sintético, algumas vezes inverídico, muitas vezes romântico. Mas isso não diminui sua força como símbolo.

Essas considerações preliminares sobre a natureza da ideia do Texas servem de introdução às minhas andanças por lá, a bordo de Rocinante, em companhia de Charley. Logo ficou patente que essa etapa da viagem teria que ser diferente das demais. Em primeiro lugar, porque eu já conhecia a paisagem. Em segundo, porque eu tinha amigos e parentes da minha esposa por toda parte. Tal circunstância torna a objetividade praticamente impossível, pois não conheço nenhum outro lugar onde a hospitalidade seja praticada com tanto fervor quanto no Texas.

Antes de me ver engolfado por essa generosidade humana agradável, se bem que às vezes exaustiva, tive três dias de anonimato em um motel no centro de Amarillo. Um carro que passara em sentido contrário, em uma estrada cheia de cascalho, lançara uma porção de pedras no para-brisa de Rocinante, que quebrara e precisara ser substituído. Isso, porém, não era o mais importante. Charley tivera uma recaída de sua antiga

243

doença, e desta vez o caso era sério, ele sentia dores terríveis. Lembrei-me daquele infeliz e incompetente veterinário que procurara antes, e que não soubera o que Charley tinha, nem se importara. E recordei também da expressão de dor e desprezo com que Charley o fitara.

Em Amarillo, o veterinário que chamei ainda era jovem. Veio em um conversível de preço médio. Inclinou-se sobre Charley e perguntou:

– Qual é o problema dele?

Expliquei a dificuldade de Charley. As mãos do jovem veterinário se abaixaram e apalparam os quadris e o abdome distendido do cão. Eram mãos hábeis e experientes. Charley deixou escapar um suspiro de alívio e lentamente abanou a cauda. Entregou-se aos cuidados do jovem veterinário com a mais absoluta confiança. Eu já vira esse estabelecimento instantâneo de uma relação, e isso sempre me impressionara e agradara.

Os dedos fortes apertaram e investigaram. O veterinário finalmente se levantou.

– Isso pode acontecer com qualquer um já mais idoso – afirmou.

– É o que estou pensando?

– É, sim. Prostatite.

– Pode curá-lo?

– Claro. Mas terei que relaxá-lo primeiro, para depois dar a medicação necessária. Pode deixá-lo aqui por uns quatro dias?

– Podendo ou não, deixarei.

Ele pegou Charley nos braços e levou-o até o conversível, ajeitando-o no banco da frente. Charley bateu com o rabo peludo no couro. Estava contente e confiante, e eu também. E foi assim que tive de ficar por algum tempo em Amarillo. Para concluir o episódio, peguei Charley quatro dias depois, completamente curado. O veterinário entregou-me algumas pílulas para dar a ele, a intervalos regulares durante a viagem, de forma que o problema não voltasse. Ainda não inventaram nada que possa tomar o lugar de um bom homem.

Não pretendo estender-me demais sobre o Texas. Desde a morte de Hollywood, o estado da Estrela Solitária tomou o lugar de centro das atenções para entrevistas, análises e discussões. Mas nenhuma descrição do Texas estaria completa sem uma orgia ao estilo texano, mostrando homens de imensa fortuna a esbanjar seus milhões em um exibicionismo sem gosto e apaixonado. Minha esposa viera de Nova York para encontrar-se comigo e fomos convidados a passar o Dia de Ação de Graças em um rancho local. O dono é um amigo que de vez em quando vai a Nova York, onde sempre lhe oferecemos uma festa. Não vou dizer o nome dele, seguindo a tradição de deixar o leitor adivinhar. Presumo que ele seja rico, embora eu jamais o tenha interrogado a esse respeito. Como convidados, chegamos ao rancho na tarde anterior à festa do Dia de Ação de Graças. Era uma linda propriedade, com muita água, muitas árvores e pastagens intermináveis. Por toda parte, tratores haviam erguido represas de terra para conter a água, formando uma série de açudes que se estendiam até o centro do rancho. Nas planícies de bom pasto, *Herefords* de raça pastavam, levantando a cabeça quando passamos, lançando uma nuvem de poeira. Não sei qual o tamanho do rancho. Também não fiz essa pergunta ao anfitrião.

A casa, construção de alvenaria de apenas um pavimento, ficava no meio de um bosque de choupos, em uma pequena elevação, ao lado de uma lagoa formada pelo represamento de uma nascente. A superfície escura da água era perturbada volta e meia pelas trutas que aliviavam. A casa era confortável, com três quartos, todos com banheiro completo, inclusive banheira e boxe com chuveiro. A sala de estar, revestida de pinho, também servia de sala de jantar, com uma lareira em uma das extremidades, e ao lado, encostado na parede, um armário de armas com porta de vidro. Pela porta aberta da cozinha, pudemos ver a equipe doméstica, uma senhora corpulenta e escura e uma jovem sorridente. Nosso anfitrião nos recebeu na porta e ajudou a carregar nossas malas.

A festa começou na mesma hora. Tomamos um banho e, assim que saímos, fomos servidos de *scotch* com soda, que bebemos com prazer. Depois, fomos ver o estábulo, do outro lado do caminho, e o canil, onde havia três *pointers*, um dos quais, porém, não estava passando muito bem. Em seguida visitamos o curral, onde a filha do anfitrião estava treinando um belo cavalo três-quartos. Depois disso, fomos ver duas novas barragens, por trás das quais a água subia lentamente. Estivemos em diversos pastos cercados, onde ficavam as cabeças compradas recentemente. Tamanha violência deixou-nos esgotados e voltamos para a casa, para tirar um cochilo.

Acordamos para descobrir que os vizinhos estavam começando a chegar. Os primeiros trouxeram um caldeirão de chili com carne feito à base de uma receita de família, o melhor que já provei. Outras pessoas ricas foram chegando, todas ocultando seu status em calças de zuarte e botas de montaria. Foram servidos drinques e a conversa, que versou sobre caçadas, cavalos e criação de gado, foi pontilhada por muitas risadas. Recostei-me num banco junto à janela e fiquei observando, sob o crepúsculo que se adensava, os perus selvagens que se empoleiravam nos choupos. Eles alçavam voo, um pouco desajeitados, e se espalhavam pelas árvores, em seguida fundindo-se com elas e tornando-se invisíveis. Contei pelo menos trinta perus empoleirados.

Quando a escuridão chegou, a janela transformou-se em um espelho no qual eu podia observar meu anfitrião e seus convidados sem que eles soubessem. Estavam todos sentados pela sala, alguns em cadeiras de balanço, três mulheres em um sofá. A sutileza da ostentação despertou minha atenção. Uma das mulheres estava tricotando um suéter, enquanto outra se entretinha com um problema de palavras cruzadas, batendo nos dentes com a borracha da ponta de um lápis amarelo. Os homens conversavam, tranquilos, sobre pastos e aguadas, sobre isto e aquilo, sobre alguém que comprara um touro campeão na Inglaterra e o trouxera de avião para o Texas. Vestiam calças de zuarte desbotadas, esgarçadas nas costuras de uma forma que só acontece depois de uma centena de lavagens.

Mas os detalhes não paravam por aí. As botas estavam bem roçadas na parte de dentro, manchadas de suor de cavalo, os saltos gastos. Os homens estavam com as golas das camisas abertas, deixando à mostra as gargantas queimadas pelo sol. Um deles se dera ao trabalho de quebrar o dedo indicador, que estava preso numa tala envolta por uma tira de couro cortada de uma luva. Meu anfitrião chegou ao extremo de servir os convidados de um bar que consistia de uma cuba de gelo, garrafas pequenas de soda, duas garrafas de uísque e uma caixa de champanhe.

Todo o lugar cheirava a dinheiro. A filha do meu anfitrião, por exemplo, estava sentada no chão, limpando um rifle calibre .22 enquanto contava o caso sofisticado e irreverente de seu garanhão, que pulara o portão alto do curral e fora visitar uma égua no condado vizinho. Ela achava que tinha direitos de propriedade sobre o futuro potrinho, tendo em vista a excelente linhagem do seu cavalo. A cena confirmava o que todos já ouvimos falar sobre os fabulosos milionários texanos.

Eu me lembrei de uma ocasião em Pacific Grove, quando estava pintando o interior de um chalé que meu pai construíra antes de eu nascer. O ajudante que eu contratara trabalhava ao meu lado. Como nenhum de nós dois era técnico em pintura, estávamos todos salpicados de tinta. De repente, descobrimos que a tinta acabara. Disse:

– Neal, corra até a Holman's e compre meio galão de tinta e um quarto de solvente.

– Vou ter que me lavar primeiro e trocar de roupa – respondeu ele.

247

– Não precisa! Vá como está.

– Não posso.

– Por que não? Eu iria.

Ele disse então uma coisa muito sensata e memorável:

– O senhor deve ser muito rico para andar assim tão malvestido. E não é piada, é verdade.

E também era verdade ali, naquela festa. Como aqueles texanos deviam ser incrivelmente ricos para viver com toda aquela simplicidade!

Fui dar um passeio com minha esposa ao redor do lago das trutas. Subimos uma colina. O ar estava frio e o vento que soprava do norte trazia o inverno consigo. Procuramos ouvir o coaxar das rãs, mas elas já tinham se recolhido para o inverno. Mas ouvimos um coiote uivar a favor do vento e uma vaca gritar por seu bezerro desmamado. Fomos até o canil. Os *pointers* aproximaram-se da tela, contorcendo-se como cobras, alegres, farejando entusiasmados. Até mesmo o que estava doente saiu da casa para nos cumprimentar. Depois ficamos parados à entrada do estábulo, sentindo o cheiro da alfafa e da cevada comprimida. No curral, os cavalos reprodutores resfolegaram para nós. O garanhão da moça desferiu um coice em um capão amigo, só para não perder a prática. Corujas voavam pela noite, soltando gritos estridentes, à procura de suas presas. Ao longe, ouvi os pios de um gavião noturno. Desejei que Charley estivesse ali conosco. Ele teria apreciado aquela noite. Mas estava descansando em Amarillo, sob o efeito de sedativos, curando a sua prostatite. O vento cortante do norte assoviava pelos galhos nus dos choupos. Parecia-me que o inverno, que durante a viagem toda estivera em meu encalço, finalmente me alcançara. Em algum ponto do nosso – ou pelo menos do meu – passado zoológico recente, a hibernação deve ter sido uma constante. Por que outro motivo o ar frio da noite me daria tanto sono? A verdade é que dá, e deu naquele momento. Voltamos para a casa e descobrimos que os hóspedes já haviam se retirado. Fomos para a cama.

Acordei cedo. Eu tinha visto dois caniços encostados na tela, do lado de fora do nosso quarto. Desci a colina gramada, escorregando na geada, até a beira do lago escuro. Prendi uma isca artificial no anzol, já um tanto esfiapada, mas que ainda servia. No momento em que o anzol com a isca tocou a superfície do lago, a água espumou. Suspendi uma truta de 25 centímetros, com todas as cores do arco-íris, jogando-a na relva e batendo na cabeça dela. Arremessei o anzol quatro vezes e peguei quatro trutas. Limpei-as e joguei as vísceras dentro do lago, para as suas companheiras.

A cozinheira me serviu um café. Sentei-me a um canto da cozinha enquanto ela mergulhava as trutas em farinha de trigo e depois as fritava em gordura. Foram como fatias de bacon que se desmanchavam na minha boca. Fazia muito tempo que eu não comia uma truta daquele jeito, apenas cinco minutos da água à frigideira. A gente tem que pegar a truta frita com toda delicadeza, mantendo os dedos, na cabeça e no rabo, comendo devagar, em torno da espinha. No final come-se o rabo, tão quebradiço quanto batata frita. O café tinha um gosto especial de manhã gelada, quando a terceira xícara é tão gostosa como a primeira. Eu teria continuado na cozinha, sem sequer falar com a cozinheira, mas ela me expulsou, pois precisava rechear dois perus para a festa de Ação de Graças.

No meio da manhã, com o sol brilhando no céu, saímos para caçar perdizes. Levei a minha velha e lustrosa carabina calibre .12, com o cano cheio de mossas, que trouxera em Rocinante. Aquela arma já não era grande coisa quando eu a comprei, de segunda mão, 15 anos atrás. E não melhorara nada desde então. Mas provavelmente é tão boa quanto eu. Se eu consigo fazer a mira direito, a arma se encarrega de abater a caça. Antes de partirmos, olhei com uma certa ânsia, através da porta de vidro, para uma Luigi Franchi de cano duplo, calibre .12, uma culatra maravilhosamente lavrada que me encheu de cobiça. O brilho do cano era de puro aço de Damasco. A coronha se prolongava pelo fecho, que se prolongava pelos canos como se o conjunto tivesse nascido assim, de alguma semente mágica. Tenho certeza de que o meu anfitrião, se tivesse percebido minha inveja, teria me emprestado aquela beleza. Mas não pedi. E se eu tropeçasse e caísse, se a deixasse cair, se batesse com aqueles canos impecáveis de encontro a uma pedra? Não, era melhor não levá-la. Seria como carregar as joias da coroa por um campo minado. Minha velha arma, toda surrada, tinha algum valor, mas não a ponto de eu precisar me incomodar se alguma coisa lhe aconteceria.

Durante uma semana, meu anfitrião estivera observando os locais em que os bandos de perdizes se reuniam. Nós nos espalhamos e avançamos por entre as moitas e arbustos, entrando e saindo da água, subindo e descendo colinas, enquanto os *pointers* seguiam à nossa frente e uma velha cadela chamada Duquesa, com fogo nos olhos, se adiantava ainda mais do que eles. Encontramos pegadas de perdizes na lama, na areia, perto das águas, encontramos penas de perdizes nas pontas ressequidas dos arbustos. Caminhamos por quilômetros e quilômetros, a passos lentos, as armas levantadas, prontos para disparar ao primeiro ruído de asas. E não vimos uma perdiz sequer. Os cachorros também não viram ou farejaram nenhuma perdiz. Elas tinham partido, de verdade. Sou um caçador de perdizes apenas razoável, mas os homens que estavam comigo eram excelentes, os cachorros eram profissionais, espertos e esforçados. Contamos histórias e algumas mentiras sobre caçadas anteriores, mas isso não aliviou o constrangimento. Não havia perdizes e estava acabado. Mas existe uma boa coisa nas caçadas. Mesmo quando não se encontra a caça, a gente prefere ter ido a ter ficado.

Meu anfitrião achou que eu estava desconsolado. Então disse:

250

– Vamos fazer uma coisa: hoje à tarde, pegue aquela sua calibre .222 e atire num peru selvagem.

– Tem quantos? – perguntei.

– Há dois anos, trouxe trinta para cá. Acho que agora deve ter uns oitenta.

– Eu contei trinta no bando que voou para os galhos dos choupos perto da casa, ontem à noite.

– Há dois outros bandos.

Na verdade, eu não queria um peru. O que faria com um em Rocinante? Então disse:

– Espere mais um ano. Quando eles chegarem a cem, voltarei aqui e caçaremos juntos.

Voltamos para casa, tomamos banho e fizemos a barba. E, como era Dia de Ação de Graças, vestimos camisas brancas, paletós, e pusemos gravatas. A festança começou na hora prevista, duas da tarde. Vou passar pelos detalhes depressa, para não chocar os leitores. E também porque não vejo motivo para lançar qualquer escárnio sobre aquelas pessoas. Depois de duas boas doses de uísque, os dois perus tostados e recheados foram postos na mesa e trinchados pelo anfitrião. Cada um tratou de se servir. Agradecemos como é devido e depois fizemos um brinde. Em seguida devoramos os perus, até atingirmos um estado de insensibilidade apropriada. Depois, como os romanos decadentes das orgias de Petrônio, demos uma volta e nos retiramos para o cochilo necessário e inevitável. E assim foi a minha festança do Dia de Ação de Graças no Texas.

É claro que eu não acredito que eles façam isso todos os dias. Não poderiam. E, de certa forma, a mesma coisa acontece quando eles vão nos visitar em Nova York. É evidente que querem assistir a todos os espetáculos, ir a boates. E, ao cabo de uns poucos dias, dizem:

– Não entendo como vocês conseguem viver desse jeito.

Ao que respondemos:

– Não vivemos assim. Quando vocês voltam para casa, não fazemos mais nada disso.

Sinto-me melhor por ter levado à luz da crítica os costumes decadentes dos ricos texanos que conheço. Mas jamais acreditei, por um instante sequer, que eles comam *chili con carne* e peru assado todos os dias.

Quando formulei os planos para a minha viagem, havia algumas perguntas definidas para as quais eu queria encontrar respostas. Não me pareciam perguntas de resposta impossível. Creio que todas elas podiam ser resumidas numa única: "Como são os americanos de hoje?"

Na Europa, um dos esportes mais populares é descrever como são os americanos. Todos parecem saber. E nós também nos dedicamos alegremente a esse jogo. Quantas vezes não ouvi um de meus conterrâneos, depois de uma viagem de três semanas pela Europa, descrever com certeza absoluta a natureza dos franceses, ingleses, alemães e, entre todos eles, os russos? Viajando pelo exterior, logo aprendi a diferença entre um americano e os americanos. Eles estão tão distantes que até poderiam ser opostos. Muitas vezes, depois de descrever os americanos com hostilidade e desdém, um europeu vira-se para mim e diz:

– É claro que não estou falando de você. Estou me referindo aos outros.

Tudo se resume no seguinte: os americanos ou os ingleses são um amontoado de anônimos que você não conhece, mas um francês ou um italiano é seu conhecido e amigo. Ele não possui nenhuma das características que a ignorância o leva a detestarem todas as outras.

Sempre considerei isso como uma espécie de armadilha semântica. Mas, depois de viajar pelo meu próprio país, já não tenho tanta certeza de que realmente o seja. Os americanos que eu vi e com quem conversei, são mesmo indivíduos, cada qual diferente de todos os demais. Mas, gradativamente, comecei a sentir que os americanos existem, que possuem características gerais, independente de seu estado, posição social e financeira, educação, religião e convicções políticas. Mas, se existe uma imagem americana baseada na verdade, em vez de refletir ou a hostilidade ou a criação ilusória de fatos que se desejaria fossem realidade, então qual é? Com que se parece? De que forma se manifesta? Se a mesma canção, a mesma piada e a mesma moda se espalham por todas as partes do país ao mesmo tempo, deve ser porque todos os americanos são parecidos em alguma coisa. O fato de que a mesma piada ou moda não surtem o mesmo efeito na França, na Inglaterra ou na Itália parece tornar válida a alegação. Contudo, quanto mais eu analisava essa imagem americana, menos certeza tinha de como era. A minha impressão é de que ela ia se tornando cada vez mais paradoxal. E a experiência que tenho diz que, quando os paradoxos se acumulam, é porque faltam certos fatores na equação.

Eu já percorrera uma galáxia de estados, cada qual com suas próprias características, e encontrara-me com uma miríade de pessoas. E agora, à minha frente, abria-se toda uma região, o Sul, que eu temia ver, apesar de saber que tinha de vê-la e ouvi-la. Não me sinto atraído pela dor e pela violência. Não sou de olhar para acidentes, a menos que não haja outra alternativa. Tampouco fico observando as brigas de rua. Era com apreensão que eu encarava a passagem pelo Sul. Lá, eu sabia, a dor e a confusão estavam presentes por toda parte, bem como todas as consequências maníaco-depressivas da perplexidade e do medo. E como o Sul é um membro da nação, a sua dor e a sua angústia se espalham por toda a América.

Eu conhecia, como todo mundo, a equação verdadeira mas incompleta do problema, a de que um pecado original dos pais castigava os filhos das gerações seguintes. Tenho muitos amigos sulistas, tanto negros como brancos, muitos deles de inteligência extraordinária e caráter excepcional. Muitas vezes, embora o problema não fosse abordada diretamente e, apenas houvesse qualquer menção ao assunto das relações entre

254

brancos e negros, eu os vi e senti retirarem-se para uma área de experiência pessoal onde não posso entrar.

Talvez eu, mais do que a maioria dos chamados nortistas, não tenha condições de compreender o problema, inclusive no âmbito emocional. Não porque eu, um branco, não tenha tido qualquer relacionamento com negros, mas por causa da natureza da minha experiência.

Em Salinas, na Califórnia, onde nasci, me criei e frequentei a escola, absorvendo as experiências que influenciaram na minha formação, havia apenas uma família de negros. Era a família Cooper. O pai e a mãe já viviam lá, quando nasci. Tinham três filhos, o primeiro um pouco mais velho do que eu, outro da minha idade, o terceiro um ano mais moço. Assim, no ensino fundamental e no médio havia sempre um Cooper um ano na minha frente, um na minha turma, e um terceiro na turma abaixo da minha. Em outras palavras: eu estava espremido entre Coopers. O pai, a quem todos chamavam de Sr. Cooper, era dono de um pequeno e próspero negócio de transportes e ganhava um bom dinheiro. Sua esposa, uma mulher simpática e cordial, tinha sempre um pedaço de pão de gengibre a oferecer quando íamos visitá-la.

Se havia algum preconceito de cor em Salinas, nunca ouvi falar, nem senti coisa alguma a respeito. Os Coopers eram respeitados, e o amor-próprio deles não era nem um pouco forçado. Ulysses, o mais velho, foi o melhor atleta em salto de vara que já surgiu na cidade. Era um rapaz alto e sossegado. Eu me lembro da graça e agilidade dos seus movimentos numa pista de atletismo, e lembro-me também de que invejava sua extraordinária habilidade. Ele morreu no terceiro ano do ginásio, e fui um dos que carregaram o caixão. Creio que fui culpado do pecado de orgulho por ter sido escolhido. O segundo filho, Ignatius, meu colega de classe, não era dos meus grandes amigos. Hoje compreendo que isso se devia ao fato de ele ser, de longe, o melhor aluno da turma. Em aritmética e depois em matemática, ele sempre tirava as notas mais altas. Em latim, não apenas era o melhor aluno como também não colava. E quem pode gostar de um colega de classe assim? O mais novo dos Coopers estava sempre sorrindo. É estranho que eu não me lembre do primeiro nome dele. Desde a infância que ele era músico. Na última vez em que o vi, se dedicava a composições que pareciam, ao meu ouvido parcialmente educado, audaciosas, originais e de boa qualidade. Mas, além de talentosos, os meninos Cooper eram meus amigos.

Ora, esses foram os únicos negros que eu conheci e com os quais tive contato nos dias maleáveis da minha infância. O leitor pode compreender, por isso, quão pouco preparado eu estava para o grande mundo exterior. Quando ouvi dizer, por exemplo, que os negros eram uma raça inferior, pensei que a pessoa estivesse mal-informada. Quando ouvi dizer que os negros eram sujos, lembrei-me da cozinha impecável e sempre brilhante da Sra. Cooper. Preguiçosos? Ora, a carroça puxada a cavalo do Sr. Cooper, passando pela rua, costumava nos despertar de madrugada. Desonestos? O Sr. Cooper era um dos poucos habitantes de Salinas que jamais deixavam uma dívida passar além do dia 15 de cada mês!

Compreendo agora que havia uma coisa com relação aos Coopers que os diferenciava de todos os outros negros que vi e conheci desde então. Como eles nunca tinham sido feridos nem insultados, não eram defensivos nem belicosos. Como a dignidade deles estava intacta, não precisavam ser arrogantes. E como os meninos Cooper nunca tinham ouvido alguém dizer que eram inferiores, tinham conseguido desenvolver a inteligência até seus verdadeiros limites.

Essa tinha sido toda a minha experiência com negros até eu já estar bem crescido, talvez crescido demais para reformar hábitos inflexíveis da infância. Desde então, tenho visto e sentido as ondas devastadoras da violência, do desespero e da confusão. Tenho visto crianças negras que de fato não conseguem aprender, especialmente aquelas que foram convencidas, desde o berço, que eram inferiores. E, lembrando-me dos Coopers e de como nos sentíamos em relação a eles, lamento a cortina de medo e ira que se interpôs entre nós, brancos e pretos. E acabei de pensar numa possibilidade das mais divertidas. Se em Salinas algum representante de um mundo mais sábio e sofisticado tivesse perguntado: "Gostaria de que sua irmã se casasse com um Cooper?", creio que teríamos rido. Pois poderia passar pela nossa cabeça que um Cooper talvez não quisesse casar com a nossa irmã, por mais amigos que fôssemos.

Por tudo isso é que me sinto incapacitado de tomar partido no conflito racial. Devo reconhecer que a crueldade e a força exercida contra a fraqueza me deixam doente de raiva. Mas isso aconteceria da mesma forma diante da prepotência contra qualquer lado mais fraco.

Além da minha incapacidade de ser racista, eu sabia que não era desejado no Sul. Quando as pessoas estão empenhadas em algo de que não se orgulham, não é com satisfação que recebem as testemunhas. Na verdade, passam a acreditar que a testemunha só causará problemas.

Em toda essa discussão sobre o Sul, falei apenas da violência desencadeada pelos movimentos de integração – as crianças indo para a escola, os jovens negros reivindicando o privilégio duvidoso de acesso aos mesmos restaurantes, ônibus e banheiros públicos. Mas estou particularmente interessado no problema das escolas, pois me parece que a praga só pode desaparecer quando existirem milhões de Coopers.

Recentemente, um caro amigo sulista fez um discurso apaixonado sobre a teoria de "iguais, mas separados".

– Na minha cidade – explicou – há três novas escolas para negros, não iguais, mas superiores às escolas para brancos. Não acha que eles deveriam ficar satisfeitos com isso? E na estação de ônibus os banheiros são exatamente iguais. O que acha disso?

Eu disse:

– Talvez seja uma questão de ignorância. Mas vocês poderiam resolver o problema e pô-los no lugar deles se trocassem as escolas e os banheiros. No momento em que eles descobrissem que as escolas de vocês não eram tão boas quanto as deles, decerto perceberiam o erro que estavam cometendo.

E querem saber o que ele disse?

– Seu provocador filho da puta!

Só que ele falou sorrindo.

258

Enquanto eu ainda estava no Texas, ao fim de 1960, o incidente mais noticiado e fotografado pelos jornais foi a matrícula de duas criancinhas negras em uma escola de Nova Orleans. Por trás daqueles dois pingos de gente estavam a majestade e a força da lei a exigir seu cumprimento: a balança e a espada aliadas às crianças. Contra elas se alinhavam trezentos anos de medo, ódio e terror de mudanças, em um mundo em transformação. Eu via fotografias do incidente nos jornais todos os dias, assistia aos filmes exibidos pela televisão. O que levava os jornalistas a adorarem a história era um grupo de robustas mulheres de meia-idade que, por alguma curiosa definição da palavra "mãe", se reuniam todos os dias para gritar insultos e ameaças às criancinhas negras. Um pequeno grupo delas tornara-se tão hábil nessa exibição diária que suas integrantes eram conhecidas como as "gritadeiras". Uma multidão se concentrava todos os dias diante da escola, para apreciar e aplaudir o desempenho delas.

Esse estranho drama parecia-me tão inverossímil que achei que deveria vê-lo pessoalmente. Exercia sobre mim o mesmo fascínio que um bezerro de cinco pernas ou um feto de duas cabeças. Era um desvio da vida normal, algo que sempre achamos tão interessante que até pagamos para ver, talvez para nos certificarmos de que temos o número certo de pernas ou cabeças. No espetáculo de Nova Orleans, senti toda a diversão do anormal inverossímil. Mas senti também uma espécie de horror pelo simples fato de que tal coisa fosse possível.

Nessa ocasião, o inverno, que me seguia desde que eu saíra de casa, alcançou-me de repente, trazido por um vento forte do norte. Caiu granizo, e depois uma primeira geada, cobrindo as estradas com uma camada suja de gelo. Fui buscar Charley no veterinário. Ele parecia ter a metade da idade e sentia-se maravilhosamente bem. Para prová-lo, correu e pulou, rolou pelo chão, riu, soltou latidos de pura alegria. Senti-me feliz por tê-lo outra vez comigo, sentado ao meu lado, espiando a estrada à nossa frente ou estendendo-se para dormir com a cabeça em meu colo, as orelhas viradas, esperando que eu as coçasse. Charley sempre gosta de um cafuné na hora de dormir.

Deixamos de moleza e caímos na estrada com vontade. Não podíamos ir muito depressa, por causa do gelo, mas seguimos quase sem parar, sem lançar um olhar sequer para o Texas que desfilava ao nosso lado. E o Texas parecia interminável – Sweetwater, Balinger, Austin. Contornamos Houston. Parávamos apenas para encher o tanque de gasolina, tomar café e comer algumas fatias de bolo. Charley fazia as refeições e passeava nos postos de gasolina. A noite não nos detinha. Quando meus olhos estavam doendo e ardendo de tanto fixar a estrada à frente, e meus ombros doíam intensamente, eu parava em um desvio e me arrastava para a cama, apenas para ver a estrada se contorcer por trás das pálpebras fechadas. Não conseguia dormir mais do que duas horas, logo partia, na noite fria de inverno, em frente, sempre em frente. A água ao lado da estrada congelara, as pessoas andavam enfiadas em xales e suéteres.

Em outras ocasiões, eu chegara a Beaumont com o suor escorrendo, ansiando por algo gelado e ar refrigerado. Agora Beaumont, apesar do brilho ofuscante dos anúncios luminosos, estava quase congelada. Passei por lá de noite. Ou melhor, de madrugada, muito depois da meia-noite. O homem de dedos roxos que encheu o tanque de gasolina olhou para Charley e disse:

– Ei, é um cachorro! Eu pensei que fosse um negro aí dentro!

E riu, deliciado. Foi a primeira vez que ouvi esta frase, que me foi repetida pelo menos vinte vezes: "Pensei que tivesse um negro aí dentro." Era uma piada estranha, que sempre provocara risos. Parecia algo de extrema importância, uma espécie de trava de segurança para evitar que alguma estrutura ruísse.

E então entrei em Louisiana, passando ao lado do lago Charles na escuridão. Mas meus faróis iluminaram apenas o gelo, refletindo nos diamantes da geada. As pessoas que costumam varar as estradas noite afora estavam em trincheiras atrás de camadas de lã, defendendo-se do frio. Só eu seguia adiante, e atravessei La Fayette e Morgan City. Ao raiar do dia aproximei-me de Houma, que é, segundo minhas recordações, um dos lugares mais aprazíveis do mundo. Lá vive um velho amigo meu, doutor St. Martin, um homem culto e gentil, um *cajun** que ajudou a pôr no mundo os filhos de milhares de outros *cajuns*, em um raio de quilômetros e mais quilômetros. Acho que ele sabe mais sobre os *cajuns* que qualquer outra pessoa viva. Mas eu me lembrava, com saudade, de outros talentos do doutor St. Martin. Ele faz o melhor e o mais correto martíni do mundo, por um processo que se aproxima da alquimia. A única parte de sua fórmula que eu conheço é que ele usa água destilada para o gelo, destilando-a ele próprio pessoalmente, para não haver qualquer erro. Já comi, à sua mesa, um pato incomparável, precedido de dois martínis e acompanhado por um borgonha servido com o mesmo apuro e delicadeza com que ele devia trazer uma criança ao mundo. E isso numa casa às escuras, onde as persianas tinham sido fechadas de madrugada, onde o ar frio da noite ainda se conservava. Eu me lembrava da prataria sobre a mesa, com um brilho de estanho, do copo erguido, com o sangue sagrado das vinhas, o pé do copo acariciado pelos dedos fortes de artista do meu amigo. Fu podia ouvir a sua voz melodiosa a me dar boas-vindas, na língua de Acádia, que outrora foi o francês. A imagem preencheu todo o meu para-brisa congelado. Se houvesse algum tráfego,

---

*Descendente dos exilados de Acádia, colônia francesa no Canadá entregue à Inglaterra e cujos colonos emigraram para a Louisiana. (*N. do T.*)

eu teria sido um motorista dos mais perigosos. Mas a aurora pálida e congelada ainda despontava em Houma, e eu sabia que, se parasse para cumprimentá-lo, minha vontade e determinação se dissipariam no néctar servido por St. Martin. E quando a tarde chegasse, ainda estaríamos conversando sobre assuntos amenos e abstratos, e a conversa se prolongaria pela noite adentro e por mais outro dia. Assim, limitei-me a fazer uma pequena reverência para o meu amigo e segui em frente, na direção de Nova Orleans, pois queria a todo custo assistir ao espetáculo das gritadeiras.

Até eu sei que não se deve dirigir um carro perto de uma zona conflagrada, ainda mais Rocinante, que tem placa de Nova York. No dia anterior, um repórter fora espancado e tivera a máquina destruída, pois até mesmo os eleitores convictos relutam em ter os seus momentos históricos gravados e preservados para a posteridade.

Nos arredores da cidade, parei em um estacionamento. O atendente aproximou-se da minha janela.

– Homem, pensei que tivesse um negro aí dentro. Mas é um cachorro! Vi a cara preta e velha e disse cá comigo: é um negro velho.

– A cara dele, quando está limpa, é de um cinza azulado – respondi, friamente.

– Pois, eu já vi alguns negros de cara cinza azulada, e eles não eram nada limpos. De Nova York, é?

Tive a impressão de que a voz dele se tornara mais gelada que o ar frio da manhã.

– Estou apenas de passagem. Quero deixar a picape estacionada aqui por umas duas horas. Será que poderia me ajudar a arranjar um táxi?

– Vou dizer o que estou pensando. Aposto que quer ir ver as gritadeiras.

– É isso mesmo.

– Só espero que não seja um desses provocadores ou um maldito repórter.

262

– Eu só quero ver.

– Rapaz, não faz ideia do que vai ver! Essas gritadeiras não são o máximo? Rapaz, quando elas começarem, vai ver uma coisa que nunca viu em toda a vida!

Tranquei Charley na parte de trás de Rocinante, depois de mostrar tudo ao atendente, oferecer-lhe uma dose de uísque e dar-lhe um dólar. E recomendei:

– Tome cuidado ao abrir a porta quando eu estiver fora. Charley leva seu trabalho muito a sério. Você pode ficar sem a mão.

Era uma terrível mentira, é claro, mas o homem respondeu:

– Sim, senhor. Pode deixar que eu não me meto com cachorros que não conheço.

O motorista do táxi, um homem pálido, todo encolhido por causa do frio, falou:

– Vou deixá-lo a dois quarteirões de lá. Não quero que amassem o meu carro.

– O negócio está tão feio assim?

– Ainda não está, mas pode ficar.

– Quando é que elas começam?

Ele olhou para o relógio.

– Se não fosse pelo frio, já estariam lá desde a madrugada. Faltam 15 minutos. Pode deixar que não vai perder nada.

Eu me camuflara com um velho casaco azul-marinho e com o meu quepe da Marinha Britânica, pensando que, em uma cidade portuária, ninguém repara em um marinheiro, assim como não se olha duas vezes para um garçom num restaurante. Em suas andanças naturais, um marinheiro não tem rosto e, decerto, nem tem planos, além de embriagar-se e talvez ir parar na cadeia por causa de uma briga. Pelo menos é o que todo mundo parece pensar com relação aos marinheiros. Eu já testei isso. O máximo que pode acontecer é a voz delicada de uma autoridade dizer:

– Por que não volta para o navio, marujo? Não vai querer perder sua banheira quando ela partir com a maré cheia, não é?

263

E cinco minutos depois o interlocutor não é capaz de reconhecê-lo. O emblema do leão e do unicórnio no quepe tornavame ainda mais anônimo. Mas, se alguém quiser comprovar a minha teoria, devo advertir que jamais faça a experiência longe do mar.

– De onde o senhor é? – perguntou o motorista, sem qualquer interesse especial.

– De Liverpool.

– Inglês, hein? Então não há problema. São os malditos judeus de Nova York que estão provocando toda essa encrenca.

Eu percebi que falava com um sotaque inglês, que não era absolutamente o de Liverpool.

– Judeus? Mas como é que eles estão provocando confusão?

– Mas, que diabo, senhor! Sabemos como cuidar dessas coisas. Todo mundo estava muito feliz e tudo corria muito bem. Ora, eu até gosto de negros! Aí os malditos judeus de Nova York vieram para cá e começaram a agitar os negros. Se eles ficassem em Nova York, não teria nenhuma confusão. A gente tem é que acabar com eles.

– Está falando em linchá-los?

– Não falo de outra coisa, senhor.

Ele parou o carro e eu saltei. Já estava me afastando quando ele gritou:

– Não tente chegar muito perto, senhor. Aprecie o espetáculo de longe e não se envolva.

– Obrigado – respondi, sem soltar o "muito" que chegara a aflorar em meus lábios.

Ao me encaminhar para a escola, fui envolvido por um fluxo de pessoas, todas brancas, que seguiam na mesma direção. Todas caminhavam resolutos, como pessoas que vão assistir a um incêndio que já se iniciou há algum tempo. Volta e meia batiam com as mãos nos quadris ou agasalhavam-nas, e muitos homens usavam cachecóis presos no chapéu, para cobrir as orelhas.

264

Diante da escola, do outro lado da rua, a polícia colocara barricadas de madeira, para manter a multidão afastada. Os guardas desfilavam diante delas de um lado para outro, ignorando as pilhérias que lhes eram dirigidas do meio da multidão. A frente da escola estava deserta. Mas, ao longo do meio-fio, policiais federais desfilavam, a intervalos curtos. Não estavam uniformizados, mas todos usavam braçadeiras de identificação. Os revólveres estavam convenientemente ocultos por baixo dos casacos, apenas um pouco salientes. Eles percorriam a multidão com os olhos, ansiosos, examinando cada rosto. Tive a impressão de que se fixaram em mim, para ver se eu era uma das presenças habituais, descartando-me logo em seguida como alguém sem importância.

O lugar em que as gritadeiras estavam era óbvio, porque a multidão se empurrava e se acotovelava para chegar perto delas. Elas sempre ocupavam o mesmo lugar diante das barricadas, bem em frente ao portão da escola. Naquele ponto havia uma concentração maior de guardas, batendo com os pés no chão, esfregando as mãos dentro das luvas a que visivelmente não estavam acostumados.

De repente fui empurrado com violência e alguém gritou:

– Lá vem ela! Abram espaço para ela passar... Vamos, recuem! Deixem-na passar. Onde é que esteve? Está chegando atrasada à escola. Onde é que andou, Nellie?

O nome não era Nellie. Esqueci qual era. Mas ela foi abrindo caminho por entre a multidão compacta, passando perto de mim. Pude ver seu casaco de imitação de pele de carneiro, os brincos de ouro. Ela não era alta, mas tinha o corpo cheio, o busto bem fornido. Calculei que devia ter uns 50 anos. Estava com bastante pó de arroz, o que fazia com que o vinco da papada parecesse ainda mais escuro.

Ostentava um sorriso feroz no rosto e uma das mãos estava levantada, segurando um punhado de recortes de jornal, para que não fossem amassados enquanto atravessava a multidão.

265

Como era a mão esquerda que estava erguida, procurei uma aliança de casamento, mas não a vi. Dei um jeito de ficar atrás dela, seguindo seu rastro fácil. Mas a multidão era muito compacta, e ainda por cima fizeram-me uma advertência:

– Alô, marujo. Todo mundo quer ouvir também.

Nellie foi recebida com gritos de alegria. Não sei quantas gritadeiras eram, pois não havia uma linha demarcatória entre elas e a multidão que estava por trás. Mas pude ver que, em um grupo lá na frente, recortes de jornais circulavam de mão em mão, sendo lidos em voz alta, com ganidos deliciados.

A multidão começou a ficar inquieta, como acontece com uma audiência quando passa a hora de abrir a cortina e nada acontece. Alguns homens ao meu redor olhavam para o relógio, ansiosos. Olhei também. Faltavam três minutos para as 9 horas.

O espetáculo começou na hora exata. Barulho de sirenes. Guardas de motocicleta. Logo em seguida dois grandes carros pretos, repletos de homens imensos, todos de chapéu, pararam diante da escola. A multidão pareceu conter a respiração. De cada carro saltaram quatro gigantescos policiais federais. E de algum lugar dos carros eles tiraram a garotinha negra mais miúda que se possa imaginar, com um vestido branco engomado, e sapatos brancos novos metidos em pés tão pequeninos que pareciam redondos. O rosto e as perninhas finas pareciam muito negros em contraste com o branco imaculado.

Os delegados puseram-se na calçada e gritos estridentes de escárnio se elevaram de trás das barricadas. A menininha não olhou para a multidão ululante, mas, de lado, dava para ver o branco de seus olhos brilhando como os de uma corça assustada. Os homens viraram-na como a uma boneca na direção da entrada da escola, iniciando uma estranha procissão pela calçada larga. A menininha parecia ainda menor, porque os homens eram imensos. Creio que, em toda a vida, ela não dera mais que dez passos seguidos sem dar um pulinho.

Mas, naquele momento, ao iniciar o primeiro pulinho, o peso arrastou-a de volta ao chão e ela seguiu em passos curtos e relutantes, no meio dos gigantescos guardiões. Lentamente, eles subiram os degraus e entraram na escola.

Os jornais noticiaram que os insultos e escárnios tinham sido cruéis e às vezes até obscenos, o que de fato acontecera. Aquela parte, contudo, não era a principal do espetáculo. A multidão estava esperando pelo homem branco que tinha o descaramento de trazer o filho branco para a escola. E, de repente, ele apareceu, caminhando pela calçada bem protegida, um homem alto, com um terno cinza claro, segurando a mão do filho assustado. O corpo do homem estava tenso, retesado como uma folha forte da primavera que resistisse a uma ventania. Tinha o rosto pálido, a expressão grave, os olhos pregados no chão, na calçada logo à frente. Os músculos saltavam em suas faces, das mandíbulas fortemente cerradas. Era um homem amedrontado que, pela força de vontade, controla os medos da mesma forma que um bom corredor controla um cavalo assustado.

Uma voz estridente e áspera se elevou do meio da multidão. Os gritos recomeçaram, embora não em coro. Cada uma berrava uma coisa, e a cada insulto a multidão irrompia em uivos, rugidos, assobios de aplauso. Era precisamente àquilo que todos tinham vindo assistir e ouvir.

Nenhum jornal publicara as palavras gritadas por aquelas mulheres. Mencionou-se apenas que elas se mostravam grosseiras, alguns jornais chegaram a dizer que eram obscenas. Na televisão, a trilha sonora fora apagada para que não se ouvissem as frases. Ou estas eram abafadas pelos rugidos da multidão. Mas agora eu podia ouvir as palavras. E eram bestiais, repugnantes, degeneradas. Durante minha vida longa e bem vivida, eu já vira e ouvira muitas vezes os vômitos de seres humanos demoníacos. Por que então os gritos daquelas mulheres me provocavam uma tristeza tão chocada e angustiante?

As palavras escritas podem ser obscenas, cuidadosamente selecionadas para serem torpes, asquerosas. Mas ali havia algo muito pior, algo como um sabá de feiticeiras. Não era um grito espontâneo de raiva, de fúria insana.

Talvez tenha sido isso o que me provocou uma náusea quase incontrolável. Ali não havia princípio, nem bom nem mau, não havia qualquer objetivo. Aquelas mulheres repugnantes, com seus chapeuzinhos e seus recortes de jornais, estavam ávidas de atenção. Queriam ser admiradas. Sorriam de felicidade, em um triunfo quase inocente, quando eram aplaudidas. Tinham a crueldade demente de crianças egocêntricas. E isso, de certa forma, fazia com que a bestialidade irracional delas fosse ainda mais dolorosa. Não eram mães que estavam ali. Nem mesmo mulheres. Eram atrizes enlouquecidas, representando para uma plateia enlouquecida.

A multidão por trás das barricadas rugia e dava vivas, um dando tapinhas no outro, em uma demonstração de pura alegria. Os guardas nervosos, andando de um lado para outro, observavam, atentos, à espera de qualquer menção de rompimento das barricadas. Os lábios dos guardas estavam fortemente cerrados. Alguns, no entanto, sorriam, mas logo desfaziam os sorrisos. Do outro lado da rua, os policiais federais permaneciam inalteráveis. As pernas do homem de terno cinza se apressaram por um segundo, mas ele logo se conteve, graças à força de vontade, subindo os degraus da escola com calma.

A multidão se aquietou, e a próxima gritadeira pôde iniciar sua arenga. A voz dela parecia o urro de um touro furioso, um grito alto e potente, áspero e cortante, similar ao de um apregoador de circo. Não há necessidade de registrar as palavras dela. As coisas ditas eram sempre as mesmas. Mudavam apenas o ritmo e o tom. Quem quer que tenha frequentado o teatro, saberia que aqueles discursos não eram espontâneos. Eram ensaiados e decorados com cuidado. Aquilo era puro teatro. Observei os rostos concentrados da multidão e verifiquei que eram os rostos de uma plateia. Quando havia aplausos, eram aplausos para uma atriz.

Meu corpo tremia de asco e cansaço, mas eu não podia permitir que nenhum mal-estar me cegasse, depois de ter vindo de tão longe para ver e ouvir. E, de repente, soube que algo estava errado e fora da realidade, inteiramente deslocado. Eu conhecia Nova Orleans e, ao longo dos anos, fizera muitos amigos ali, gente inteligente, sensata, com uma tradição de bondade e cortesia. Eu me lembrei de Lyle Saxon, um homem gigantesco, de riso suave. Quantos dias eu passara com Roark Bradford, que absorvia os sons e as vistas de Nova Orleans, e criava Deus e avançava para as Campinas Verdejantes, aonde Ele nos conduzia. Esquadrinhei a multidão, à procura dos rostos dessas pessoas. Elas não estavam ali. Eu já vira gente do tipo ali reunido clamar por sangue em uma luta de boxe, ter orgasmos ao ver um homem estripado em uma tourada, contemplar um acidente de tráfego com uma luxúria indisfarçável, esperar pacientemente em uma fila para ter o privilégio de assistir a qualquer dor ou agonia. Mas onde estavam os outros, aqueles que deveriam orgulhar-se de pertencerem à mesma espécie do homem pálido de terno cinza, aqueles cujos braços deviam estar ansiosos por se erguer em defesa daquela criancinha apavorada?

Não sei onde estavam. Talvez tenham se sentido tão impotentes quanto eu me senti. Mas deixaram Nova Orleans muito mal-representada perante o resto do mundo. A multidão, sem dúvida, correu para casa, para se ver na televisão. E o que eles viram foi mostrado no mundo inteiro, sem que aparecessem as outras coisas que eu sei que lá estão.

O espetáculo estava terminado, e o rio de gente começou a se afastar. A segunda sessão seria na hora em que as aulas terminassem e o rostinho negro tivesse que enfrentar outra vez seus acusadores. Eu estava em Nova Orleans, a cidade dos grandes restaurantes. Conheço todos, e na maioria deles sou conhecido. E eu simplesmente não podia ir ao Gallatoir's comer um omelete com champanhe, da mesma forma que não poderia dançar em cima de uma sepultura. O simples ato de pôr tudo isso no papel provocou em mim o mesmo asco, a mesma náusea insuportável, o mesmo desespero sombrio de quando o presenciei. O que aqui escrevi não tem a finalidade de divertir ou recrear. Isso não me diverte.

Comprei um sanduíche e saí da cidade. Não muito longe, encontrei um lugar sossegado onde poderia estacionar, mastigando meu sanduíche, pensando, contemplando o fluir majestoso e lento das águas escuras do Mississippi. Era o que o meu espírito estava pedindo. Charley não saiu perambulando a esmo, sentou-se ao meu lado, comprimindo o ombro contra o meu joelho. Ele só faz isso quando estou doente. Portanto, suponho que eu estava doente na ocasião, dominado por alguma dor ou tristeza indizível.

Perdi a noção do tempo. Mas pouco depois de o sol ter passado do ápice, um homem aproximou-se de mim, e trocamos boa-tarde. Era um homem muito bem-vestido, já maduro, de cabelos brancos e bigode branco aparado. Convidei-o para juntar-se a mim. Quando ele aceitou, entrei em Rocinante para preparar um café. Lembrando-me de como Roark Bradford gostava do café, dobrei a dose, duas colheres cheias em cada caneca e mais duas no bule. Depois parti um ovo, tirei a gema e joguei a clara e a casca dentro do bule, pois sei que não há nada que deixe o café com mais fulgor. Ainda fazia muito frio e podia-se esperar uma noite gelada. A mistura, começando a ferver, exalou um cheiro maravilhoso, capaz de competir com sucesso com todos os outros bons aromas conhecidos.

Meu convidado pouco satisfeito aqueceu as mãos na caneca de plástico.

– Pela placa, vi que é forasteiro – comentou. – Como foi que aprendeu a fazer um café desses?

– Aprendi em Bourbon Street, com gigantes que povoaram esta terra. Só que eles teriam apreciado um pouco de chicória para mastigar.

– No final das contas, vejo que não é um estranho por aqui. E sabe fazer um *diablo*?

– Só para festas. É daqui mesmo?

– Por mais gerações do que posso provar acima de qualquer dúvida, a não ser através das inscrições por baixo do *ci-gît** em St. Louis.

– O que significa que veio de lá. Sinto-me contente por você ter aceitado o meu convite. Conheci bastante St. Louis, até mesmo colecionei alguns epitáfios.

– É mesmo? Então deve se recordar do mais esquisito de todos.

– Se é o mesmo em que estou pensando, então tentei decorá-lo. Está-se referindo àquele que começa com "Ah, daquele cuja alegria escassa..."?

– Esse mesmo. De Robert John Cresswell, que morreu em 1845, aos 26 anos.

– Eu gostaria de me lembrar dele todo.

– Tem um pedaço de papel? Eu poderia ditá-lo.

Fui buscar um bloco, e ele recitou:

– Ah, aquele cuja alegria escassa tantas vezes no céu confiou não podia ser arrancado tão bruscamente de suas esperanças e amor. E o infortúnio que resultou será a prova viva dos sofrimentos por que passou aqui embaixo.

---

*Em francês, "jaz aqui": inscrição usada em túmulos e jazigos. (**N. do E.**)

– É maravilhoso – comentei. – Lewis Carroll poderia tê-lo escrito. Eu quase chego a compreender.

– Todo mundo fica comovido. Está viajando por prazer?

– Estava, até hoje. Vi as gritadeiras.

– Ah, entendo...

De repente, foi como se o peso das trevas se abatesse sobre ele.

– O que vai acontecer agora?

– Não sei, simplesmente não sei. Não me atrevo a pensar nisso. E por que eu deveria pensar? Já estou muito velho. Os outros que resolvam.

– Pode enxergar algum fim?

– Com certeza há um fim. Mas são os meios, os meios... Mas o senhor é do Norte. O problema não é seu.

– Acho que é um problema de todos, não apenas local. Quer mais um café e continuar a conversar a respeito? Não tenho uma posição firmada. Isto é, eu gostaria de ouvi-lo.

– Não há nada para aprender. Parece que o enfoque muda de acordo com o que a gente é, onde esteve e como sente. Não pensar, mas sentir. Não gostou do que viu?

– E o senhor teria gostado se visse?

– Talvez menos do que o senhor, porque conheço o que houve no passado doloroso e um pouco do futuro nojento. É uma palavra dura, eu sei, mas não há outra.

– Os negros querem ser gente. É contra isso?

– Mas claro que não! Só que, para ser gente, eles devem lutar contra aqueles que não estão satisfeitos em ser gente.

– Está querendo dizer que os negros não ficarão satisfeitos com coisa alguma?

– O senhor está? Alguém está?

– Mas o senhor ficaria satisfeito de deixá-los serem gente?

– Ficaria, embora não possa compreender. Tenho *ci-gîts* demais aqui. Como eu poderia explicar? Bem, suponhamos que esse seu cachorro, que parece um cachorro muito inteligente...

– E é.

– Pois bem: suponhamos que ele fosse capaz de falar e ficar em pé sobre as patas traseiras. Ele podia até se sair muito bem, sob todos os aspectos. Talvez o senhor pudesse convidá-lo para jantar. Mas poderia pensar nele como gente?

– Está querendo perguntar se eu gostaria de que minha irmã se casasse com ele?

Ele riu.

– Estou apenas querendo dizer como é difícil alterar um sentimento profundo com relação às coisas. E será que pode acreditar que será tão difícil para os negros mudarem os seus sentimentos em relação a nós, quanto nós em relação a eles? Isso que está acontecendo não é nenhuma novidade. Começou muito tempo atrás.

– Seja como for, o assunto pode estragar a alegria de uma boa conversa.

– É o que sempre acontece. Eu sou o que se poderia chamar de um sulista esclarecido, aceitando um insulto como elogio. Como um híbrido recém-nascido, sei o que acontecerá ao longo dos anos. Já está começando a acontecer agora, na África e na Ásia.

– Está falando de absorção? Os negros irão desaparecer?

– Se eles nos superarem em número, nós é que iremos desaparecer. Ou, o que é mais provável, os dois desaparecerão, dando lugar a algo novo.

– E até lá?

– É esse até lá que me assusta. Os antigos punham o amor e a guerra nas mãos de deuses intimamente relacionados. O que representa um dos mais profundos conhecimentos do homem.

– É uma boa teoria.

– Os que o senhor viu hoje não têm teoria nenhuma. São eles que podem alertar o deus.

– Acha então que isso não poderá acontecer sem guerra?

– Não sei – gritou. – Acho que isso seria o pior. Mas, não sei. Às vezes, sonho em alcançar logo o meu merecido *ci-gît*.

– Eu gostaria que pudéssemos continuar a conversa. Já tem que partir?

– Não. Tenho uma casinha ali adiante, depois daquele bosque. Passo muito tempo aqui, quase sempre lendo... coisas antigas... quase só pensando... nas velhas coisas. É o meu método deliberado de evitar o problema, pois tenho medo dele.

– De certa forma, acho que todos nós fazemos o mesmo.

Ele sorriu.

– Tenho um velho casal de negros, tão velhos quanto eu, para tomar conta de mim. Às vezes, de noite, nós esquecemos. Eles esquecem de me invejar e eu esqueço que eles podem fazê-lo. E somos então apenas três agradáveis coisas vivendo juntas, sentindo o perfume das flores.

– Coisas... – repeti. – Isso é muito interessante. Não homem ou animal, não branco ou preto, mas coisas. Minha esposa me falou sobre um homem muito velho, que disse: "Eu me lembro de um tempo em que os negros não tinham alma. Era muito melhor e mais fácil. Agora está tudo confuso."

– Eu não me lembro, mas devia ser mesmo assim. Acho que podemos cortar e dividir a nossa culpa herdada como um bolo de aniversário.

Ele fez uma pausa. A não ser pelo bigode branco, o rosto lembrava muito o São Paulo, de El Greco, segurando nas mãos o livro fechado.

– Meus ancestrais decerto tinham escravos. Mas talvez tenham sido os seus que os capturaram e os venderam.

– Eu venho de uma linhagem puritana que pode muito bem ter feito isso.

– Se alguém obriga pela força uma criatura a trabalhar e viver como um animal, então tem que pensar nela como um

274

animal, do contrário a empatia o levaria à loucura. Por isso, ele classifica o negro como um animal, para sentir-se seguro.

Ele contemplou o rio. A brisa revolveu seus cabelos brancos, quase como se fosse uma nuvem.

– E se em seu coração há vestígios de coragem e ira, que são virtudes do ser humano, então a pessoa sente medo de um animal perigoso. E como seu coração dispõe de inteligência e capacidade para ocultá-lo, a pessoa passa a viver em um estado de terror. Precisa então destruir todas as qualidades viris que existem na criatura, transformá-la em uma besta dócil, assim como a pessoa deseja. E, se desde a infância ensinamos nossos filhos a vê-los apenas como um animal, eles não partilharão a nossa confusão.

– Disseram-me que o negro dos velhos tempos cantava e dançava, sentia-se contente.

– E também fugia. As leis sobre escravos fugitivos mostram com que frequência isso acontecia.

– O senhor não é o que no Norte se considera um sulista típico.

– Talvez não. Mas não estou sozinho.

Ele se levantou e limpou a poeira da calça com os dedos.

– Não, não estou sozinho. Agora tenho que ir, cumprir minhas agradáveis tarefas.

– Não lhe perguntei seu nome, nem disse o meu.

– Ci-Gît – respondeu. – Monsieur Ci-Gît, uma família grande, um nome bastante comum.

Quando ele se foi, senti algo maravilhoso, como uma música, se é que a música pode arrepiar um pouco a pele da gente.

Para mim, tinha sido um dia maior que um dia, algo que não podia ser comparado a outros dias. Por ter dormido muito pouco na noite anterior, eu sabia que devia parar. Estava muito cansado. Mas, às vezes, a fadiga pode ser um estimulante e uma compulsão. E impeliu-me a encher o tanque de gasolina e seguir viagem. E impeliu-me a parar um pouco mais adiante

275

para oferecer carona a um negro velho que se arrastava quase pelo mato alto à beira na estrada de concreto. Ele relutou em aceitar, e acabou fazendo-o apenas por não ter forças para resistir. Usava as roupas velhas e puídas de um trabalhador do campo, um casaco preto, lustroso da idade e do muito uso. O rosto era cor de café, entrecruzado por um milhão de pequenas rugas. As pálpebras inferiores eram avermelhadas, como as de um sabujo. Ele cruzou as mãos no colo, mãos rudes e calosas. Pareceu encolher-se no assento, como se sugasse os próprios contornos para fazê-los menores.

Em nenhum momento olhou diretamente para mim. Pelo que reparei, ele não olhou para coisa alguma. Mas logo ao entrar perguntou-me:

– O cachorro morde, capitão, senhor?

– Não. Ele é amigo.

Depois de um longo silêncio, eu perguntei:

– Como vão as coisas com você?

– Muito bem, capitão, senhor.

– Como se sente em relação ao que está acontecendo?

Ele não respondeu.

– Estou falando das escolas e das greves.

– Não sei de nada disso, capitão, senhor.

– Trabalha numa fazenda?

– Sou colhedor de algodão, senhor.

– E dá para viver bem?

– Eu me ajeito, capitão, senhor.

Ficamos em silêncio por um longo momento, rio acima. As árvores e a relva tropical estavam queimadas e tristes devido ao frio implacável que vinha do norte. Depois de algum tempo, falei, mais para mim mesmo do que para ele:

– Afinal de contas, por que você deveria confiar em mim? Uma pergunta é uma armadilha, e uma resposta pode significar o seu pé dentro dela.

Eu me recordei de uma cena, algo que acontecera em Nova York, e senti-me tentado a contá-la a ele, mas me abstive do impulso, ao observar, pelo canto do olho, que ele se afastara e estava espremido contra a porta do outro lado da cabine. A minha recordação era muito intensa.

Eu vivia em uma pequena casa em Manhattan. E, como estava com dinheiro, contratei um negro para trabalhar para mim. Do outro lado da rua, na esquina, havia um bar e restaurante. Em um fim de tarde de inverno, eu estava à janela quando vi uma mulher um tanto embriagada sair do bar, escorregar no gelo e esborrachar-se no chão. Ela tentou levantar, mas escorregou de novo e ficou caída, gritando. Naquele momento, o negro que trabalhava para mim apareceu na esquina. Ele viu a mulher e no mesmo instante atravessou a rua, mantendo-se o mais longe possível dela.

Quando ele entrou em minha casa perguntei:

– Eu vi você se afastar. Por que não ajudou aquela mulher?

– Ora, senhor, porque ela está bêbada e eu sou um negro. Se eu tocasse nela, ela podia muito bem começar a gritar que era um estupro. Ia logo juntar uma multidão. E quem iria acreditar em mim?

– Teve que pensar depressa para esquivar-se com tanta rapidez.

– Oh, não, senhor! Há muito tempo que venho praticando ser um negro.

E agora, ali em Rocinante, eu estava tentando destruir toda uma vida de condicionamento.

– Não lhe vou fazer mais nenhuma pergunta – prometi.

Mas ele se contorceu, inquieto.

– Pode me deixar aqui mesmo, por favor, capitão? Eu moro aqui perto.

Deixei-o saltar e observei pelo espelho lateral ele recomeçar a caminhada pela beira da estrada. Era evidente que não morava ali perto, mas andar era muito mais seguro do que viajar comigo.

277

O cansaço acabou por me vencer, e parei em um motel acolhedor. A cama era boa, mas eu não consegui dormir. O homem pálido, de terno cinza, passava sem parar diante dos meus olhos, as gritadeiras faziam caretas horríveis. A imagem mais insistente, porém, era a do velho se encolhendo e se afastando de mim aterrorizado, como se eu fosse portador de alguma praga. E talvez eu fosse mesmo. Eu saíra pelo país para aprender. E o que estava aprendendo? Não me senti livre da tensão por um momento sequer, parecia esmagado sob o peso de um medo selvagem. Não restava a menor dúvida de que aquilo, em mim, era uma coisa nova. Eu não carregava esse medo sempre dentro de mim. Mas, ali, todos, brancos e negros, viviam com ele, respiravam-no, brancos e negros de todas as idades, de todos os ofícios, de todas as classes. Para eles, era um fato consumado da existência. E a pressão estava aumentando, como a de uma caldeira. Será que não poderia ser atenuada, antes da explosão?

Eu vira muito pouco do conjunto. Quase nada vira da Segunda Guerra Mundial, apenas um desembarque em mais de cem, uns poucos momentos isolados de combate, apenas uns poucos milhares de mortos, entre milhões. Mas eu vira e sentira o bastante para acreditar que a guerra não me era uma coisa estranha. O mesmo acontecia ali: um pequeno episódio, umas poucas pessoas. Mas já dava para sentir o bafo do medo por toda parte. Eu queria ir embora dali. Uma atitude covarde, talvez, porém mais covardia ainda seria negá-la. Mas as pessoas ao meu redor viviam ali. Aceitavam tudo aquilo como um modo de vida permanente, jamais haviam conhecido outra coisa, nem sequer esperavam que mudasse. As crianças *cockney* de Londres ficaram inquietas quando os bombardeios cessaram, rompendo assim uma rotina à qual já estavam acostumadas.

Me revirei na cama até que Charley se zangou e disse *Ftt* diversas vezes. Mas Charley não tem os nossos problemas. Ele não pertence a uma espécie que tem inteligência o bastante para chegar à fissão do átomo, mas não tem suficiente sensatez para viver em paz consigo mesma. Ele nem sequer sabe alguma coisa sobre raça, nem tem o menor interesse pelo casamento de sua irmã. Pelo contrário, é exatamente o oposto que acontece com ele. Certa vez Charley se apaixonou por uma *dachshund,* um romance racialmente incompatível, fisicamente ridículo e mecanicamente impossível. Mas Charley ignorou todos esses problemas. Ele a amava muito e perseguiu seu objetivo de modo obstinado. Seria difícil explicar a um cachorro os propósitos virtuosos e elevados de mil seres humanos reunidos para insultarem e maltratarem uma menininha. Por várias vezes eu já surpreendera nos olhos de cachorros uma expressão fugidia de surpresa e desdém. Estou convencido de que, no fundo, os cães pensam que os seres humanos são loucos.

Eu não escolhi o meu primeiro carona, na manhã seguinte. Ele é que me escolheu. Sentou-se no banco ao lado do meu, comendo um hambúrguer gêmeo do que eu tinha na mão. Devia ter entre 30 e 35 anos, era alto e magro, de aparência simpática. Os cabelos lisos eram louros, compridos e muito apreciados, já que volta e meia, quase que sem perceber, ele tirava um pente do bolso e o passava pela cabeleira. Usava um terno cinza claro, amarrotado e manchado da longa viagem. O paletó estava jogado em cima do ombro, a camisa branca aberta no colarinho. Para isso ele puxara para baixo o nó da gravata. O sotaque era o mais sulista que eu já ouvira até aquele momento. Ele me perguntou para onde eu ia. Quando respondi que seguia na direção de Jackson e Montgomery, ele implorou por uma corona.

Ao ver Charley, pensou que eu levava um negro comigo. Era uma reação comum.

Ajeitamo-nos confortavelmente na cabine. Ele passou o pente pelos cabelos e elogiou Rocinante.

– Pela sua maneira de falar – disse – eu logo percebi que era do Norte.

– Tem um bom ouvido – comentei, em tom jocoso.

– Ah, tenho, sim.

Acho que fui eu o responsável pelo que aconteceu. Se eu tivesse ficado de boca fechada, poderia ter aprendido alguma coisa de valor. Mas posso atribuir a culpa de tudo à minha noite intranquila, à extensão da viagem, ao nervosismo. E, ainda por cima, o Natal estava se aproximando, e eu pensava na volta com mais frequência do que seria desejável.

Declaramos que eu estava viajando por prazer e que ele estava à procura de um emprego.

– Veio subindo o rio – comentou. – Viu os acontecimentos lá em Nova Orleans?

– Vi, sim.

– Não achou um espetáculo, especialmente aquela Nellie? Ela foi um estouro!

– Foi, sim.

– A gente se sente bem ao ver uma pessoa cumprindo seu dever.

Creio que foi nesse momento que eu estraguei tudo. Deveria ter resmungado algo ininteligível e deixado que ele entendesse o que bem desejasse. Mas uma raiva incontrolável começou a crescer dentro de mim.

– Elas estavam cumprindo seu dever?

– Claro. E que Deus as abençoe. Alguém tem que manter esses malditos negros fora das nossas escolas.

Ele se sentiu transportado pela sublimidade do autossacrifício que impulsionara as gritadeiras.

– Chega um tempo em que um homem tem que se sentar e pensar. É o momento em que ele toma a decisão de sacrificar a própria vida por algo em que acredita.

– E você tomou a decisão de fazer isso?

– Claro que tomei. E muitos outros como eu.

– E em que você acredita?

– Que não posso permitir que meus filhos frequentem a escola junto com negros. Sim, senhor! Estou disposto a dar a minha

280

vida por esse ideal, mas juro que antes vou mandar uma porção desses negros sujos para o inferno!

– Quantos filhos você tem?

Ele virou-se para mim de repente.

– Ainda não tenho nenhum, mas pretendo ter alguns. E juro que eles não vão frequentar a escola com um bando de negros sujos.

– Mas está disposto a dar a sua vida antes ou depois de ter os filhos?

Eu tinha que observar a estrada e por isso pude ter apenas um vislumbre da expressão dele. Não era nada agradável de se ver.

– Você está parecendo um amante de negros. Eu devia ter adivinhado. São os encrenqueiros. Vêm até aqui para nos dizer como devemos viver. Pois não vai conseguir escapar, senhor. Estamos de olho em todos vocês, comunistas, adoradores de negros.

– Eu estava apenas tentando imaginá-lo sacrificando a vida por um nobre ideal.

– Por Deus, eu estava certo! É um amante de negros!

– Não, não sou. E também não sou adorador de brancos, ainda mais se as gritadeiras estiverem no meio.

Ele aproximou o rosto de mim.

– Quer saber o que penso a seu respeito?

– Não. Já ouvi Nellie dizer todas as palavras ontem.

Pisei no freio e tirei Rocinante da estrada. Ele me olhou aturdido.

– Por que está parando?

– Salte.

– Ah, está querendo voltar...

– Não. Estou querendo me livrar de você. Salte.

– Vai me obrigar?

Estendi a mão para o espaço entre o assento e a porta ao meu lado, onde nada havia.

– Está bem, está bem – cedeu.

Ele saltou e bateu a porta com tanta força que Charley resmungou, aborrecido.

Parti no mesmo instante. Mas ouvi-o gritar e, pelo espelhinho lateral, pude ver seu rosto contorcido de ódio, a boca aberta, babando. Ele ficou gritando, esganiçado "Amante de negros, amante de negros", por todo o tempo em que pude vê-lo, talvez mesmo depois. É verdade que eu o provoquei, mas não pude me conter. Quando estiverem recrutando pacifistas, acho melhor ficarem longe de mim.

Peguei outro carona, entre Jackson e Montgomery, um jovem estudante negro, com um rosto afilado e um olhar que denotava força e impaciência. Ele levava três canetas-tinteiro no bolsinho de cima do paletó. Os bolsos internos estavam estofados de papéis. Soube que se tratava de um estudante porque perguntei. Era um rapaz sempre alerta. A placa de Nova York de Rocinante e a minha maneira de falar o deixaram um pouco relaxado, apenas um pouco, talvez o máximo que ele era capaz.

Falamos sobre os movimentos de integração, os manifestantes sentados no chão, o boicote aos ônibus. Ele participara ativamente. Contei o que eu vira em Nova Orleans. Ele estivera lá e já esperava que acontecessem aquelas cenas que tanto haviam me chocado.

Por fim falamos de Martin Luther King e de seus ensinamentos sobre a resistência pacífica e incansável.

– É um processo muito lento – explica. – Vai demorar demais.

– Mas já houve progresso, há um progresso constante. Gandhi provou que é a única arma que pode vencer a violência.

– Eu sei de tudo isso. Estudei o assunto. Mas os ganhos são gotas de água, e o tempo está passando. Quero que seja mais depressa, quero ação... e quero agora!

– Isso poderia levar à derrota de todo o esforço.

– Eu posso já estar velho antes de me tornar um homem de verdade. Posso morrer antes.

– Isso é verdade. Gandhi está morto. Há muitos como você que estão querendo ação?

– Há sim. Isto é, alguns... Ora, não sei quantos são!

Falamos de muitas coisas depois. Ele era um jovem inteligente e arrebatado, havia uma ansiedade e uma impetuosidade borbulhando logo abaixo da superfície. Quando o deixei em Montgomery, ele se inclinou sobre a janela da cabine e riu.

– Pode ser que seja puro egoísmo – falou. – Mas eu quero ver tudo. Eu, pessoalmente! Não quero que seja para depois que eu estiver morto. Aqui! Para mim! Quero ver tudo! E logo!

Virou-se, passou a mão pelos olhos e afastou-se depressa.

Com todas as pesquisas de opinião pública, com os jornais dando mais opiniões que notícias, de tal forma que já não conseguimos sequer conhecer uns aos outros, quero deixar bem claro um ponto: não tencionei apresentar aqui, e não creio que o tenha feito, um verdadeiro quadro do Sul. Não quero que nenhum leitor venha dizer:

– Ele pensa que apresentou um quadro verdadeiro do Sul.

Não. Relatei apenas o que algumas poucas pessoas me disseram e o que eu vi. Não sei se eram posições típicas ou se dá para tirar alguma conclusão de tudo isso. Mas sei que é uma região conturbada e que seu povo está metido numa tremenda enrascada. Sei também que a solução, quando chegar, não será simples nem fácil. Sinto, como *Monsieur* Ci-Gît, que o fim não é o problema fundamental. São os meios que importam, a pavorosa incerteza dos meios.

283

No início deste relato, procurei analisar a natureza das viagens, como elas existem por si mesmas, cada uma única e singular, sem que haja duas iguais. Especulei sobre a força da individualidade das viagens, acrescentando que nós não controlamos as viagens, mas, pelo contrário, são elas que nos dominam. Isso, contudo, não se estende por toda a duração de uma viagem. Parece ser um fator variável e imprevisível. Quantas pessoas já não sentiram que uma viagem está acabada antes mesmo de voltarem? O inverso também é verdadeiro. Muitas viagens continuam a existir muito depois de já haver cessado o movimento no tempo e no espaço. Eu me lembro de um homem de Salinas que, na meia-idade, viajou até Honolulu e voltou. A viagem continuou pelo resto da vida dele. Podíamos vê-lo sentado na varanda da frente de sua casa, em uma cadeira de balanço, os olhos semicerrados, em uma viagem interminável para Honolulu.

Minha viagem começou muito antes de eu partir e terminou antes do meu regresso. Sei exatamente onde e quando ela terminou. Foi perto de Abingdon, na Virgínia, às 16 horas de uma tarde de ventania. Sem qualquer aviso ou despedida, minha viagem foi-se embora e deixou-me desamparado, longe de casa. Ainda tentei chamá-la de volta, alcançá-la, mas era inútil e sem qualquer esperança, pois ela terminara, de forma definitiva e permanente. A estrada transformou-se numa faixa de pedra interminável. As colinas eram apenas obstáculos, as árvores, manchas verdes indistintas, as pessoas, vultos que se moviam, com cabeças, mas sem rostos. Todas as comidas ao longo do caminho tinham gosto de sopa, até mesmo as sopas. Não voltei a arrumar a cama. Deitava-me nela para cochilar depressa, a longos intervalos. Não acendi mais o fogão e um pedaço de pão mofou dentro do armário. Os quilômetros passavam por mim sem que eu os percebesse. Sei que estava fazendo frio, mas eu não sentia. Sei que a paisagem devia estar linda, mas não a vi. Avancei às cegas pela Virgínia Ocidental, atravessei a Pensilvânia e guiei Rocinante pela gigantesca autoestrada. Não havia noite, não havia dia, não havia distância. Devo ter parado para pôr gasolina, para caminhar e alimentar Charley, para comer, para telefonar. Mas não me lembro de coisa alguma.

É muito estranho. Até Abingdon, Virgínia, posso reconstituir a viagem quase como se fosse um filme passando de trás para a frente. Recordo de quase tudo, cada rosto que encontrei, cada colina, cada árvore, cada cor. Está tudo bem claro, as pequenas cenas prontas para se repetirem em minha mente. Depois de Abingdon – nada. O caminho era um túnel cinza, temporal, sempre igual, sem nenhuma ocorrência. Mas ao final havia uma realidade resplandecente: minha esposa, minha casa, minha rua, minha cama. Estava tudo lá, e eu me arrastava, ansioso. Rocinante podia ser veloz, mas eu ainda não testara seu acelerador. Fiz isso, e ela se arremessou para a frente, o vento uivando ao nosso encontro. Se julgam que isso é apenas uma fantasia de viagem, como podem então explicar o fato de que Charley também sabia que a viagem terminara? Ele, pelo menos, não é nenhum sonhador, não se deixa dominar por seus humores. Ele passou a dormir com a cabeça em meu colo, sem olhar pela janela, sem dizer *Ftt*, sem insistir que eu entrasse em algum desvio. Fazia suas necessidades como um sonâmbulo, ignorando extensas filas de latas de lixo. Se isso não prova a verdade da minha declaração, então nada mais poderá provar.

Nova Jersey tem outra gigantesca autoestrada com pedágio. Meu corpo ocupava um vácuo, sem nervos, sem cansaço. O fluxo crescente de tráfego para Nova York me levava junto. Por fim, vi surgir à minha frente a abençoada goela do túnel Holland. Do outro lado, eu estaria em casa.

Um guarda acenou para que eu saísse do fluxo de tráfego e parasse.

– O senhor não pode passar pelo túnel com esse gás butano – disse.

– Mas está desligado, seu guarda!

– Não importa. É a lei. Não se pode entrar com gás dentro do túnel.

E de repente eu me senti desmoronar, uma massa informe, abatida pelo cansaço.

– Mas eu quero ir para casa... – gemi. – Como é que vou chegar em casa agora?

Ele se mostrou muito delicado e paciente. Talvez, em algum lugar, tivesse também a sua casa.

– Pode continuar pela estrada e pegar a ponte George Washington. Ou pode pegar uma barca.

Era a hora do *rush*, mas o guarda gentil deve ter visto em mim um maníaco em potencial. Ele parou o tráfego impetuoso para que eu partisse, orientou-me com todo cuidado. Tenho a impressão de que ele se sentiu tentado a tomar o volante de Rocinante e levar-me até a casa.

Como num passe de mágica, eu me vi na barca de Hoboken. Logo estava em terra, embora longe do centro, em meio ao pânico diário da hora do movimento, as pessoas correndo, pulando, se esquivando, sem obedecerem aos sinais de trânsito, na pressa de voltarem para casa. Todo fim de tarde é Pamplona em Nova York. Fiz uma volta, depois outra, entrei numa rua de mão única pelo lado errado, tive que dar marcha à ré, fiquei engarrafado no meio de um cruzamento, entre turbilhões de pessoas.

De súbito, encostei junto ao meio-fio, em uma área em que era proibido estacionar. Desliguei o motor e recostei-me no assento, desatando a rir. Não conseguia parar. Minhas mãos, braços e ombros estavam tremendo com a agitação nervosa da estrada.

Um guarda antiquado, de rosto vermelho e olhos azuis gelados, aproximou-se.

– O que há com você, amigo? Está bêbado?

– Seu guarda, dirigi esta coisa por todo o país, montanhas, planícies, desertos. E agora estou de volta à minha cidade, à cidade onde moro... e estou perdido.

Ele deu um sorriso jovial.

– Isso não tem nada de mais, amigo. No sábado passado, eu me perdi no Brooklyn. Agora me diga: para onde é que você quer ir?

E é assim que o viajante volta para casa.

fim

EDIÇÕES
BestBolso

Este livro foi composto na tipologia Minion Pro Regular,
em corpo 10,5/13, e impresso em papel off-set 56g/m² no Sistema
Cameron da Divisão Gráfica da Distribuidora Record.